女子専門学生が体験した看護・教育・保育・介護場面

羞恥

坂口哲司 ❖著
Sakaguchi Tetsuji

ナカニシヤ出版

はしがき

　子どもの頃に，仕事でままならない父に代わり母が語ってくれた折々の話の一部を想起します。

　太田道灌（1432-1486）は，にわか雨で農家の娘に簑(みの)を借りようとしましたが，山吹の花を出されて断られた理由が分からず怒ってしまいました。その夜，近臣に話したところ後拾遺和歌集の「七重八重／花は咲けども／山吹の実の（簑）一つだに／なきぞ悲しき」（醍醐天皇の皇子・中務卿兼明親王の歌）にかけて断ったことを知り，農家の娘の教養の深さに驚き自らの教養のなさを恥じた話から，いかなる境遇にあろうとも教養を身につけることの大切さを教えられました。映画「路傍の石」（山本有三原作・原研吉監督1955年）の主人公・愛川吾一が，奉公先の辛さに耐えきれずに我が家に帰って来ても，玄関を挟んで泣き言を言って帰ってくる子は我が子ではないと撥ね付ける深い親の愛の話を通じて，どんなに辛くてもそれを乗り越えないことは恥ずかしいことであると教えられました。雨の日や裁縫中や家事の合間に語ってくれた話は，いろいろあります。昭和30年代のどの家庭も我が家と同じものでありました。

　青年になって，西郷隆盛（1827-1877）の「命もいらず名もいらず，官位も金もいらぬ人は仕末に困るもの也。此の仕末に困る人ならでは，艱難を共にして国家の大業は成し得られぬなり」「児孫のために美田を買わず」の至誠の遺訓を始め，江戸から明治維新にかけて，一途なまでにひとつの生き方を駆け抜けた土方歳三（1835-1869）や吉田松陰（1830-1859）の「故に師道を興さんとならば，妄(みだ)りに人の師となるべからず，また妄りに人を師とすべからず，必ず真に教ふべきことありて師となり，共に学ぶべきことありて師とすべし。師弟同じ同門なり」などは，教育者の姿勢として学びました。

　組織の一員となって，桃園の誓いを立てた劉備玄徳・関羽・張飛らに三顧の礼で迎えられた諸葛孔明亮（181-234）が，泣いて馬謖を斬ることで公私の峻別をして組織を引き締めた話やアーサー王（紀元5-6世紀）伝説による臣下の

区別なく話しやすくするために座らせた円卓の12人の騎士の物語からは，組織における公平さや上司と部下のあるべき姿について学びました。これらは，自らの生きる姿勢や処し方の根幹に影響しています（人物年号は，河部利夫・保阪栄一編　1970　新版世界人名辞典：日本・東洋・西洋編　東京堂出版より）。

　このように幼い頃の話や青年期に出会った歴史上の人物話は，恥と罪意識に関する自らの生き方に有形無形に影響を与えるものです。私の羞恥も自己の生活体験とともにこれらの話が深く関与しています。

　最近，「いじめ」が日本を蝕んでいます。拝金主義と一貫性がないいびつでねじれた子育てと大人の無責任さと利己主義が相俟っていじめが噴出しています。いじめる側の背負ったいろいろな心理・生活・家族・環境面などの問題がありましょうが，いじめは「卑怯者の生き方」であることの自覚がないようです。一対一の喧嘩でなく，集団を使って誰もが無責任意識の中で自らのストレス解消や愉快や遊び感覚でいじめています。いじめられた側の中には，次にはいじめる側になってしまい，自己の体験が人間的向上の心の体験となっていない場合も見られます。恥と罪意識の希薄化や喪失がいじめに精鋭化して出現しています。たとえ建前であっても，子ども達に純粋に真っ直ぐに生きることの大切さを語れない親や大人が増えています。子ども達は，人生の羅針盤を見つけることができないままに，眼前の自分さえ良ければ良いという意識を身につけています。何が正しくて正しくないかの峻別もできずに曖昧模糊の中に身を置いています。人を大切にしたりされたりするためのモデルを身近にも歴史上にも知ることがなく過ごしています。

　いじめられる側は，集団の中で恥辱と屈辱感にまみれ自尊心を崩壊させられます。自分のことで親同士の口喧嘩を見せつけられたり，先生や大人に知られれば，さらなる恥辱・屈辱感で自尊心を喪失させられます。袋小路に陥ったいじめられた子どもは，自殺しか自尊心を復帰する方法はないと考えるのです。死んではなりません。死ねば全てが忘れられてしまいます。それよりも，誰がどのようにしたかを事細かに時系列にいじめの実態を書く勇気を持って欲しいです。いじめた内容の事実関係をいつかは必ず情報公開して，気楽に付和雷同に参加したいじめであっても，いじめられるのが怖くて仕方なしに付き合ってしまったいじめも，事の重大性をいじめた側に認識してもらいましょう。

自分を愛してくれる人は，必ずいます。その人に甘えましょう。さらに，願わくば，孤高の生き方の素晴らしさや「疾風に勁草を知る」生き方を身に付けましょう。歴史上の人物の生き方から学ぶ方法もあります。あるいは，夢中になることを見つけましょう。漫画，小説，映画，音楽，美術，工作，園芸，釣り，パソコン，天体観測，スポーツ，武道，農作業，なんでも良いです。夢中になることがあれば，くだらない仲間に入る必要もないし，クラスで孤独でも，頭の中で好きなことを一日中考えたり，汗したりできますから，自己を高めていくことができます。1人でも信頼する人がいれば話をし，自然を楽しみ，できれば孤独力を高めて，孤高の生き方を展開する勇気も持って欲しいです。宇宙の存在とともに二度と生まれ変わることのない自分の命を粗末にしてはなりません。明日に希望を持ちましょう。

　それぞれの羞恥の形成過程には，時には恥辱・屈辱感もあれば称賛される恥もあれば，罪意識に連動していく恥の体験もあります。恥と罪は切り離すことができないコインのような表裏関係にあり，その接着剤としての役割を羞恥と呼びたいです。創世記にあるアダムとイブの原罪は，誘惑に負けて善悪の知識の果実をかじって，裸体である自分たちの姿に恥ずかしさを感じたために露見して罰を受けた話です。罪の意識より恥の意識の方が深いとも言えます。まさに，羞恥はその人間の文化度を測るバロメーターでもあります。ただ，恥をかくことを恐れてはなりません。自己暴露になる恥を体験しても乗り越える強靱（きょうじん）さを持ちたいです。かといって恥知らずの人間になって罪意識を希薄化させてはいけません。ほどほどの恥じる心や罪意識は持ちたいものです。このように恥と罪意識の表裏関係にある接着剤としての羞恥の形成過程は，本人の発達史や社会的・文化的・歴史的な背景が関与しています。一筋縄では扱えないのが羞恥です。

　これまで，看護・保育・教育・施設・介護場面で体験した学生の羞恥実態を報告してきましたが，いつかは一区切りとしてまとめたいと思っていました。本書は，羞恥に関する先人達の研究や今日も真摯にかつ丁寧に研究している人達の内容を超えるほどのものではありませんが，私自身のためのけじめとして，まとめることにしました。

　これまでのそれぞれの論文を書くに際しての文献を収集するに当たって，野

路八郎氏（元大阪教育大学附属図書館事務長），西田鉦子氏（元大阪教育大学附属図書館専門員），加藤登氏（元大阪教育大学附属図書館専門員），寒川登氏（現大阪教育大学学務部学術情報課長）には，多大のご援助を頂いたことを厚くお礼を申し上げます。

　振り返ってみれば，小学・中学・高校時代の友人や熊本学園大学（旧・熊本商科大学）時代の人間科学研究会の仲間達や関西大学大学院時代の友人・先輩・後輩との交流は，自己の生き方に影響を与えています。さらに，これまでの学的自分史を振り返ってみますと，小学校時代の蔵原幸子先生・（故）濱田明生先生，中学時代の財津靖先生・藤井満州男先生，高校時代の松本一幸先生，関西大学大学院で受け入れて頂いた廣田君美先生と高木修先生，すでに鬼籍に入られました蓮尾千萬人先生・岡田武世先生・小野章夫先生・田中敏隆先生・秋田宗平先生は，人生の節目においていろいろな関与を頂きました。特に，羞恥についての示唆を与えて頂くとともに学的姿勢と人間的姿勢のあり方に影響を与えて頂きました伊吹山太郎先生（百二歳でご健在）と妻・栄子に深く感謝します。

　本書を出版するに際して快諾頂いたナカニシヤ出版社長中西健夫氏，本書の煩雑な制作にご指導とご援助を頂きました編集長の宍倉由高氏および山本あかね女史に心から感謝を申し上げます。

　　　　　　　　　　　　　　　　　　　　　2007年4月吉日
　　　　　　　　　　　　　　　　　　　鉢植えの山桜に想いを託して
　　　　　　　　　　　　　　　　　　　　　　　　坂口　哲司

目　次

はしがき　*i*

序　章　羞恥との出会い ……………………………………… *1*
1. 羞恥体験から　*1*
2. 学問としての羞恥　*4*

第1章　羞恥から見た社会状況 ……………………………… *9*
はじめに　*9*
1. 1995年(平成7年)の想い　*9*
2. 1996年(平成8年)の想い　*14*
3. 1997年(平成9年)の想い　*20*
4. 1998年(平成10年)の想い　*27*
5. 1999年(平成11年)の想い　*30*
6. 2000年(平成12年)の想い　*35*
7. 2001年(平成13年)の想い　*41*
8. 2002年(平成14年)の想い　*45*
9. 2003年(平成15年)の想い　*50*
10. 2004年(平成16年)の想い　*53*
11. 2005年(平成17年)の想い　*57*
 まとめ　*64*

第2章　羞恥の構造 …………………………………………… *65*
1. 羞恥とは　*65*
2. 羞恥の構造　*74*
3. 羞恥への種々の視点　*79*

　　　　4．羞恥への接近　　89

第3章　看護場面の羞恥 …………………………………………… 91
　　　　1．1987年　　91
　　　　2．1992年　　102

第4章　教育・保育場面の羞恥 …………………………………… 147
　　　　1．1994年　　148
　　　　2．1995年　　164

第5章　施設場面の羞恥 …………………………………………… 183
　　　　1．1996年　　183

第6章　介護場面の羞恥 …………………………………………… 207
　　　　1．1999年　　207
　　　　2．2000年　　221

終　章　再び，羞恥とは …………………………………………… 237
　　　　1．羞恥の結論　　237
　　　　2．羞恥へのさらなる想い　　238

引用・参考文献　　241
索　引　　245

序　章
羞恥との出会い

1．羞恥体験から

1）幼児期の思い出

　今でも心に残る最も古い羞恥体験は，4歳の頃である。当時，父は，熊本県高森町の土木事務所長をしていて，母は5人の子どもを育てていた。福岡市で一人暮らしをしていた母方の叔父が亡くなり，その残務整理に両親が，生後間もない弟と私を連れて，出向いていった。敗戦後，にわか作りの平屋の住宅が並んでいる一角に叔父の家があった。両親の残務整理中，私は，外遊びで時間を過ごしていたが，夕刻になったので，叔父の家に帰っていった。玄関の戸を開けて，勢いよく「ただいま」と声を上げて，家の中に入ったところ，ちゃぶ台を囲んで夕食を食べている見知らぬ家族が座っていた。お茶碗と箸を持ってこちらを見つめる見知らぬ大人と目線が合った瞬間，身体全身が金縛りに合うような恥ずかしい体験をした。同じような市営住宅が立ち並んでいるために，他人の家に間違って入ったのである。鮮明に覚えている恥ずかしいぶざまな行為であった。

　次に，5歳の頃の思い出である。小学生達が下校時，私の家の近くの狭い路地を通っていくのである。小学校1・2年の女の子達が5・6人で下校するのを通せんぼして遊んでいた。別の下校ルートがあるにもかかわらず，親に言われたルートを守るのが，当時の幼少の子ども達の行動であった。勿論，今日も幼少の子どもは，親の言うことは守るものである。通せんぼする度に，小学生の女の子達が，キャッキャと騒ぐのが，とても面白く，通せんぼした後，通過させて遊んでいた記憶がある。

ある日，その子達の親達が，私のいたずらをたしなめるために我が家に怒鳴り込んできた。咄嗟に家の裏側に隠れ，母とその親達のやりとりを訊いていた。平身低頭に詫びる母の後ろ姿を隠れて見ながら，恥ずかしさと罪悪感にさいなまれた。二度と，母に恥ずかしい思いをさせてはならないと子ども心に，その時は，誓ったものである。

2）児童期の思い出

　小学校1年生の秋，校庭の紅葉の木が紅葉して，美しかった。友達と木登りをしていたところ，女の子達が近寄ってきて，その中の1人の女の子が紅葉の枝が欲しいと言い出した。一枝，折って渡したところ，他の女の子達も，それぞれに欲しいと言い出した。子ども心に枝を折るのは，いけないことだと思いながらも，1人にあげて他の子にあげないのは，不公平と思ったのだろう。居合わせた複数の女の子全員に，手当たり次第に枝を折って渡した。またたくまに，紅葉の木は，ほとんどの枝をもぎ取られたのである。

　翌日，女の担任の先生から叱られたのは当然だが，罰として校長室で正座しておくように言われた。校長先生は，事の顛末を訊いた後，厳しい叱責もなく，後は，ただ黙ってにこにこしながら，執務を続けておられたのを覚えている。父とも知り合いだったこともあって，私は，恥ずかしさと罪悪感を感じた。校長先生の厳しい叱責がなかったことが，かえって強く自分の悪さを自覚させた。

　小学校3年生の時，当時は貸本文化の全盛期であった。貸本屋で本を借り，期日を忘れて，遅延してしまった。遅延すれば，その分のお金を追加して支払えばいいのであるが，なぜか，親に言わずにひた隠ししたままにしていた。当然，貸本屋から，返却の連絡が来た。父に連れられ，父が貸本屋に詫びを入れるとともに，遅延分のお金を払ってくれた。父は，その行き帰りも含めて，まったく私を折檻するわけでも叱るわけでもなく対応してくれた。父に恥ずかしい思いをさせてしまったことをひたすら，自分自身に恥じるだけでなく，父に申し訳ないことをした思いを強くした。

3）青年期の思い出

　中学3年生の時，他クラスとの運動会の練習中，私の駆けっこの早さに心服してくれた他クラスの走りの早い友人が，「坂口，早いなあ」と褒めてくれた。本来は，みんなの前で褒めてくれたので喜ぶべきであるが，近くに，隣クラスの好きな初恋の女の子がいた。その女の子の前で，自分の名前を呼び捨てにされたことに，屈辱感を感じたのである。私は，それまで，「坂口君」か「てっちゃん」と愛称で呼ばれる以外，同輩から呼び捨てにされた経験は皆無であった。ましてや，初恋の人が近くにいることもあり，親友とまではいかなくてもきわめて親しい彼に，自尊心を傷つけられたと思って，くってかかってしまった。彼がビックリするばかりでなく，周囲にいた連中も驚いて，彼と私との間に入って，一方的な喧嘩を止めてくれた。呼び捨てにした彼は，親近感を込めたつもりであったが，自尊心を傷つけられて屈辱と受け止めた私に明らかに非がある。思春期の恥ずかしい体験である。

　大学4年生の時，大晦日の夕刻，友人達と酒盛りをしていたが，途中で腹痛を感じて私だけ帰宅した。真夜中に，腹痛に耐えきれず，初めて救急車に乗って，病院に搬送された。若いインターンあがりの医師が診察し，単なる腹痛との診断で帰された。正月の朝方，痛みが再発し，今度は，隣の家の人に車で運んでもらい，同一医師に見てもらって，同じ診断であった。夕刻，またもや激しい痛みが襲い，3度目も同じ医師の診察であった。さすがに，この時点で看護師長が，誤診と思い，院長を呼び出して，血液検査や再診査したところ，虫垂炎であることが判明した。誤診を下したために，手術開始までにほぼ一日を要してしまい，腹膜炎を起こす一歩手前であった。あまりの衰弱のために多量の点滴が間断なくなされた。

　多量の点滴がなされたために，体内で吸収された点滴液が排泄される段になると，膀胱がばんばんに膨らんでしまった。体力の消耗が激しく自力での排泄は無理であった。カテーテルが導入されるやいなや，ほとばしって出てくるオシッコに快感を感じるほどであった。ところが，見る間に溲瓶が一杯になり，ナースコールを呼んでも，誰一人として，看護師がやって来てくれないのである。とうとう溲瓶から尿がこぼれだして，瞬く間にベッドを濡らして強烈な恥ずかしさを感じた。

数日後，自力でトイレに行けるようになって，トイレに入っている時，ドアの外から，私の名前を呼ぶ声がする。何度も呼ぶので返事をしたら，ドアを開けて欲しいという。何事かと思って開けたら，その場で，腕に注射を打たれたのである。せめて，トイレを出て，ベッドで打ってくれれば良いものを，よりにもよってトイレの中で注射をするなんてと，怒りと恥ずかしさで打ち震えたことがあった。

　しかし，よくよく考えてみると，正月期間中であったうえに，救急病院としては，評判の良くない病院に搬送されたのが，運の尽きであった。医療や看護のうんぬんの前に，劣悪な環境の中で働く看護師や医療スタッフの姿が垣間見られたのは，言うまでもない。人手が足らない中で働くために，次から次に仕事をこなしていかなければならない実態が，そこにはあった。その結果，規定数以上の患者を入院させ，患者の羞恥心どころか患者への配慮など微塵も見られない病院経営が，そこにあったのである。この体験が，医療・看護における羞恥との出会いの体験になったのは，言うまでもない。

2. 学問としての羞恥

1)「菊と刀」との出会い

　大学1年生の時，文学概論を受講したが，夏休みの課題として，三冊の本が指定された。阿部次郎[1]の「三太郎の日記」，服部之総[14]の「黒船前後」，ルース・ベネディクトの「菊と刀」である。阿部次郎の「三太郎の日記」は，大正時代から1960年代頃までの学生の必読書のひとつであったが，70年代の我々の世代は，もう，内容的にも距離感を感じて，読破せずじまいに終わった。服部之総の「黒船前後」は，歴史学の視点を深める意味では面白かった。ルース・ベネディクト[9]の「菊と刀」は，我が国に住んだことも来たこともない女性が，日本人の心性の根幹に関わる武士と天皇との関係を見事に描ききっている力量に驚いた思いがある。勿論，和辻哲郎[10]の「風土」も日本人の心性を知る手がかりとなる好著であった。

2）袋小路での出会い

　高校三年生の時，当時，出来たばかりの和光大学の人間関係学科に進学したい思いがあったが，昔の熊本工業専門学校（現・熊本大学工学部に吸収）出身の明治生まれの父は，反対した。毒気に当たると言わんばかりに，わけのわからない心が病むような心理学以外の学問ならば，東京でもどこでも出すといって，反対した。受験した国立1期・2期と私立の三ヶ所をことごとく不合格となった。当時，熊本商科大学附属高校に在籍していたが，たまたま，30名の無試験入学の大学の枠に入れることがあり，担任と父とがその手続きをしてくれていたのであった。

　浪人する気力もなく，これも縁と思い，熊本商科大学（現・熊本学園大学）商学部に入り，あれほど，心理学と言いながら，現実には，その学問のなんたるかを知らないまま父と反発していたので，心理学を教えていた一人の岡田武世先生の研究室を訪ねた。研究室を訪ねるが何度行っても会えない。終いには，会うまでは，学校もやめないぞと誓い，30回目に会った。病気で入院しておられたのであった。学生部か教務部へでも問い合わせれば良いのであろうが，猪突猛進型であったための愚かさである。その年，34歳で九州大学の秋重義治先生の門下生として学位を取ったばかりの岡田先生との出会いであった。よく，知覚心理学の実験の手伝いやご自宅に遊びに行ったり，当時，人間科学研究会の顧問になってもらったりした。人間科学研究会（1968年の入学当初に設立した読書会から1969年に名称変更）という名称は，全国でも私達のサークルが一番早くこの名称を使ったのではないかと，いささか自負している。

　その後，関西大学大学院に進学した。集団心理学で名を馳せておられた廣田君美先生の下であった。当時の社会学部の教授陣は，京大出身者がほとんどであった。博士課程では，当時，助教授だった高木修先生に直接指導を受けろとの廣田先生の指導であった。元々，母校の熊本商科大学（現・熊本学園大学）に戻るつもりであったが，色々ないきさつがあって，とうとう帰れなくなってしまった。

　高校三年生の時，大学入試で立命館大学を受けた折りに，数学は満点に近い自信があったにもかかわらず不合格だったので，パンフレットの筆頭にあった蓮尾千萬人先生に，返事を期待しないで書いた手紙に対して，懇切に調べてお

返事を頂いたのであった。それ以来，年賀と暑中見舞いと人間科学研究会の機関誌「明日への思索」を送るという細々とした交流が，蓮尾先生と続いた。

関西大学に来たその年に，蓮尾先生は風邪をこじらせておられた。病気をひた隠しして，突然，関大をやめられた先輩の伊吹山太郎先生の後任の科目を受け持っておられていた。講義後，千里山駅まで，知り合った社会福祉専攻の梶谷一夫君と2人で両脇をかかえるようにしてお送りしたことは，何度かあった。蓮尾先生も宇治の六地蔵の自宅から自費でタクシーで講義にこられたこともあった。その年の夏，蓮尾先生は亡くなられた。立命館大学の当時の末川博総長の強い慰留がなされたのにもかかわらず，立命館大学を辞されたいきさつを知る私は，まさに蓮尾先生に武士の姿を見る思いであった。梶谷君と病気見舞いをかねて蓮尾先生宅を訪問した時，先輩の伊吹山太郎先生を訪ねなさいと言われ，また，9月に再会しようと言われたのが，蓮尾先生の最後の言葉であった。

オーバードクターとなり，伊吹山先生からの就職斡旋を頂いたにもかかわらず熊本に帰ることのみが主眼であったために，お断りしたのは，若気の至りであった。オーバードクター5年目に入ろうとする時，大阪教育大学の小野章夫先生と理事であられた田中敏隆先生のご紹介で，大阪保育学院（現・大阪教育福祉専門学校）に勤務した。赴任早々，専任講師として7種類の科目を担当させられた。学生には，7種類の科目担当なので「七色仮面」（私の子どもの頃のTVドラマ）と称して笑いを取りながら，4年間続けた。今にして思えば，浅薄な授業で当時の学生に申し訳なさと恥ずかしい思いがしてならない。そのうち，社会心理学の専攻というよりも，広く浅くの教師となった。本来ならば，師事した廣田先生の集団心理学か高木先生の態度と行動の心理学のいずれかに関わるものであるが，職場や諸般の事情から，知覚心理学，社会心理学，消費者心理学，交通心理学，看護心理学などの一部分に関わってきた。結果的に，学者としては，ひとつの分野を大成するという純粋培養型ではないから，亜流である。せめて亜流の良さは，広く浅くが学的謙虚さを生じさせ，偏狭さや教条主義的にならないところが良い点と思っている。

このようないきさつがあり，「門前の小僧，習わぬ経を読む」ではないが，看護師である妻との関わり，看護学校との関わり，職場との関わり，ならびに，

人生の袋小路に陥っていた私を見かねて，拙宅を訪問しては，有形無形の励ましをして下さった伊吹山先生（当年，百二歳）との関連から，羞恥への接近が始まったということである。

　平成18年5月，知覚心理学者の秋田宗平先生が亡くなられた。亡くなられる約1月前に，病気お見舞いに行った時，秋田先生から，小生の自己満足のために書いている拙論をいたく高く評価して頂いた。純粋培養型でなく，他方面の視点から問題への接近をする私の視点を是非大切にすることを強く言われたのが，秋田先生からの私へのはなむけの言葉であり，最後の言葉であった。ご再会を約束して辞去したのだが，まさか，今生の別れになるとは，夢想だにしなかった。ただただ，残念無念であった。

　このような経過による羞恥との関係であるが，ひとつの区切りをする時期に来ている。勿論，この羞恥を多方面へと深化していく方向はあるのだが，今後の展開は，羞恥に関する諸研究者にゆだねたい。ここでは，これまでに発表してきたものを糊とハサミで切り貼り細工のように再構成してまとめることにしたい。

第1章
羞恥から見た社会状況

はじめに

　本来，論文の「はじめに」には，その論文の方向性を書くものであるが，私は，いつしか，羞恥の観点から，社会状況を書くようになってきた。これらの中で1995年から2005年までに「はじめに」として書いたものを，ここに採録しておきたい。

　この11年間を振り返って，社会現象は，めまぐるしく変貌していった。バブルで豊かさを享受して，バブル崩壊後，その後始末に苦労したにもかかわらず，人間は，自己中心的になり，惻隠の情は薄れ，恥を恥とも思わないどころか罪悪感も薄れるとともに人間関係も希薄化してきた。文明は，確実に進歩したにも関わらず，原始以来，人間の喜怒哀楽は，変わるどころか，益々，増長しているのが実態である。その変遷過程をも含めて，この11年間の「はじめに」に寄せた内容から把握したい。

1. 1995年（平成7年）の想い[70]

　戦後50年目であった平成7年は，我が国の根幹を揺るがす未曾有の事件が次々と起こった。1月17日午前5時47分に発生した阪神淡路大震災は，一瞬にして多くの倒壊家屋と火災を発生させ，幾多の人命を奪ってしまった。3月には，東京丸の内の地下鉄で毒ガスの一種であるサリンがばらまかれ，通勤客の人々が災禍に遭遇した。オウム真理教によるこの事件は，宗教活動と自由，宗教とは何かといった根元的な問い掛けをもたらした。宗教法人法改正論議が

にわかに高まり，今国会の与野党攻防のひとつとなった。

　宗教法人に対して，一言すれば，財務の公開のみである。入る資金と出る費用が不透明であるから，そこに世襲の愚の踏襲に基づく腐敗と堕落と資産隠しとが発生するのである。ニーチェ（Nietzsche, F. W., 1844-1900）はかつて「神は死んだ」と唱え，マルクス（Marx, K. H., 1818-83）は「宗教は阿片である」と称した。宗教が人の心の癒しのためにその存在があるのであれば，宗祖の原点に還り，彼らが残した言葉や書き物との自らの問答と一人実践の中であれば良いのであって，教団や組織的行動の枠組みの中に取り込まれて行動していく延長線上には，必ずこのような愚かな出来事が繰り返し発生することであろう。孤独による魂の磨きと癒しは苦しい修行であろう。勢い，同じ気持ちの集まりの中で人は共にそこにいる安堵感と具体的な人々との連帯感を覚えるために，それを選択する善男善女が大半であるが，真の心の癒しは，所詮，宗祖達が各自孤独の苦悩の中で一人実践と自らの悟りによって到達したようにしか達成できないのではないかと考える。あるいは，宇宙そのものの存在の中にいる自己の存在をただ1人であると自覚するとともに，自らの錬磨の中で生老病死の現実をあるがままに受け入れていく術を見つけていって，自らの癒しをなしていくのもひとつの方法であろう。人間は，古今東西の歴史が示すように，自力他力のいずれを問わず，遅々として進まない生き方をしている。心の進歩がないので自らを癒す術を体得できないままに生き続けている。

　戦後，日本は復興のために老若男女の全てが一丸となって勤勉に働いてきた。過労死や公害もなんのその，滅私奉公をもって一心不乱となって高度経済成長をなさしめ，表面上は豊かな日本を作り上げてきた。ただ，かつての日本人の心性としての美風であった様々なものをその代償として失いながらの戦後50年でもあった。すなわち，バブル景気は，日本人の心性を「ゼニの世界」に最終的に引き込んでしまった。原始・古代の物々交換の煩雑さの代替手段として発生した貨幣としてのお金は，人々の暮らしの発展を生み出した功の面と富の偏在・収奪という罪の面を両輪として，今日に至ってきた。「金が敵」「金が物を言う」「金の切れ目が縁の切れ目」「金の轡（くつわ）を食ます」「金の番人」「金の世の中」「金で面を撲（たた）る」など，お金の持つ負の側面を譬える言葉が多いのは，人々がお金に喜怒哀楽の全てを縛られていることの証左である。今日，お金の

負の側面を一身に背負わされた「ゼニ」という言葉の中に，今日の日本は捕らわれ，理念も理想もゼニの論理と引き替えてしまった。

大阪と江戸との銀と金の交換を生業とし，その利ざやで成立した両替商の末裔である銀行による金融界と，それを支えた大蔵省及び関連機関などの各自が，本来の正業をなすべき業務責任を放棄してなさしめた悪しき行為のつけが，今日の平成不況と称される現実を生み出した。しかも，その責任を負うべき人々は，かつて戦争責任と同様に誰もが責任を放棄し事態をうやむやに処理しようとする気配さえある。要するに，恥知らずな人々が増えたということである。今や住専，コスモ，木津信，兵庫銀，東京協和，大和銀などに見られる不祥事は，ほんの氷山の一角である。

経済活動は，人間が豊かに暮らしていく上で大切かつ軽んじられない人間の活動である。経済活動の自由は前提であっても，その自由は，一歩間違えれば「ジャングルの自由」(佐高信, 1995)[85] になる。そこは弱肉強食の世界である。その世界を恥とする人間の感性が大切なのである。

日米安全保障条約による核の傘の下での日本の平和は，米ソ冷戦構造の崩壊によって新たな局面に入っている。日米地位協定の不平等に基づく様々な矛盾は，基地周辺住民にこれまで幾多の苦渋と忍従を強いてきたが，そのことに対する反発が今回の沖縄女子小学生暴行事件を機に一気に噴出してきた。職業軍人及び上級将官クラスは別として，軍事上は駒の歩に過ぎない下級兵士にとって，自国の防衛ならいざしらず極東の防人の役割など，自らの行動規範を律する意義を持たないのは当然である。結論を言えば，戦後，今なお，米国占領政策のくびきから脱し得ていない日本は，真に独立国として存在していないのである。日米が，対等かつ公平な関係を持った真の最友好国として交流し，アジア及び世界の中の日本としてのあり方を真摯に考える時期にきている。

戦後50年の今年は，実に様々な問題や矛盾を露呈した年である。問題解決の先送りや問題の隠蔽や責任回避など，実に恥知らずな行動を行ってきた集積の結果，今日の日本の姿がある。情報を公開しその内容を謙虚に受け止め，仮にその問題に誠実に対処できなかったとしても，その際，それぞれの役割を担った人々は，そのいたらなさを恥として反省し，二度とその轍を踏まないようにする手だてを提起することによって，失敗は成功の母となるのである。その

行動を触発させる心理的根元のひとつに「恥を恥とする心」を持つことであろう。

　個と集団との関係，個と組織との関係の中でも，相互の権利と義務を見誤ることなく対処していく上でも，自らの羞恥感情を羅針盤として，その羞恥を生じさせる原因と結果を見渡すことが大事である。本来，矛盾多き人間の営みは，その矛盾を孕みつつもよりすっきりとした一貫性のある方が，より生きやすいとする上での判断の指標に自己の羞恥心をもってあたることを提起するものである。

　戦後50年を迎えたわけであるが，戦後の噴飯に値する出来事が一気に吹き出してきた。阪神淡路大震災に見られた日本の防災体制と危機管理の欠如，サリン事件に見られたオウム真理教を代表とする宗教のあり方，HIV薬害訴訟，官官接待，金融界不祥事，占領時代を彷彿とさせた沖縄女子小学生暴行事件に見られた日米安全保障条約に基づく日米地位協定の不平等さ，フランス国の植民地ムルロワ環礁地下核実験及び中華人民共和国による核実験への被爆国日本の毅然たる態度で対処できない実状と核保有国全てへの核廃絶への展望と指針を提起できないでいる今日の日本の現況，戦争責任に付随する従軍慰安婦問題やアジア近隣諸国への大東亜共栄圏としての日本同化政策による傷跡や731部隊の人体実験などの贖罪などなど。問題解決の方法をうやむやにして，戦争によってもたらされた加害者と被害者の両面をとらえる対応も遅々として進まないのも当事者及び関連者の自然死を待って収束とする印象を受ける。結果，21世紀への展望の指針を国家も我々個々人も真正面から捉えず，若者の言葉に象徴される「今が良ければいいじゃ〜ん」意識で過ごしているのが実状である。まさに思想としての"ゼニの世界"の爛熟時代である。青木雄二（1995）[4]は，講談社漫画賞を受賞した「ナニワ金融道」や「ゼニの人間学」を通じて，日本経済の実態を事実に基づいて浮かび上がらせ，そこから"風通しの良い社会"を樹立していくことを提起している。

　人は，自己の属する国家や集団や組織を保持するために，自らの信念などを捨てたり摺り合わせたり曲げたりするなどの苦渋の選択をして貢献していく。しかし，古今東西の歴史が見事に証明するように，一時凌ぎのその場限りの糊塗をなし得ても，結果的には守るべき国家や集団や組織を腐敗や堕落や崩壊に

導いてしまっている感がする。個々人として誰もが責任ある立場として照射される時，その一人一人は常識ある市民であり家族の一員でありながら，個と集団や組織との狭間で苦悶する場合，百年二百年の展望を持って自己と集団や組織との関連を見据えることは至難の技である。

　ただ，これからは，国家や集団や組織が愛すべき存在であればあるほど，その中での自己に課せられた役割を遂行するのは勿論である。しかし，その役割行動の持つ意味が，恥―羞恥―罪の関連の中で，動揺を感じ恥ずべき行為の一環と認識されるものであれば，それに手を染めない勇気こそ大切にしたい。恥知らずな人々を指導者に仰いだ時，歴史は人々に苦渋と苦難と苦悩の一切をもたらしてきたのであった。ささやかなことでも恥ずべきこととして認識しながらも見過ごしていく個々人の集積の所産が，暗黙の了解に基づく集団無責任意識と連動し，結果，必ずそのつけで，自らの手で自らの首を絞めてしまうという愚を犯してきたのである。

　交通通信網の発達は，世界を一挙に身近にした。インターネットの拡充や情報交換などの活発化は，もはやこれまでの小さな枠組みとしての会社や集団や組織や国家のくびきを外し始めた。かつて，百年は隠し仰せた事柄も，もはや数年の寿命，否，数日どころか一瞬にして白日の下に晒される時代が確実に招来してきている。個は，自己の属する会社や集団や組織や国家や世界全体と連動する一貫性のある常識や知識や行動様式を必要とされていくのがこれからの時代である。

　これまでは，狭小な枠組みの中での忠誠や組織安泰のために湖塗に手を貸すことは，生きる知恵であった。確かに，まだ通用している。しかし，爛熟したゼニの世界の現実とゼニの思想を叩き込まれた老若男女の全ては，指導者達の口舌を徐々にではあるがまともに受け止めなくなった。もはや，自己の行動指針が全体を通覧するものであることに，心地よさを感じるしかありえないことを認識し始めた。その際の自己の行動指針を写す鏡として自己の羞恥という物差しを生きるその拠り所の一つとして取り上げることができるということとともに，改めて再認識することを提起するものである。

2. 1996年（平成8年）の想い[71]

　住友生命保険は，1996年度の世相を反映した「創作四字熟語50編」を発表した[36]。その中に官僚汚職が相次いで表面化したことをあざけった「高官無恥」（厚顔無恥になぞらえた造語）があった。今日の日本は恥知らずな人々が支配する社会となった。

　猪瀬直樹（1996）[24]は，平成9年度の文芸春秋・新春特別号に公益法人によるタカリの構造に対する論文を寄稿している。恥知らずな官僚を排出（輩出ではない）するに至った官僚と業界・法人とのメカニズムを知る一助として，猪瀬の論文の一部を長文ではあるが載録する。

　「宗教法人は公益法人のひとつにすぎない。税金天国は宗教法人ばかりでない，と玉置（人名）が気づき，そのノウハウが秘書たちに継承された。

　公益法人とはなにか。営利を追求せず，また公益に関する事業を行う法人である。宗教法人以外に学校法人，社会福祉法人，医療法人，社団法人，財団法人がある。

　公益法人は，公益に供するために設立された法人だから，公益事業から生じる所得については非課税になる。宗教法人ならばお布施，お賽銭，お神籤などの収入には課税されない。お寺が自分の広い敷地を利用して駐車場を経営したり，教団が出版物を出して収益を上げたりすると課税されるが，ふつうの法人税率37.5パーセントより低い27パーセントとなる。

　宗教法人と同様に学校法人，社会福祉法人，医療法人，社団法人，財団法人についても公益事業と見做される部分については非課税で，収益事業から生じる所得にのみ課税され，27パーセントの軽減税率が適用される。さらに公益法人が収益事業を営む場合，収益事業で得た所得を公益事業に繰り入れると，その30パーセントを寄附金（みなし寄附金）として損金算入することが認められている。利子，配当所得も非課税となる。

　公益法人は都道府県の所管も多いが，中央省庁の課長級にコネがあれば一発で設立の許可が下りる。社会福祉法人の数は1万5千と膨大になる。なかには相続税対策のために社会福祉法人の認可を得て，財産を移転するケースもある。

家族が理事長に収まれば相続は安泰である。

　この社会福祉法人を受け皿にして，補助金を得たのが小山容疑者だった。特別養護老人ホームの場合，施設整備費として厚生省から補助金が2分の1，国の補助金がつけば自動的に都道府県が4分の1の補助金を加える。さらに埼玉県の場合には16分の3を上乗せした。これで資金の94パーセントが賄える。建設会社は自分の子会社を使い，もらった補助金より安い建築費でつくればお釣りがくる。錬金術である。

　公益法人のなかでも法律の規定がいちばんゆるいのが社団法人，財団法人である。オウム真理教では宗教法人，厚生省の贈収賄事件では社会福祉法人が舞台となった。だがいずれ社団法人，財団法人が主役になると断言できる。とりわけ財団法人が問題である。

　宗教法人には宗教法人法，学校法人に私立学校法人法，社会福祉法人には社会福祉事業法，医療法人には医療法が対応しているが，社団・財団法人には特別の法律がつくられていない。したがって明治29年につくられた民法34条に定められている以下の文言をあてはめるしかない。

　『祭祀，宗教，慈善，学術，技芸其他公益ニ関スル社団又ハ財団ニシテ営利ヲ目的トセサルモノハ主務官庁ノ許可ヲ得テ之ヲ法人ト為スコトヲ得』」(p.294)として，公益法人の概要を述べている。さらに，法人全般のシステムを分析して，健全なシステムづくりへの提言をなしている。その熱き姿勢を猪瀬は以下の通りに提言している。

　「これまで特殊法人，認可法人，公益法人について分析してきた。三者は複雑に絡み合い地下茎のように自己増殖している。それだけではなく補助金漬けで，天下りの素地となり，民業を圧迫し，寄生虫のように国家財政を喰い荒らしている。行政の代行をタテマエにしながら，厚生省の贈収賄事件でも明らかなように省庁自体が腐食していく。旧ソビエト連邦や東ヨーロッパ諸国で起きた大きな政府の末期症状に似ている。

　ここまで来ている，ということを国民は知らない。知らされていない。

　第1の問題点は，行政情報が開示されないことにある。一刻も早く情報公開法がつくられなければならない。だが11月に公表された情報公開法要綱案（行政改革委員会情報公開部会・総務庁）には特殊法人についての規定がない。

特殊法人以下,行政代行機関を含めて情報公開の対象としなければならない。
　情報公開は待っているものではない。積極的にアクセスしなければならない。第2の問題点は,日本独特のマスメディアのあり方にある。記者クラブが行政情報の宣伝機関に成り下がっている。部屋代はもちろん,電話代やファクシミリ代すら払っていない。省庁と内線電話で繋がっていることがおかしい,と気づかない。勉強不足で役人にバカにされていることにも気づかない。テレビ局が郵政省からの天下りを受入れているようでは情けないし,現職の新聞社の幹部が役所の審議会委員になるのもやめたほうがよい。心理的な癒着を断ち切らないかぎり,国民の代弁者にはなれない。
　最後に,言いにくいことだがあえて言う。官僚だけが悪いのではなく国民にも問題がある。お上の権威に弱くいちいちお伺いを立てて,ややこしいことは役人に任せてきた。一例をあげれば,O-157事件でかいわれ協会が登場して,こんな協会まであるのかと驚いたが,上は経営者団体まで,業界が固まって役所向けの窓口を用意するような『官』依存体質を変えないかぎり,行財政改革はできないのである。」(p.325)
　猪瀬のこの提言が現実化するのは不可能なほど,恥知らずの組織社会となってしまった今日の日本の実状がある。
　この官僚社会の深層心理構造を指摘する論者にもう一人登場願おう。岸田秀(1996)[30]は,今日の官僚システムの腐敗堕落構造の深化をもたらした日本人の精神構造を鋭く分析している。異論の余地のない明快な解明である。同じく,長文ではあるが,含蓄のある論理なので一部載録する。
　「問題は,なぜ日本の省庁はこのような体質になったか,それはどうすれば改善できるか,ということです。私は日本の省庁がこのような体質になった起源は,明治維新という急ぎすぎた近代化のひずみにあると考えています。日本はペリーが来航し,無理やり開国を迫られるまで,国自体が自閉的共同体,つまり藩の寄り集まりに過ぎませんでした。そこで日本は,欧米に対抗し,中国(当時の清国)のように欧米の植民地にされないためには,大急ぎで近代国家組織を作り上げなければなりませんでした。
　そのため,それまで日本人が精神的に依存していた共同体＝藩を解体せざるをえませんでした。当時の政府は,宙ぶらりんになった日本人の依存心を天皇

に集中させることにしたのです。軍部官僚の言葉は常に陛下の言葉，として国民に伝えられました。精神的依存の対象を無理やりつぶされてしまった近代日本国民としては，『天皇と天皇に忠誠を尽くす人などの偉い人はきっと自分たちのためになることをやってくれる』と信じることで，不安さを解消しようとしたわけです。日本人のこの『偉い人好き』は，他の国ではあまりないことです。偉い人が清廉潔白で優秀でいつも自分達を助けてくれる，と思いたい。『水戸黄門』や『大岡越前』のようなドラマが異常に人気がある，というのもそのあらわれですよ。自分が何もしなくても，上の人がなんとかしてくれる，と思うことで安心していたいのです。

　上の者が決定したことに国民が服従する。たとえば上官の命令に部下が服従するというシステムは，近代国家として，近代軍隊として欧米に対抗するためには必要なことです。戦国時代や幕藩体制の時のように，ゆるい体制では近代組織は機能しません。ヨーロッパやアメリカでもそれは同様です。違うのは，上にいる人間を評価するシステムが日本にはなかったという点です。無能な上官や国家に不利益をもたらした官僚をチェックするシステムが，日本には欠けているのです。そのために，近代国家という組織を取り入れながら，上層部だけが閉鎖的な共同体になって，自分達の利益のためだけに行動し，国民に不利益をもたらしても誰もそれをとめることができなくなってしまったわけです。

　日本の敗戦が歴史上まれに見るみじめな負け方だった原因の最たるものは，よく言われているように，アメリカと日本の物量や技術の差ではありません。そんなことは戦争を始める前からわかっていたことで，それが原因で負けることにきまっているのなら，戦争を始めるべきではなかったのですから。敗北の原因は，無能な指揮官を排除するシステムがなく，無謀な作戦が繰り返されたことです。

　近代日本軍は，兵士は上官の命令に絶対服従しなければならないという，近代軍隊の組織原理は取り入れながら，無能な上官を排除するというもう一つの組織原理は取り入れられなかったのです。そのために，たとえば食糧補給の見込みのない作戦などざらで，日本の戦死者の実に三分の二以上は餓死だったのです。

　戦後，軍部とそれまで猛威をふるっていた内務省が廃止されて，民主制のも

とで官僚制は面目を一新したわけですが，戦後復興期や経済成長期には，幸運にも省益と国益が一致していたわけです。そこで偉い人好きの日本人は『軍人』への依存心を今度は官僚に切りかえてしまったんだと思います。その結果，監視されることのなくなった官僚は，自分達の面子や利益だけ優先するようになり，そして政治家でさえなかなか手出しのできない，閉鎖的な『共同体』になってしまったのです。

　もちろんすべての『共同体』が悪いのではありません。徳川幕府時代の藩も共同体ですし，また現在の企業も共同体と言えます。では，なぜ省庁は共同体化してはいけないのか。それは，省庁は，共同体の外部の人間つまり全国民に権力が及ぶ，言い換えれば幸不幸を左右し得る組織だからです。徳川時代の藩ならば，藩の外にいる人には権力が及ばないので，共同体であってもかまいませんし，むしろその方がメリットがあるくらいです。企業にしても企業という共同体の利益を追求することは当然ですし，その企業が国民に害を及ぼす，もしくは国民にとって無益な企業ならつぶれてしまうわけですから，会社が共同体であっても，国民にはそれほど害はありません。でも省庁が共同体化しても，その共同体の利益だけを追求すれば，国民は必ず害をこうむることになるのです。

　今，官僚がかかわる様々な事件で，官僚でありながら道義にもとる，良心はないのかという，特定の官僚に対する個人攻撃がさかんにされています。けれど，このような個人的道義的非難は無効です。近代国家組織は道義心や人情をあてにして機能するものではないからです。われわれは何もしなくても『偉い人がなんとかしてくれるはずだった』という甘えが裏切られたことへの憤りにしか過ぎません。個人の良心とか道義心とかで官僚組織が動くと期待するのは，戦争中に日本の軍部が，兵士に勇気とか大和魂とかを期待し，それさえあれば勝てると盲信したのと同じくらい大きな誤りです。非支配者の国民に，支配者であった軍部と同じ考え方があることに注目すべきです。

　血友病患者がエイズに感染する危険にさらされることを知りながら，非加熱製剤の販売を黙認した厚生省の官僚は，鬼のような極悪非道な人間だからそうしたのではないのです。官僚組織という共同体の利益をはかった結果，国民が無視されたという構造的な問題であって，個人の資質の問題ではないというこ

とを理解するべきです。省庁が共同体化しているという事実がある限り，同じことがくり返されるでしよう。

　問題の解決には，言われているように省庁の組織改革が絶対に必要です。省庁の共同体化を引き起こす天下りの禁止や，官僚の権限を不必要に大きくするような規制を緩和することは当然です。その上で，特権意識も共同体化の原因になりますから，キャリア組，ノンキャリア組を分ける採用試験はやめるべきです。それに官僚のほとんどが同じ学校を出ている，というのも共同体化を進めますから，東大卒の比率を下げることも厳密に行うべきです。また官僚達は一般国民が知ればびっくりするほど，血縁や婚姻関係によって結ばれています。ですから，人権無視とか差別とか批判があるでしようが，親戚に高級官僚がいる者，またはいた者は採用しない，というのも官僚組織の共同体化を防ぐためには有効だと，私は考えています。

　けれど，官僚をのさばらせないためには，官僚まかせにしておけばいいという依存心を国民が克服し，官僚を抑えることができる政治家を選挙で選んでいくことが何よりも重要なことだと思います。」(Pp.102-104)

　岸田の嘆息ではないが，もはや，恥や罪を通り越してしまった実態が私たちの住む日本社会に蔓延してしまったに過ぎないのである。

　中野翠（1997）[49]は，今日のニッポン下半身社会の一面を照射している援助交際に走る少女の行動原理を日本人の本性として，以下のように解析している。

　「私の最大疑問。日本人は豊かになったのに，なぜその心根はこんなにもいやしくなってしまったのだろう。多くの識者が指摘しているように，地域的な共同性が崩れ，『世間』というシバリがゆるくなったら，もう日本人には善悪を判断するよりどころなどなくなってしまったのだ。私は，そもそも日本人の倫理性や道徳性を信頼していない。他の先進国（つまりはキリスト教文化圏だが）に較べると，基本的に『罪の意識』や『善悪』といった抽象的観念に乏しい民族だと思う。儒教（→武士道）が力を持った時代もあったが，もともと非道徳的体質（不道徳とは少し違う）の民族だと思う。しかし，その代わりに……福田恆存は言った。『感覚的美感』があった，と。それだけが日本人にとって唯一，最後のよりどころだ，と。私はこの見方に同感だ。そういう日本人の

高度に発達した『美感』が，価値判断的なさまざまな言葉（いやしい，さもしい，はしたない……）を生み出し，それがまた，日本人の行動を左右して来たと思う。私は，『おいしい』という言葉が『楽して，もうかる』というああいうニュアンスで使われるようになった時点で，その『感覚的美感』すらも鈍って来た，狂って来た，崩れた──と思ったのだ（蛇足のようだが……オウム真理教のあの『ハードに修行するぞ』に代表される噴飯ものの言語感覚。それを無抵抗に受け入れた若者たち。私はオウムの問題は，何よりも『美感』の崩壊にあったと思っている）。」(p.94)

　中野の言う恥や罪意識に依拠した行動原理を本来持たなかった日本人が行動の基軸とした美的感覚さえも崩壊した今日，何をして指針としていくかが問われているということであろう。

　しかし，それでも恥と罪意識のヤジロベエとしての羞恥感情を通じて日本人の深層心理を知ることから，行動の解明が望まれる。羞恥の解明に際して，猪瀬・岸田・中野らの論理に通底する日本人の深層心理をなすメカニズムを認識しておくことは重要である。

3. 1997年（平成9年）の想い[72]

　敗戦国日本は，国民の地道な努力によって今日の繁栄を達成したが，戦後50年を一区切りとして，社会制度や経済活動や国民意識などあらゆる分野に関する総決算と見直しが唱えられた。ここでは，象徴としてのバブルを考えてみる。バブルはなぜ起きたのか。

　戦後50年史の陰を駆け抜けた宮崎学（1996・1997）[43]・[44]によれば，「銀行などの金融機関と4大証券などがバブルの生起に決定的な役割を果たしたとはいえ，それだけが原因でバブルが起きたなどと考えるのは単純すぎるだろう。私は，金融機関の役割に加えて，日本資本主義が戦前から営々と積み重ねてきた『闇の方程式』が表に一気に噴出したのが，バブルのもう一つの側面であったと思うのだ。『闇の方程式』とは，政官財の中枢に位置する一部の優秀な連中が戦前から行ってきた陰の財テク方法である。例えば，有力政治家や財界のトップ経営者が財テクを行う場合，従来から土地転がしや株操作の手法が取ら

れていた。それが『闇の方程式』たる所以は，その方程式の中に必ず損をする人間，つまりババ抜きのババをあえて掴む人間，つまり泥をかぶる人間をあらかじめ準備していること。あえてババを掴み，平然と尻拭いをやりきる人間が最初から準備されていることである。右翼の大物，ヤクザの大物組長，地下金脈の人間，株の仕手グループの人間などである。そうすることでこの方程式は完結し，完璧となる。……中略……ヤクザや『バブル紳士』はバブルの絶対条件であって，彼らの存在なくしてバブルはなかったのだ。逆のいい方をすれば，彼らを『ババ掴み』として存分に利用して大企業や金融機関が巨利を得ようとしなかったら，バブルは起きなかったのだ。こうした企業社会とヤクザとの連携は，日本資本主義の陰の部分ではこれまでもずっと行われていたことである。ただ，バブルがそれまでと違っていたのは，企業が競争の論理に激しく傾斜し，汚れ役を全面導入したことだと思う。そして，全面導入したがために陰の部分が表に出てしまった。私から見れば，それだけの話である」(Pp.427-428) と喝破しているが，まさに正鵠を得た指摘である。

　このようにバブル崩壊後の日本の負の部分を捉えかつ国民の視点を早急に回避する意味も含めて，21世紀への展望を計ろうとする営みが開始された。金融ビッグバン，規制緩和，行財政改革など一連の胎動がそれである。

　21世紀における世界の中の日本のあり方を切り開いていく過程の中で，様々な事件が発生していった。阪和銀行不正融資事件や三洋証券倒産や第一勧業銀行及び野村・山一・大和・日興証券に代表される一連の総会屋に対する利益供与における事件は，金融の基本である自由活動に基づく公平・公正さを根幹から否定するものであった。経済は，本来，人間の生活の根幹をなすきわめて大切な動脈である。経済活動が自由で活発で豊かさを生む限りにおいて，国家や国民は平和で安定した生活を保障されるものである。

　ところが，その経済活動の根幹をなす金融・証券会社が，自らの組織を維持し安定させる名の下に，総会屋対策として利益供与をなしたことは，自由経済を自らの意志で否定したことになる。これまでは，担当部課長か事前準備された腹切り要員担当役員を差し出すことで，問題の糊塗を拭う方法であったのが，今更通用しなくなったこととビッグバンを前に日本経済存続の名目のために役員総退陣をもって組織の存続を図る方法に切り替わったに過ぎないのである。

総会屋やヤクザとの縁切りは，表面的な処理でしかなく問題の本質は闇に押し込められたのである。問題の本質は，例えば野村証券に代表される約3千名と称するVIP待遇名簿の公開にある。青木雄二（1997）[5]のいう「ウルサ方には必ず儲けさせていた」(p.133) VIP口座は，いつしかマスコミでも取り上げられず，プライバシー保護の名目で，闇から闇に隠蔽されたのである。金融証券会社のVIP待遇は，大同小異，程度の差はあれ他の関連会社にも存在すると考える方が自然である。

おそらく，VIP待遇に名を連ねた人々は，我が国のあらゆる階層・階級の代表者であり指導者である。例えば，テリー伊藤（1996・1997）[97]・[98]は，VIP口座の中で外務官僚名が圧倒的に多いと指摘している。さらに，広瀬隆（1997）[17]の近著「私物国家」は，日本の一部の階層・階級による閨閥によって形成された日本の黒幕の系図を見事にあぶりだしている。本書は，まさに驚愕に値する。国民一人一人が真摯な眼差しで，この閨閥支配による売国日本の実態を見据えていかなければならない。

しかし，現実は，このように我が国の代表者や指導者の人々を白日の下に晒すことは，日本の崩壊を招来させるのではないかと危惧する姿勢から，隠蔽することにしたのであろう。実は，ただ，日本を崩壊から守るためとか日本国を愛するためからではなく自己保身のために過ぎない。真に愛国心を唱え持つ人であれば，自分だけを別格に扱われる待遇を受けることを拒否しそのような遇し方を恥とする人々だからである。

もし，21世紀を世界の日本へと向かわしめるのであれば，むしろ，諸外国がどうであろうと，日本だけは特権階級のためになるシステムを崩壊させ，戦後50年の総決算としてさらに洗練された国家・国民システムを創出していく産みの苦しみとして，今回の野村・一勧・山一・日興・三洋事件を捉えていく視点が必要なのであるが，その視点が欠落してしまった。元・出雲市長で現国会議員である岩國哲人議員による再三の大蔵省への情報公開申し入れも個人のプライバシーに関することとして，拒否されたことからも判明するように，日本は，21世紀に向かってまたもや闇の不透明な国家体制へと突入することを開始したことを意味している。このことは，表面上は自由で躍動的なシステム作りを意味する行財政改革も金融ビッグバンも，結果的に連綿と続く閨閥支配

による特権階級の巧妙な育成と貧富差拡大を生産してしまうことを危惧する。付言すれば，ビッグバンは金融自由化における自己資産運用の自主性と自己責任が求められるわけであるから，情報やブレーンやシンクタンクを一手に保持できる金持ちほど益々金持ちになるであろう。さらなる弱肉強食の世界が想定される。同様に広瀬隆（1997）[17]によれば，「実業家を装う世界最大の仕手集団であり，ジョージ・ソロスを先頭に動くロスチャイルド財閥」（p.123）である国際金融マフィアに日本の富がさらに吸い上げられることを指摘している。

　一方，パチンコ・競輪・競馬・ボートなどギャンブルで麻痺してしまった人々は，地道な蓄財意識を持てずビッグバンという新たな金融ギャンブルで一攫千金を狙ってのめり込んだあげく虎の子預金までも巻き上げられることにならないかと危惧する。向壽一（1997）[47]の言う日本版ビッグバンが，真に公平・公正・開示（ディスクロージャー）が保証されない限り，庶民はマネーゲームに参加しないことが賢明である。同様に，内橋克人（1997）[99]が指摘するように「規制緩和」もまた我が国に強烈な市場原理至上主義による競争原理を導入することになる側面があるので，慎重に見つめていかねばならない。

　これまで，日本は敗戦という全国民にもたらされた度し難い痛みを，戦争犯罪人にのみ問題を帰することなく国民一人一人が自らの問題として受け止めまさに一億総懺悔の心理の下に努力してきた結果が，今日の日本を世界の中で不死鳥のごとく蘇らせたのである。ところが，今回のプライバシーの名の下にVIP待遇の情報公開が沙汰止みになってしまったことは，敗戦日本の蘇生に向けての意欲を完全に喪失させてしまうことになったことを意味している。確かに地道に生きている人間も仕事や生活や生き方の諸々の点を白日の下に晒して謙虚に振り返って見て，筆者自身も同様に人のことをあれこれ言えるほどの者かと問えば，恥ずかしき限りであるのも事実である。他者をあげつらう前にまだ自分も反省すべきではないかという国民の素朴な感性と諦観と組織への忠誠心があるために，このような国民心理が助けとなって，VIP待遇の情報公開を声高に叫ばせない要因となっている。

　しかし，事は長屋の八ちゃん熊さんといった庶民のささやかな誤魔化しではないのである。人間が人間同士で生活する上で，人間が組織や集団を形成し，国家や国民としてその国を愛しその組織の一員であることを誇りとするために

誰にとっても最低限の共通認識としての公平・公正・開示（ディスクロージャー）という基盤が緩んだり偏狭であったりすると，それはまさに人と人との関係性の崩壊と不信を生じさせることになるからである。

一連の選挙離れやそれに伴う低投票率，あるいは，これまで所属した会社や組織を大きく存続させていくことに努力してきた会社人間も含めて人々をリストラと称して解雇したり，または社内いじめによる自主退職に陥らせるということが日常茶飯となってしまったのが，バブル崩壊後の今日の日本の社会システムである。結果として，若者は今が良ければいいじゃ～ん意識とならざるを得なくなり，働き盛りの者は明日は我が身を想定すれば，表面は忠誠心を見せながら内実は急速な帰属意識離れを起こしているし，高齢者は戦争体験から，日本は再度，極限までいくしか自浄作用はないという諦観と当面の自己の生き死にに固着している実状の中で，未来への茫漠たる不安を抱きながら今を今として諦観の中で生きる姿を晒しているのである。

このことがさらに，日本の自浄作用を不得手にしている。今や指導者の多くが，かつてのような武士道精神も喪失すれば恥意識も喪失してしまった実態の中で，誰も彼もが何を今更声高に叫ぶ必要があろうかという忸怩たる思いがしてならない。

次に，社会システムを崩壊せしめている社会福祉や医療界に目を転じて見てみよう。昨年の彩福祉グループを代表とした社会福祉を食い物にした醜悪なる事件は，関東の彩福祉グループ，関西の徳風会・天王福祉会といった両者痛み分けの形で社会を賑わしたが，そのことをもってして他の社会福祉法人の隠蔽化や処理化がなされていくような空々しいうすら寒い思いがしてならない。彼らのやったことは醜悪極まりないこととは言え，ただ急ぎ足で走り抜けようとしたために足下を掬われたのである。むしろ，政・財・官・学界などの関係者を巧みに取り込んで理事としたり傘下団体に組み込むことで，書類上の手続き上は完備され実際はシャンシャン総会と同じ決議をなし，表面は質素に振る舞いながら一族郎党のみの繁栄と着実な富の蓄積に勤しんでいる法人もないとは言えない。法人は，表向きの税逃れの法人であって竈(かまど)の灰まで儂(わし)の物である。そのようなことは初めからわかっていることで，むしろ，あれやこれや膿を出すと国家の存亡に関わるので，国民の若干のストレス解消になるだけは白日の

下に晒したふりをして，それ以外は行政指導で内々に事前に済ましておこうという腹である．貧乏くじを引いた法人や個人は，勿論悪すぎるからであるが，それ以外に設立歴史の短さや関係者への巧妙な媚薬の少なさや告発者や密告者を出さないための内部の締め付けの下手さによるものであったということである．

同じく，医療界における診療報酬詐欺容疑で摘発された安田系3病院に見られる不正蓄財も同様である．理事に名を連ねた人々も，同じ船に乗ったならば一蓮托生の姿勢を見せて，堂々と連座責任を白日の下で示してくれば，いったん事が起これば指導者や責任者は潔く身を処するのであることを天下に知らせ，指導者や責任者という名の人々への尊敬の念がさらに増すことになる．しかし，実態は関係者は熟知していてもそれ以外は全く公表されることもなく知らされないままにお蔵入りとなった．

たぶん，日本のリーダーになる要件としては，恥を知り武士道とは死ぬことと見たりとする葉隠れ思想と最も縁遠い人々がなるものであることがさらに定着化してきたのである．歴史を振り返ってみても，恥知らずで他者に平気で責任をなすりつけてきた無責任で利己主義な人々が，うまく生き延びてきたのである．だから，せめて，庶民のストレス解消をしないと暴動や革命が起こるので，映画やテレビの中で勧善懲悪や水戸黄門や大岡裁判で溜飲を下げさせ，下半身満足型の欲望開花の娯楽の中で，ミニ・ソドムとゴモラの世界を僅かばかり満喫させて，ささやかな罪業感を抱かせてあなたも一蓮托生よというシステムが形成されているのである．

さらに，今日の社会を羞恥の側面から見てみよう．神戸の小学生殺害事件，奈良県月ヶ瀬村の女子中学生殺害事件，福岡の小学生殺害事件，東京の連続通り魔事件，など一連のおぞましい事件が発生している．未成年者事件は，戦後の混乱期と比較しても事件数そのものは減少傾向を示していると言われている．しかし，かつての「無知の涙」の著者で1997年8月1日に死刑が執行された永山則夫に代表されるように生活苦や経済苦や無学歴といったまさに貧困や欠損家庭というどうしようもない暗い足枷や重荷を背負った人生の破綻の中で生じたと考えられた事件が多く占めていたのが一昔前の事件の特徴であったのが，今日の犯罪の背景は様相をずいぶん変えてきたように思える．

神戸の事件に代表されるように家族・社会・地域・学校・友人などあらゆる人間関係の網の目中からすっぽり落ちこぼれてしまった人間の悲哀の中からストレスが蓄積され腐乱化し発憤の転嫁作用として生じた事件が目立つ社会となった。いじめによる最後のメッセージとしての自殺による表現も，学校社会に限らず当事者の会社や組織も全て事の本質を掘り下げて病根の一掃を計ることよりも，多くの場合知らぬ存ぜぬに回避してしまうか，果てには自殺者が出たことによって自分たちの組織や集団が迷惑千万な事態に陥ったというような死者に鞭打つような暗黙の雰囲気が形成されてしまったりする。

　このような中で，人は，内向き姿勢と見られる自殺による意志表示よりも，前面に打って出て自己の意志の幾ばくかを表現したいとする行動が見られ出したとも言える。たとえそれが反社会的行動であろうと自らの心理を納得させ安定化させるのであれば，良しとする意識の反映とも言える。かつての我が国では，仇討は一定の手続きを踏まえれば認められていたが，今日では，国家が代替をするようになった。また，人々も後ろに手が回るような罪を犯せば，一族郎党に迷惑が被るし，世間体としても恥ずかしいこととして，思っても唇を噛みしめてあきらめたり悔し涙で忘れようと努力してきたことが，これまでにおいてかなりの犯罪の抑止効果をなしてきた。

　しかし，今日の国家・家族・社会・地域・会社・組織などあらゆる分野が根腐れ状態を呈し始めたために，人間関係の網の目のない希薄な関係に押し止められた人間は，希薄さの程度に応じて犯罪への意識も相対的に希薄化してきたに過ぎないのである。戦後の日本の幻想に近いものであったにも関わらず年功序列制と終身雇用制という二大柱石を，組織の金属疲労の元凶の名の下にと国際社会に対応するためと称して急速な崩壊を選択してしまったことが，人々がこれまで家族のごとく一体化していた所属集団や組織への忠誠心に懐疑の目を向ける原因になった。まさにその氷山の一角として今日の一連の典型的な事件が派生し始めたとも言えるのである。

　おそらく，もっと過激になる。女性や子どもや弱者がターゲットとなり，一方，平成の仇討か復讐としての殺傷沙汰が，恥や罪意識の希薄化と連動して，社長に重役に経営者に上司に法人代表者に理事に向けられていくことが増加することを予見でき，そのことを憂うのである。

恥と罪意識は，一言で言えばコインの表裏関係である。恥意識が深ければ深いほど罪意識も連動して深くなり，恥意識が希薄であればあるほど罪意識もそれらに応じて希薄であるということである。これまでも述べてきたように，様々な出来事に対処する組織のトップから末端に至るまでの人々の身の処し方来し方といった出処進退を見知るにつけ，恥と罪意識の浅いか深いかの連動性を強く意識させられる。

4. 1998年（平成10年）の想い[73]

　日本は，今，どこに行こうとしているのであろうか。政治家も各界関係者も今日の日本の現況を憂いながら，21世紀への明確な指針を提言できないままに，いたずらに時が経過しているのが実態ではないだろうか。我々もまた，日々の暮らしの出来事に一喜一憂しながら，明日は明日の風が吹くという他人事の意識と火の粉が降り懸かってみて初めてあわてふためいてしまうのが正直な気持ちである。

　青木雄二（1998）[6]の「ゼニの幸福論」は人生経験から絞り出された内容であり，青木と宮崎学（1998）[7]の共著による「土壇場の経済学」は，自らの体験を基につぶさに見聞してきた日本の実体経済学の実状を披瀝し生きる指針を提起したものである。広瀬隆（1998）[18]は，「地球の落とし穴」を通じて地球や世界を食い物に巣くう人々の実態をあぶり出している。これらの書は，うわすべりに終始しがちな経済評論家の分析する内容の比ではない。世界の金融・証券界の動きは，政治と連動し新たな国家間の軋轢を増幅させ一方から一方へと富の移動をなさしめたり富が富を増す動きを画策してきた。日本は，バブル期の高額な書画骨董買いやロックフェラーセンタービル買いや映画会社買いなど，世界中の投機買いを行ってきたが，バブル崩壊後は一転して二束三文による売り渡しによる膨大な損益などで，稼いだお金を失ってしまっているのである。日本は，世界のお金持ちの番頭か丁稚として，しこしこ働いては貯まったところで巧妙に吸い上げられてしまうのが落ちである。

　日本における人間関係の根底をなす規範が戦後50年目を境に瓦解したと言っても過言ではない。金融界における銀行は，中小企業などへの貸し渋りによ

って銀行の体質を維持しようとしている。一方，新聞に差し込まれた新築・中古の家やマンション関連の売買のチラシ広告は，入らない日はない。この不況下と言われる時に家やマンションを購買する消費者には，銀行は金を融資する。なぜか。理由は，庶民に貸したお金を確実に回収する手段として，本人の生命保険を担保に融資するからであると言われている。金融・銀行界は，経済の動脈であり借り手にとっては生き神であったのが「背広を着た死神」になったのであろうか。芥川龍之介（1915）[3]の作品に平安末期を舞台にした「羅生門」がある。遺棄された死骸から髪の毛を抜き取っている老婆の論理を受け入れつつ，自らも悪鬼になって老婆の着衣を奪って行く主人公の生き様に善悪とは何かを考えさせられた記憶がある。まさに，現代は，心の羅生門の時代なのかもしれない。

　しかし，今日のノンバンクの金貸し業や闇金融のトイチの利息や銀行の担保の取り方を見聞きするにつけ，かつての金融・証券界への就職者は能力・資質ともにハードルが高く設定されて就職したエリート集団であったが，今や背広を着た死神に成り下がったと言える。相手に金があると見ればにこにこ顔で擦り寄り，ないと見下せば脱兎のごとく逃げて縁を切る姿は，明らかに機を見るに敏な嗅覚を持たないとやれない仕事であり，そのことが結果的に相手に引導を渡すことになる。言い換えれば相手の生き死にを判断する死神に譬えられるのである。

　シェークスピア[8,9]の有名な「ヴェニスの商人」は，金貸しの理不尽な要求をはねつける物語で貧乏な庶民にとって溜飲を下げるに十分な効果を発揮した。一方，江戸っ子の宵越しの金は持たないとか，江戸時代の士農工商穢多非人という身分制度の中で，いつしか，封建制度を揺るがす実質的な力を持ってきた商人の台頭に，武士は食わねど高楊枝というやせ我慢の心理で刃向かっていこうとする武士集団の心意気を，ドンキホーテと捉えるか清貧の思想の一具現者として捉えるかは評価が分かれよう。

　それでも，人間の社会がお互い様意識で過ごすには，貧富の差もほどほどであり，欲望もほどほどであれば周囲からの羨望や妬みがあってもそれなりの許容範囲内であることで無難に過ごせる社会である。日本のように四海に囲まれムラとしての閉鎖集団社会をなしてきた農耕型文化の中では，極端な貧富は争

いを誘発し増幅させ相互に逃げ場のない激しい殺戮へと発展したであろう。ほどほどの貧富の差で収まってきたことが，日本の集団意識を維持することになったのである。

ところが，今や，金の切れ目は縁の切れ目であり地獄の沙汰も金次第の拝金主義の時代となってしまった。そのため，庶民は，最後の手段として自己破産の手続きに邁進するようになった。お金の呪縛から解放され人間の人権を守る唯一の方法としてあるこの自己破産の手続きの趣旨が今や瓦解しつつある。借りたら返すというきわめて常識的なルールが，国家と国家・国家と個人・個人と個人とのつながりを決定していたのが，今や，瓦解し出したということである。

借りたら返すという基本的ルールの崩壊の先鞭をなしたのが，預貯金者や健全な貸し借り者を救済するという名目での不良債権に対する公的資金（税金）の導入である。国民の預貯金を守るという名目であるが，心血をそそいで貯めた国民の1人あたり平均預貯金が数百万としても，一部の大金持ちからすれば微々たるものである。預貯金がチャラになる痛みは庶民にとって大変な痛みであるが，お金持ちにとってそれは大々打撃である。だから，どうしても公的資金を導入せざるを得ないといううがった見方もある。目的はどうであれ，基本的ルールの崩壊は，今後の日本の倫理感や道徳感の崩壊を意味する。

果たして真実は奈辺にあるか。再度，人と人とが信頼関係に基づいた人間関係を確立するにはどうするか。物が欲しければお金を貯めて買う。いたずらに人様に借金をしない。借りたら返すという自己責任を果たす。これまでの当たり前の社会的ルールが，公的資金という名の税金の導入の仕方によって瓦解するかしないかの瀬戸際に日本は，立たされているのである。

日本蘇生の糸口は，透明で公正なルールによる不良債権の処理と金融再建策である。そのためには，不良債権の情報公開を筆頭としたあらゆる情報公開が必要である。情報公開は，個人のプライバシーに抵触する面があってプライバシーの侵害などと言われるが，今日の情報化時代に我々のプライバシーがどれほど保持されているであろうか。個人の消費動向，カードによる購買，盗聴，問い合わせ，携帯電話，PHS，ビデオショップの賃貸，ビル内外や道路に設置された監視カメラ，軍事衛星，カーナビによる位置確認などを通じて，ありとあ

らゆる場面で行なわれる私たちの行動は一瞬に知ろうと思えば知られる時代である。心にやましいことがあっても所詮は微々たるもので、それぐらいならば心にやましいことがないのと同じようなものでどうぞ覗いて下さいと開き直りたいのである。その代わり、あなたも公開してよというのが庶民の偽らざる心境であろう。プライバシーの保護という名目で、闇に伏せられる膨大な真実があってはならない。

　敗戦後の日本のように、再度、人間、丸裸になって国民も国家も再生への指針を見出すことが求められているのである。一時の恥はかいても永遠の再生の土台となる恥である。明日につながる恥ならば、堂々と恥をかこう。恥をかくことを恐れまい。このような心境を自覚しないかぎり、羞恥意識を欠如した日本の出発はないのである。

　羞恥を基軸に恥と罪意識への連動を再生させ、日本国民の一翼をなす一人一人が自己確立をなして、新たな日本の出発へと寄与していかねばならない。今日の日本と我々自身のあり方を捉える指標として羞恥の意義が提起されるのである。

5. 1999年（平成11年）の想い[74]

　ソ連との交戦において大敗北をなしたノモンハン事件は、科学的分析をするどころか、生き残った各部隊司令官に敗北の責任を押しつけて自決に追いやって隠蔽したばかりでなく、精神主義に堕したまま太平洋戦争に突入したと言われている。その精神主義の結晶が「生きて虜囚の辱めを受けず」である。元々、太平洋戦争開戦前に東条英機陸相（当時）が「戦陣訓」として出したことに始まり、結果として、玉砕や戦友の殺害に兵士を駆り立てるきっかけになったと言われている（毎日新聞, 1999. 8. 2朝刊）。

　戦後54年を経過した今日、平和国ニッポンの中で、日米防衛指針（ガイドライン）関連法、国旗・国歌法、通信傍受法、憲法調査会設置法、改正住民基本台帳法などが、平成11年の通常国会で成立した。政界の合従連衡の結果、自自公による動きの結実として、いつかきた道をたどるのではないかという危惧の念を抱かせる。まさに国家の国権を強くという底流が見て取れる。

勿論，敗戦後のニッポンは，自国の戦争責任を明確にせず，あやふやな時の流れで水に流そうとしてきた。全てが水に流せて済ますことが出来れば，それはそれでひとつの解決方法であったろうが，現実は，そうはいかなかった。赤瀬川原平（1999）[2]のいう優柔不断術では，これらの問題は片づかないのである。

　日本を愛しながら無償なる愛に全身全霊打ち込めないこの後ろめたさと疑心暗鬼は，奈辺にあるのであろうか。それは，是々非々の決着をつけ，その代償を日本に住む全てのものが背負うという気概がいまだに明確化してないところにある。まさに，過去の諸問題のひとつひとつを解決して，真に自信と誇りと愛を結実させた日本国を夢想できないままに今日に至った気がするのである。

　このような時代の中で，21世紀を目前とした今日，日本人のアイデンティティーの一環として国旗国歌法の法制化が，広島の高校卒業式での日の丸・君が代実施による世羅高校校長の自殺を契機に，一気に動き出し成立した。勿論，これまで日の丸・君が代を曖昧模糊とした位置に位置づけたことが，今回の事件で一気に吹き出したのであって，仮に日の丸・君が代を我が国のシンボルとして真に定着させようと思うなら，もっと議論と国民投票によって決定して，後世に禍根を残さないようにするのが，今の世を生きている者の役割であり使命ではなかったかと思うのである。これからの日本人のシンボルのひとつなればこそ危惧を抱くのである。

　帝国主義時代や植民地時代は，他国の侵略を是とする方法がその当時の考えとしては大勢を占めていたとは言え，他国を占拠し自国の中に取り込むことにいかなる正当性があったのであろうか。

　私見を述べれば，過去の侵略戦争のシンボルとはいえ日の丸は白地に赤というシンプルなるが故に親近感を抱く。一方，君が代は「君」の解釈の中に象徴ではあれ天皇の世はであるとすれば，そこには人間の階級階層としてのピラミッド化が厳然と形成される余地が発生する可能性がある。小渕首相は，1999年6月29日の衆院本会議で，「『君』は日本国及び日本国民統合の象徴であり，その地位は主権の存する日本国民の総意に基づく天皇を指し，『君が代』とは天皇を日本国及び日本国民統合の象徴とする我が国のこと」であるとした。君が代が私たちの世と解釈するのと天皇の世と解釈するのとでは，ヨコ社会かタ

テ社会かの違いが徐々に形成されていくのではなかろうか。

　人間の心理には，人を支配したりかしずかせたいという支配欲求が厳然としてある。他者の生殺与奪権を自由に行使することに快感を抱く人々もいるのである。人は所属する集団や組織の大小はあれピラミッドの頂点で威張りたいし人を顎で使いたいという心理を持っている。象徴であれ日本国の天皇を中心とする心理的なピラミッド化が意識された途端に，あらゆる会社や組織や集団の中で，これまで以上の新たな天皇の名を借りたミニ天皇が雨後の竹の子のように輩出し自己の正当性をさらに強く主張するようになる。トップは侵すべからず触れるべからざる存在と化した意識の形成と蔓延化が起これば，組織や集団の硬直化となる。かつての徳川幕府による「民は寄らしむべからず知らしむべからず」の支配システムと同根となるのである。

　人類がこれまで獲得・形成してきた平等・公平と国旗国歌法をどう連動させて解釈したら良いかの疑問が残る。福沢諭吉（1835-1901）は「人の上に人を造らず，人の下に人を造らず」と述べた。資本主義社会での競争は皆平等であって実力次第であるとの含みがあるにせよ，含蓄のある名言である。

　人間は，誰かを崇め奉ると必ず心理的反動として，誰かを卑しめ蔑むことによって自己の心理的バランスをヤジロベエ的に取るところがある。権威主義的パーソナリティである。天皇家そのものは古代から絶えることなく存続してきた希有の一族としての羨望や尊崇の対象となるのも事実ではある。

　しかし，政府の示す君が代の解釈では，21世紀の宇宙船地球号となっていくグローバル化の中で日本国の国家として誇らしく口ずさむことができるのであろうか。宇宙に飛び立つ今日，EU（ヨーロッパ連合）に代表される地球一体化への飛翔が目論まれながらも，確かに人種・民族・国家間の対立抗争は一朝にして消失しないとは言え，人間の歴史的変遷の願望として，人類皆平等・公平を求め，地球人としての兄弟姉妹という意識の確立を形成する中で，様々な恩讐を乗り越えていかない限り，人類の未来は前向きに描くことも生き延びることも無理なのである。我々の社会意識や制度は，人種・民族・国家という枠組みに規定されているとは言え，将来において地球規模で矛盾なく連動していく社会意識や制度を形成していく営みを考え実践していくことが求められる。より矛盾のない形で受け入れられる国旗国歌法の制定であって欲しかった。

かつての奴隷制時代や封建制時代では，人を奴隷として売買したり差別したりしても，今日の人権感覚からすれば言語道断であっても当たり前であった。歴史の進歩によって人権意識が確立された。これからの何百年後の未来には，人間の平等どころか動植物も含めた生きとし生きるものの全てが対等の存在として認識される社会が到来するかもしれない。人間が生きるための生命維持をするために牛や馬や羊や豚や鶏などの肉食も魚介類を食することも野菜を食することも全て野蛮なことであるという時代がくることも夢想される。人間の胃や小腸や大腸などの消化器官などをあまり必要としない全く違った手法による生命維持が開発されて，人間に無害な化学物質で造られた錠剤や液体などを飲むだけで生きることができて，食べるという行為そのものを不要とする身体の進化をなす時代が到来するかもしれない。荒唐無稽かもしれないが，その時代は，まさに地球規模であらゆる万物の生命が人類とともに平等・公平な社会となっている共生社会に変貌しているかもしれないのである。

　国民よりも国家意識の確立をといった昨今の我が国の政治情勢の動きは，科学や文明の未来の進歩を想定すれば，退行現象を示しているのではないのか。全地球的あるいは全宇宙的な視点に行き着くことができるような思想体系の確立や心理意識の育成こそが，未来を後世に託す場合に大事な姿勢ではないかと思うのである。グローバルマインド（GLOBAL MIND）の言葉の出現はまさにそこにある。

　21世紀は，各国の人種・民族を核としながらもグローバル化した社会システムや意識の形成がなされていく世紀でもある。また，そのように地球規模で対処していかないと環境・人種・民族・国家間の諸問題を何ひとつ解決できない世紀でもある。

　このような21世紀への動きの中で，「生きて虜囚の辱めを受けるな」と国民に強いる国家システムの再来も断固として拒否すべきである。また，恥を恥ともせずに，汚職をしたり無責任になったりばれるまでは居直ったり，さらにはとぼけたりして厚顔を晒して要職に就いている人々がなんと多いことであろう。

　野田正彰（1998）[53]は，敗戦後の日本の心的反応に2つの型があると指摘している。

「第1の反応は無罰化である。戦争の加担者も被害者もひっくるめて無罰化し，勝っても敗けても戦争は悲惨なものだからと捉え，平和を唱える動きがあった。一般的無罰化の心理から絶対平和を主張するグループと自分達を無罰化した上で，なおも反戦勢力（社会主義圏）と好戦勢力（アメリカ）を分けて考えるイデオロギー的無罰化のグループがいた。第2の反応は，置き換えによる物質主義である。戦争による心の傷を唯物的な価値観によって覆い隠し，物量によってアメリカに負けたのだから，経済復興，工業の再建，アメリカの経済力へ追いつき追い越すことによって立ち直れると身構えたのである。……中略……それは富国強兵の軍国主義イデオロギーを経済中心の資本主義イデオロギーに移行させたにすぎず，物の豊かさがすべてだと思い込もうとしたのであった。……中略……このように敗戦を物質的に過剰代償しようとする挽回の構えこそが心の傷を否認する今日の日本文化を作ってきたと思われる」(Pp.8-9)と指摘している。まさに，罪意識の希薄化である。

同様に，広瀬隆（1999）[19]は，近著「パンドラの悪魔の箱」の中で，オリンピックの権益，パキスタンとフランスを中心とした原水爆の謎，財閥と富豪と億万長者と成金の違い，ホワイトハウスと大統領と女性スキャンダル，氾濫する環境ホルモン，第2の太陽と崇められた核融合の末路，食料が貿易される危機的な国際情勢，世界的ルネッサンス気運による宗教の見直し，などをテーマとして恥も罪の意識も欠落した今日の世界状況をあぶり出しながら，日本人の決定的な特質は，詐欺師にだまされやすいところがあり，日本人に決定的に欠けているのは社会性であることを指摘している。さらに，日本全国の人々は，今こそストレートにものを言うべきだ，子供を守るためにも「民衆の敵」を書いた劇作家イプセンのように「この世で最も強い者は，ただ一人で立っている者だ」(p.133)と述べている[20]。まさに自らの恥と罪意識を真摯に照射して，自らの行動原理をいかに具現化していくべきかを21世紀を迎える今日，私たちは問われているのである。

坂口哲司（1998）[73]は「羞恥を基軸に恥と罪意識への連動を再生させ，日本国民の一翼をなす一人一人が自己確立をなして，新たな日本の出発へと寄与していかねばならない。今日の日本と我々自身のあり方を捉える指標として羞恥の意義が提起されるのである」(p.3)と述べたが，まさに，社会意識の基軸と

しての恥と罪意識を唱えていかねばならない。

6. 2000年（平成12年）の想い[75]

　21世紀は，IT革命や介護福祉から始まるとの突撃ラッパのもとに，政府は，そのためのインフラ整備からITに至っては国民誰もが使えるためのパソコン・インターネット教育と超高齢社会の介護保険の導入による施策を周知徹底させようとしている。さらに，遺伝子操作・治療に代表される科学技術の進歩に伴う様々な技術を生活の中に生かしてさらなる豊かさを形成していこうとする流れは，もはや止めることができない。バブル崩壊後の倒産や労働者のリストラによる意気消沈した日本経済の活性化のために，IT関連産業の立ち上げや介護者やホームヘルパーによる雇用創出としての建て直しのための対策が考えられて打ち出された。21世紀初頭のシナリオである。ただ，極端に言えば，IT革命は政府が音頭を取らなくても電話料金が破格の格安になれば一気に解決する問題である。

　ただ，バブル崩壊後に一気に噴出した，我が国の腐敗，汚職，私物化，隠蔽化，無責任など，あらゆる諸問題の責任帰属や問題解決の展望は，曖昧模糊としたままである。政治の常套手段として，国民の関心や関与の世界をIT革命や介護や福祉などのスローガンに向けさせて，これらを理解して受け入れる資質を形成しなければ時流に乗り遅れてしまうのではないかというあせりの人間心理の不安に陥らされている感が，なきにしもあらずである。未来の展望や課題を演出する情報操作の中で，あれほど騒いでいた様々な問題は，忘却の彼方にいつしか追いやられてしまっているのである。何事もそのように至った問題の根元を考えながら，瓦礫の山を片づけて再建していくことが確かな道筋であろうが，喉元過ぎれば熱さ忘れるである。問題の責任所在と根元的解決を呈示しないまま，見切り発車をしてしまっているのである。これまでの轍を踏んでしまっているのであり，古今東西の歴史が証明する事実でもある。

　このような先送り戦術でいつしか無責任体系を構築していったために，我が国に第二次世界大戦における敗戦という未曾有の苦難をもたらしてしまったのは，ほんの55年前のことである。丸山眞男は，我が国の責任意識体系の希薄

化が，第二次世界大戦における敗戦をもたらしたものであるとして，日本ファシズム支配の厖大なる「無責任の体系」のメカニズムを「現代政治の思想と行動」[38]の「軍国支配者の精神形態」の章（1949）の中で解析しているのである。歴史における舞台俳優の主人公は変わったり，演出される内容は修正されて今後の政治状況や未来への展望として呈示されたりしても，そこに底流する本質は，同じである。まさに過去と未来の合わせ鏡である。

　長文だが丸山の指摘は示唆に富む内容である。「政治家上りの官僚はやがて官僚上りの政治家となり，ついに官僚のままの政治家（実は政治家ではないが）が氾濫する。独裁的責任意識が後退するのに，民主主義的責任意識は興らない。尾崎咢堂は「三代目」という表現で戦時中不敬罪に問われたが，三代目なのは天皇だけではなかった。そうして絶対君主と立憲君主とのヤヌスの頭をもった天皇は倭小化と併行して神格化されて行ったので，ますますもってその下には小心翼々たる「臣下」意識が蔓延した。……中略……日本の「重臣」其他上層部の「自由主義者」たちは天皇及び彼ら自身に政治的責任が帰するのを恐れて，つとめて天皇の絶対主義的側面を抜きとり，反対に軍部や右翼勢力は天皇の権威を「擁し」て自己の恣意を貫こうとして，盛に神権説をふりまわした。こうして天皇は一方で絶対君主としてのカリスマを喪失するとともに，他方立憲君主としての国民的親近性をも稀薄にして行った。……中略……いま一度ふりかえってそのなかに躍った政治的人間像を抽出してみるならば，そこにはほぼ三つの基本的類型が見出される。一は『神輿』であり二は『役人』であり三は『無法者』（或は「浪人」）である。神輿は『権威』を，役人は『権力』を，浪人は『暴力』をそれぞれ代表する。国家秩序における地位と合法的権力からいえば『神輿』は最上に位し，『無法者』は最下位に位置する。しかしこの体系の行動の端緒は最下位の『無法者』から発して漸次上昇する。『神輿』はしばしば単なるロボットであり，『無為にして化する』。『神輿』を直接『擁』して実権をふるうのは文武の役人であり，彼等は『神輿』から下降する正統性を権力の基礎として無力な人民を支配するが，他方無法者に対してはどこか尻尾をつかまえられていて引きまわされる。しかし無法者もべつに本気で『権力への意思』を持っているのではない。彼はただ下にいて無責任に暴れて世間を驚かせ快哉を叫べば満足するのである。だから彼の政治的熱情はたやすく待合的享

楽のなかに溶け込んでしまう。むろんこの三つの類型は固定的なものでないし，具体的には一人の人間のなかにこのうちの二つ乃至三つが混在している場合が多い。だから嘗ての無法者も『出世』すればヨリ小役人的にしたがってヨリ『穏健』になり，更に出世すれば神輿的存在として逆に担がれるようになる。しかもある人間は上に対しては無法者としてふるまうが下に対しては『役人』として臨み，他の人間は下からは『神輿』として担がれているが上に対してはまた忠実小心な役人として仕えるという風に，いわばアリストテレスの質料と形相のような相関関係を示して全休のヒエラルヒーを構成している。ただここで大事なことは，神輿—役人—無法者という形式的価値序列そのものはきわめて強固であり，従って，無法者は自らをヨリ『役人』的に，乃至は『神輿』的に変容することなくしては決して上位に昇進出来ないということであって，そこに無法者が無法者として国家権力を掌握したハーケンクロイツの王国との顕著な対照が存するのである。これは昔々ある国に起ったお伽話ではない」（傍点原文，Pp.127-130）とまとめている。

　丸山の長文を引用したのは，21世紀を迎えた今日においても，丸山の指摘がいささかも色褪せた内容ではなく，まさに，権威（御輿）・権力（役人）・暴力（無法者）の三者関係における無責任体系は，形は変わっても今もなお累々と続いている実態を，今日の私達の生活場面で重ね合わせて見ることができるからだ。福田歓一（2000）[13]は，「丸山先生の思想と学問，その長いタイムスパン，一つの時代の表裏両面を見通し，精神構造の深みに及ぶ構造的把握が，今なおどんなに貴重な遺産であるか」（p.60）と，次世代を担う学徒に提言している。科学や文明は変化していっても，相変わらず，政治姿勢もそこに通底している思想も生き方も社会関係も表層部分の現象変化は泡のごとく生まれては立ち消えていっても，なんらの本質的な変革はなされることなく続いていることを私達は見知ることができるからである。しかし，それらの責任は，私達，各市民一人一人が背負っていることでもある。

　ここで，丸山（1949）[38]のいう「無法者」とはいかなるものであるのか。彼によれば，以下の通りである。

①一定の職業に持続的に従事する意思と能力の欠如—つまり市民生活のルーティンに堪える力の著しい不足。

②もの（Sache）への没入よりも人的関係への関心。その意味で無法者は原則として専門家に向かない。向くとしても大抵はラスウェルのいわゆる「暴力のエキスパート」である。
③右二点の裏側として，不断に非日常的な冒険，破天荒の「仕事」を追い求める。
④しかもその「仕事」の目的や意味よりも，その過程で惹起される紛争や波瀾それ自体に興奮と興味を感じる。
⑤私生活と公生活の区別がない。とくに公的な（あるいはザハリヒな）責任意識が欠け，その代りに（！）私的な，あるいは特定の人的な義務感（仁義）が異常に発達している。
⑥規則的な労働により定期的な収入をうることへの無関心もしくは軽蔑。その反面，生計を献金，たかり，ピンはねなど経済外的ルートからの不定期の収入もしくは麻薬密輸などの正常でない経済取引，によって維持する習慣。
⑦非常もしくは最悪事態における思考様式やモラルが，ものごとを判断する日常的な規準になっている。ここから善悪正邪の瞬間的な断定や「止めを刺す」表現法への嗜好が生れる。
⑧性生活の放縦。（Pp.510-511）

丸山の的確な「無法者」のメルクマールに対して，無法者の対極にあたるのが「市民」であるならば，その市民に対するメルクマールも必要であるとして，宮崎学（2000）[45]は，痛烈な皮肉を込めて宮崎流「市民」像を浮き立たせている。宮崎による含蓄かつ喝破した表現による市民像は，以下の通りである。
①一定の組織に持続的に従事することを望み，リストラを恐れる。ただ営々と市民生活を守り，その中に埋もれて生きているだけ。
②人的関係への関心よりも「もの」に対して没入する。うわべだけの人付き合いで，人間関係を大切にしない。
③冒険や荒っぽいことが苦手で，つねにそこから逃げる。
④目的や意味ばかりを問い，それがはっきりしないと行動できない。
⑤私生活と公生活を使い分ける。公で都合の悪いことは私に逃げ，私で都合の悪いことは公に逃げる。

⑥定期的な収入を失うことを恐れ，その奴隷となることを厭わない。
⑦最悪の事態を考えまいとして，平穏な秩序がいつまでも続くことを請い願う。善悪の判断にグズグズし，きっぱりとした態度がとれない。
⑧失楽園や援助交際に性的なはけ口を求めながら，仮面夫婦を続ける。
（Pp.19-20）

　宮崎は，「市民なんてものがもし存在するとしたって，きっとこんなロクでもないものなのだ。少なくとも，丸山眞男がいうアウトローの生き方のほうがよほど人間らしいし，魅力的だと私は思う」(p.20) と直言している。この痛烈なる皮肉に対して，私達一人一人が，一市民として，否，一人の人間として，無法者の対極にある市民という言語空間に存在する者であるならば，明確に反論し拒否できるだけの姿勢を持って生きているであろうか。私に限って言えば宮崎に対して脱帽しかない。

　今日，無責任体質が，政治・経済・社会のありとあらゆる階級・階層の中で出現している状況である。まさに，丸山の言う権威・権力・暴力の三者関係は，今日，異質な関係で再生産されているが，無法者に対極する「市民」という概念にひとくくりにされるほとんどの人間が，どのように，権威や権力におもねらず丸山や宮崎の言う無法者にも軍配を上げずに済む生き方を獲得できているのであろうか。

　我が国は，無責任体系によって敗戦国日本となり，戦後の復興を達成したかと思いきや，拝金主義という錦の御旗の基に突っ走りながら，バブル崩壊という経済戦争に敗戦してしまって，今日に至った。敗戦に対する責任所在も，経済戦争に対する責任所在も，大宅壮一（1900-1970）のいう「一億総○○」化ではないが一億総懺悔で事の理非善悪を曖昧模糊とした形で相変わらず処理してしまっている今日である。明治維新，敗戦，バブル崩壊といった，ホップ・ステップ・ジャンプの次の21世紀において，日本は，どのような歩みをしていくのであろうか。

　責任を取るということは，そう簡単なことではない。簡単ではないが，我が身可愛さに責任を取らない体質が，たとえ些細な内容であっても，その集積による心理的変容が，私達の首を結果的に絞めてしまっているのである。

　無責任体質の根元には，恥に対する意識の希薄化がありそれはとりもなおさ

ず罪意識の希薄化と連動していて,恥も罪の意識も喪失してしまった今日の姿が露呈しているのである。市民にではなく無法者にむしろ人間の息吹が結実していると皮肉を込めて称える宮崎の言葉に,真正面から立ち向かえる言動を一人一人が持ち得た時,私達の明日への社会の展望が開かれた時と言えるのかも知れない。

　ただ,この無責任の体系や体質は,私達人間が古今東西の歴史をひもとくまでもなく,営々と歴史に綴られてきた真実でもある。歴史は繰り返すといえども,文明や科学の進歩があるように,人間の欲望や資質も変容できるはずである。

　吉田兼好（1283？-1350？）[105]は「徒然草」の第74段で,人間というものは「飽きることなく長生きを願い,利益を求めて,これでやめるというときがないのである。名誉や利欲にすっかり心をうばわれて,死という終着点が間近い事を反省しないからである。愚鈍な人は,また老や死の来ることを悲しむ。それは永久に無変化であろうこと,すなわち不老不死を思い願って,万事が変化してやまないという,宇宙の大理法を知らないからである」と述べているが,鎌倉末期の中世の頃から,否,太古の昔から人々は同じ事の繰り返しを今日まで続けているとも言える。

　恥や罪多き人生が,人間の一生とするならば,際限なき人間の欲望の追求の中で富裕者と貧しき者との繰り返しは止めることができないのであろうか。科学や文明や文化の発展は,人間の意識や行動にも当然様々な影響をもたらしていくものである。かつては狼煙によって伝えた情報が携帯電話やインターネットに変わるほどの進歩があるならば,それ相応の人間の進歩も求められるべきである。人権や福祉が叫ばれてきたのは,その一例として言えたとしても遅々とした有様である。制度や人間の行動原理を解明し,その結果として,人間の集団としての生きやすい人間関係のあり方や制度を確立していくことにこそ,科学や文明や文化の発展の寄与があるのである。

　今,まさに人間関係の根元としての恥や罪への意識のあり方を問う必要がある。故に,坂口哲司（1998）[73]は「羞恥を基軸に恥と罪意識への連動を再生させ,日本国民の一翼をなす一人一人が自己確立をなして,新たな日本の出発へと寄与していかねばならない。今日の日本と我々自身のあり方を捉える指標と

して羞恥の意義が提起されるのである」(p.3) と述べ続けるのである。

7. 2001年（平成13年）の想い[77]

　かつての共産圏の映画は，表現の自由の中に国家の介入を感じさせる堅苦しさがあった。そのことは，今でも続いている国家もある。そのような情勢の中で，最近の中国映画には，目を見張るものがある。「芙蓉鎮」「紅いコウリャン」を始め，最近の「ただいま」「あの子を探して」「初恋の来た道」など，秀逸な作品が世に出されている。

　今夏は，1958年生まれの霍建起（フォ・ジェンチイ）監督による1999年作品の「山の郵便配達」が全国で上映された。山崎朋子（2001）[104] は，「老いた郵便配達夫がひとり息子にその仕事を引き継ぐべく，犬と共に山間の村々を徒歩で郵便を配達して歩くという，ただそれだけのストーリィの波瀾万丈のスリルもなければ，胸ドキドキのラヴシーンもない，すべてが中国の山水画のように淡々と描かれている。しかしこの一遍は，清らかな水が沁み通るように心に入って来る。そして，心から離れない」(p.1) と感想を述べている。

　中国は，私見を述べれば，器は社会主義国で中身は資本主義の国である。鄧小平の改革・開放政策以来，日本の高度経済成長の後を追う形で，目覚ましい経済発展をなしている。天安門事件や都市と農村の経済格差や公害問題など様々な負の遺産を内包しつつ，日本を乗り越える勢いである。国家というくびきの中で剥き出しの紊乱（びんらん）した欲望を求めながらも，人間の情感や家族や社会制度などをじっくりと見つめていこうとする映像空間の中に文化的な香りと人間の資質を求めていこうとする姿勢が感じられる。ひるがえって，我が国では，安倍晴明の陰陽師ブームに見られる霊感といった実態のない摩訶不思議な他力依存的な事柄に関心が向いているのは，小泉首相のいう構造改革のスローガンに雪崩のごとく軸足が動いて，痛みは他人事として捉えたいとの願望が入り混ざった姿と重なり合う。それは，中国のように剥き出しの欲望であれ，確実に自分の足でつかみ取っていこうとする姿からは遠くにある。

　山間地の郵便配達に生涯を捧げ，今またひとり息子がその仕事に生涯を捧げることを誇りとする「山の郵便配達」に涙する我が国民は，本当は多いはずで

ある。にもかかわらず無責任体質を露呈した政・官・財のていたらくに拍車を掛けて，国民一人一人も皆で渡れば怖くない意識で，職業人としての誠実さや責任感が喪失した今日の日本の姿が露呈しているのである。例えば，元来，商社に民族の顔はないとは言え，日本の商社による中国への指導でつくられた野菜が，日本の農業を圧迫しているように，日本人が日本人の首を絞めているのである。狂牛病と連動した肉骨粉を業界がらみのゆえか水際で制止できなかった農林水産省も然りである。恥の喪失である。

2001年9月11日米国東部時間午前8時45分（日本時間同日午後9時45分），最初の民間航空機がニューヨークの世界貿易センタービルに突っ込み，18分後には二機目が，さらに国防総省のペンタゴンに突入するという同時多発テロ事件が発生し，全世界に強い衝撃を与えた。経済・軍事・政治の中心地へのテロ攻撃を米国は，宣戦布告なき戦争と位置づけ，報復措置への対応を開始した。

自爆テロは，イスラム世界を防衛するための聖戦（ジハード）であり，そのことによって殉教すれば天国に召されるという宗教的信念がなさしめるのである。ひるがえって，日本でも，かつての一向宗徒の一揆や軍神として崇められた神風特別攻撃隊の行動も宗教やイデオロギーや国家のためになされた行動である。一神教であるキリスト教・ユダヤ教・イスラム教の重なり合う聖地での戦いは，それぞれが正しいとする信念を基に妥協の余地はないのである。

多神教である日本は，クリスマスを祝い，初詣は神社，結婚式は教会や神道でやり，葬式は仏教でやるなど，節操のなさを露呈している。しかし，見方を変えれば，このような柔軟な指向性こそ，民族・人種・宗教の違いを超えて世界が真にグローバル化するための礎石となるとも言える。恩讐を越えて水に流す意識と聖徳太子の言う和の精神とは，古くて新しい人間のあり方への模索を提起できる視点とも言える。彼らの聖地を，イタリアのバチカン市国のように世界の共有聖地にしようと提案できる立場に一番近いのが日本ではないか。第2次世界大戦後，平和国日本として過ごしてきた日本の役割ではないかと思う。

では，このような日本の世界への役割のひとつとして，先進国の政府が発展途上国におこなう援助である政府開発援助，略称「ODA」がある。NGO有志

(2001)[50] は討論の中で，ODAには「1. 長期・低金利の資金を貸し付ける（融資する）有償資金協力（円借款），2. タダで井戸を掘ってあげたり，技術そのものを提供する（無償資金協力）や技術協力（贈与），3. 世界銀行やアジア開発銀行といった国際機関に拠出する（拠出・出資金）」（p.134）などの役割があると説明し，日本のODAの特徴は有償資金協力である貧しい国に貸し付けるおカネの金額が非常に多いと指摘している。世界の主要先進国のODAは無償である贈与の占める比率が8割であるが，日本の贈与比率は約45％で，半分以上が貸したおカネであるという。日本のODAは，総額1兆9000億円で，有償資金が約1兆円，無償資金が約2000億円，技術協力が約4000億円，国際機関への供出が約3000億円で，いくら長期で低金利だとは言え，貧しい国に毎年貸し続けていたら途上国が巨額の借金で首がまわらなくなるのは目に見えていると指摘している。

　麻薬患者をさらにシャブ付けにするのと同様に，借金者が借金の蟻地獄に陥ってしまって蘇生への意欲を喪失してしまうのである。それどころか，先方からの要請に基づいて貸す手続きの不透明さだけでなく焦げ付いて返済できない場合は，日本政府が税金を投入して「債務救済無償資金制度」の下で日本の債権分を返済肩代わりしているのであると指摘している。

　日本が，世界から高く評価されていない理由のひとつにODAが生かされていないために，発言力がないことがあるのではないか。再度，根本から見直されるべきであろう。一提案であるが，今日のODA予算を発展途上国の若者を毎年2万人（国連加盟国187カ国で各国平均100名程度）ほど無償で毎年留学させて，一人当たり年間1千万円の予算で毎年2千億円（3・4年間の滞在となれば，全体で8千億円となる）で，日本の各家庭にホームステイをしてもらって生活をしてもらうのに使ったらいかがなものであろうか。滞在中に引き受けた日本の各家庭にはその予算の中から生活費を渡して面倒を見てもらう。国内で留学生やホームステイの家庭で予算の大半が消費されることで内需拡大が派生して景気刺激になる。一方，寝起きを共にすることで留学生と日本家族双方の間に文化的理解がなされ国際交流の「核」が形成される。人間は若いときに一宿一飯の恩義を体験すると，必ずや親日派となって，彼らが本国に帰っても，日本への憧憬と恩義への返礼の意識を絶やすことはない。もし異国の地で

我々が困った時，彼らは，自らの持てる資質で我々を支えてくれはずである。資源のない日本は，自国に富を集中させるよりもその富を使って世界に豊富な仲間作りをするための人的財産を形成しない限り未来はない。ライオンの足に刺さったトゲを取ってあげた者が，ライオンの檻に入れられてまさに食われようとした時に，その助けたライオンに再会して一命を取り留めたイソップの寓話を忘れてはならない。

　バブルの頃，外国人労働者を3Kに使った罰が，今，東京や大阪などの大都市での外国人犯罪の温床となってしっぺ返しをされていると推測する。人は使う側と使われる側とに分かれた瞬間，雲泥の精神的開きが起こる。使用される人間でありかつ賃金や待遇が悪ければ，怨念しか残らない。江戸の敵を長崎で討つの譬えのように，かの地でしっぺ返しをされるであろう。少子高齢化社会を迎えて，外国人労働者を当てにするさもしい根性は，持たない方が良い。どうしても外国人労働者を当てにするなら，日本人と同等の賃金を払って待遇をして初めて，人は，礼には礼でもって返すのである。

　このように，日本の行く末・来し方を真剣に考える国家の方向が見られないどころか，無責任体質のみを露呈している政・官・財のていたらくは恥ずべき現象である。しかし，この無責任体質は，雁屋哲・シュガー佐藤（2000）[29]に言わせれば，日本の天皇制による臣と民のあり方に起源している。すなわち，権威に祭り上げた人間を利用する臣が，民を支配しながらも，いざという時は無責任になれるのである。ヒットラーやムッソリーニは戦争遂行者としての明確な意志と意識を持っていたから，敗戦後の自己の姿を想定できたので自殺をしたしドイツへの脱出を謀ったがために囚われて自国民の前で絞首刑に処せられたのである。

　和の精神と水に流す穏やかな精神構造を世界に発信することは大切であるが，自らがなした行為と結果に対する責任意識は，大人であれ子どもであれ，いずれもきちんと取る姿勢を身につけることが，世界への発信者になる基本的な資質である。自らの行為を恥じる姿勢を持たない人間が，相手から尊敬されることもなければ，当然，認められることもない。人間は，過ちを犯すこともあれば恥ずかしい行為をすることもある。大切なのは，そのことを素直に認めて，罪を償いもすれば次には恥ずかしいことをしないようにすることにあるの

である。

　故に人間関係の根元としての恥や罪への意識のあり方を問う必要が派生するのである。坂口哲司（1998）[73] は「羞恥を基軸に恥と罪意識への連動を再生させ，日本国民の一翼をなす一人一人が自己確立をなして，新たな日本の出発へと寄与していかねばならない。今日の日本と我々自身のあり方を捉える指標として羞恥の意義が提起されるのである」(p.3) と，連唱し続けるのである。

8. 2002年（平成14年）の想い[78]

　NHK教育テレビのETV2002「緑の島は戦場になった―太平洋・死者たちの声―」が4回シリーズ（2002.8.26～29）で放映された。第二次世界大戦中，太平洋の島々で亡くなった日本人140万人及びアメリカ兵や現地の方々の多くが戦いの中で死んでいったとされている。そのTV内容の一部を紹介したい。

　第1回は，ガダルカナル島の戦いであった。昭和17年7月から日本軍が1ケ月の突貫工事でつくったガダルカナル島の空港に危機感をつのらせたアメリカ軍は，8月7日早朝に1万人以上の将兵で上陸作戦を開始し，2日間で500人の日本軍守備隊を壊滅した。アメリカ軍の太平洋上での本格的な反撃が開始された。奪還を試みようとする大本営の無謀な作戦が続けられた。大本営は，その後，無条件降伏を受諾するまで，敗北を続けるのであった。ガダルカナル島での半年に渡る戦いでは，同島住民や軍属も戦闘に巻き込まれて死亡したり，勿論日本軍将兵3万人以上中，およそ2万人が死亡したが，そのうち半数以上が，飢えと病で亡くなったと言われている。いつしか「餓島」といわれたジャングルの中で，屍臭や腐臭を放ちながら将兵たちは，いつしか非科学的・非人道的な生命判断で人の死を予測しだすが，ほとんどはずれることはなかったといわれる。それは，立つことができる人の寿命は30日間，寝たまま小便する者は3日間，ものを言わなくなった者は2日間，瞬きしなくなった者は明日という生命判断であった。

　このような状況をようやく認識した日本軍は，1942年，御前会議でガダルカナル島からの撤退を決めたが，大本営発表も「ソロモン群島のガダルカナル島に作戦中の部隊は，昨年8月以降，激戦・敢闘克く敵戦力を撃砕しつつあり

しが，其の目的を達成せるにより2月上旬同島を撤し，他に転進せしめたり」（TV字幕より）として，当時の国民になんら真実を発表することもなく，サイパン・レイテ・トラック諸島・沖縄と続けていくのである。ガダルカナル島の体験を書きつづった吉田嘉七曹長の詩は，その心中を以下のように詠っている。「耐えし日は幾日なりぞ／弾丸なきに歯を食いしばり／糧なさにたゆたりはせず／攻めて攻めて遂に破らず／戦友あまたここに葬り／この島を今去らんとす／今何の私情かあらん／われら，ただ命により生き／命により死す／命により又ここを去る」（TV字幕より）。

今夏，沖縄を初めて訪問した。沖縄戦は，本土決戦準備の時間稼ぎのための持久戦で，90日余の死闘で日米双方20万余の犠牲者を出し，そのうち12万余は沖縄住民であった。ひめゆりの塔[15]と摩文仁の丘[55]に初めて立った。是非訪ねたかった。湿度の高い壕内の起伏のあるガマの中で横たわることも十分でなく，腐臭や悪臭たなびく阿鼻叫喚する真っ暗闇のなかで蛆に食われながらも治療する医薬品もなく飲食物も枯渇し，せめて太陽か青空でも見て絶命したい思いも許されず断腸の思いで亡くなっていかざるを得なかった人々を想像するだけで，言葉を失った。若者に三枝義浩[41]の「語り継がれる戦争の記憶」の漫画も手にとって欲しい。

「沖縄戦の実相にふれるたびに，戦争というものは，これほど残忍で，これほど汚辱にまみれたものはない，と思うのです。この，なまなましい体験の前では，いかなる人でも，戦争を肯定し美化することは，できないはずです。戦争をおこすのは，たしかに，人間です。しかし，それ以上に，戦争を許さない努力のできるのも私たち，人間，ではないでしょうか。戦後このかた，私たちは，あらゆる戦争を憎み，平和な島を建設せねば，と思いつづけてきました。これが，あまりにも大きすぎた代償を払って得た，ゆずることのできない，私たちの信条なのです」（Pp.98-99）（句読点は筆者によるもの）と沖縄県平和祈念資料館運営協議会[55]は，一文を寄せている。

この言葉の重みを強く受け止めるならば，改めて，今日の我が国の有事法制の論議やアメリカのテロ対策の延長としてのイラク攻撃が計画されていると巷間に伝えられることに対して，どう考えていくべきなのであろうか。戦争は，国家間の政治の一手法と言われるが，一旦開始されたら，その被害が尋常なも

のではないことは誰もが想像できる。

　平和ボケ日本と揶揄されるが，戦後約60年，戦争がなかったことは，実に有り難いことである。他国の支配や侵略に対して日本人の生命と財産を守るために軍事力が必要であるという言動は，国内の人々の暮らしを守るのに警察が必要であることと同一次元で展開されると，多くの国民は納得させられてしまう。しかし，警察と軍隊との役割はおのずと違う。警察は国内のルールに基づいて警察力を執行するが，その武器は軍隊とは彼我の差がある。軍隊は，国防や治安の役割をになっているが，文民統制が機能しないと，一部の軍人の意志によってクーデターを起こして政権を奪取できる潜在力を有している。戦前，5.15事件・2.26事件を契機に軍部の暴走が開始されて国家の方針を誤ったことを強く意識した敗戦当時の国家の指導者達は，GHQの強い意志が働いたとは言え，戦争放棄を日本国憲法第9条に書き留めたのである。借り物憲法だからとの揶揄があるが，太平洋戦争で多くの同胞が血を流してくれたおかげで生き延びた残り組の日本国民及びその子々孫々が我々である。再度，軍隊を持つこと・専守防衛とは言えやったらやり返すぞという外交戦略が，本当に日本国家の行く末のために良いのかどうかを真摯に反問する必要がある。現実は，暴力やテロにはさらなる巨大な暴力で抑止せざるを得ない世界情勢がある。現実的対応をしながら，将来は世界政府の中で国々の民族の宗教の対立・紛争の調停をなし得ていく理想を求めていく努力を怠ってはならない。

　現時点で，今更，資源のない日本を本当に誰が侵略・征服するのであろうか。戦後，荒々しく開発された環境破壊の国土に，もはやそれほどの魅力が残っているのであろうか。飛行機から眼下に広がる日本国土を見るがよい。山々の頂上の至る所まで，道路が設けられているが，まさに爪痕で掻きむしったように見えるのは私だけであろうか。日本人の人的資源もまた，バブル崩壊後，衰退の一途である。石油を買うしか文明社会を完全に維持できない日本の資金を吸い上げるところに，外国からの侵略・征服があるのだろうか。かつて，国土の拡大・収奪は，帝国主義戦争時代の方法であったが，その後，石油をめぐる戦いへと変化し加速化されて今日の世界戦略が展開されている状況を，広瀬隆(2002)[21]は喝破している。

　今日の戦争は，むしろ経済戦争であり様々な文明・文化をローラーで平準化

させる生活スタイルの同化・浸透を図る戦いである。労せずして富を収奪するための拝金主義が日本国民の心に蔓延した結果，実力主義・即戦力の名の下にフリーター（根無し草労働者：坂口の造語）・一日契約社員（日雇い労務者）を産み出し，リストラ・任期制の採用による人間シャッフルを加速化させ，心の不安と不満を蓄積させた結果，ホームレスや自殺者や経済犯罪を生み出している。生活スタイルは，畳文化からイス文化に代わって挨拶の簡略化・希薄化が浸透し，歩きながら食べたり飲んだり人前で化粧したりすることなどは恥ずかしいと思われたことが，ナウイ感覚となって若者文化に蔓延した。米国日本州と揶揄される所以である。

　このような日本を今更侵略してなにほどであろうかと思う。かつての流浪の旅人であったユダヤ人は，あらゆる財産を奪われても，頭の中の知識や知恵だけは奪われないと教育に心血を注いで，今日まで生き延びてきた。これは，我々日本人も見習うべきである。平和を求める日本人の気概とすべきである。特別攻撃隊で敵艦に爆弾を抱えて突撃したり生きて虜囚の辱めを受けずを守って亡くなっていった先人たちの意志にそう究極の方法は，流浪の旅をし続けたユダヤ人の方法に学ぶ点もある。ただ，ユダヤ人の大きな誤算は，先住していたパレスチナの人々を押しのけて，イスラエルという国家を創ったことであろう。当時のイギリス・フランスなどの戦勝国の思惑に乗せられたとは言えである。アメリカのあらゆる中枢を担うユダヤ人達は，フロンティアの米国の中にユダヤ国家を形成する方法を提案することができなかったのであろうか。

　一方，国家とは何かを考えさせられる朝鮮民主主義人民共和国による「拉致問題」及び「核開発問題」が浮上してきた。国民の生命と財産を守るのが国家の根幹であるならば，北朝鮮による拉致問題が突きつけた問題は深い。愛する者が拉致された人達のこれまでの苦悩と悲しみは言語を絶するものであったろうと深く想いをはせる。おそらく，このままでは朝鮮民主主義人民共和国の国家体制は3代と続かないとは言え，柔軟な形で自由主義社会へと移行していく手続きを模索していくことが責務となる。我が国の中で北朝鮮を支持する在日本朝鮮人総連合会（略称：朝鮮総連）と大韓民国を支持する在日本大韓民国民団（旧在日本大韓民国居留民団：略称民団）による両者の大同団結による新たなシステム作りが，北と南との統一への先駆けになるのではないかと思う。勿

論，日本は，かつて朝鮮から徴用・連行してきた人々に対する歴史認識と謝罪と補償をなして，統一への協力をなしていくことが，アジアの一同胞としての役割である。仲違いは相互の緊張と不信と憎悪を増すだけで，何も発展は生み出さない。歴史の恥部を封印したり忘却しようとしてきた，私たち日本人は，恥知らずと言われても仕方ないのである。

恥の喪失が，今日の日本の方向性をふらつかせている。全てを奪え，されど我が頭の中は支配されないぞという生き方を取って，第2のユダヤ人的な生き方を誇りとして生きていくのか。グローバリズムの真の姿は人種・民族・宗教・国家の全ての境界をいち早く取っ払った生き方であるとして地球市民感覚を育てる生き方を取っていくのか。江戸徳川時代のように鎖国によるたこつぼ型な生き方をしていくのか。敗戦日本の宿命として心身共にさらに米国化する生き方をするのか。今はアメリカが強いが，かつては強いイギリスと同盟したり，強いナチスと同盟したりしたような，常に強い者との連携や傘下で機を見るに敏な生き方をしていくのか。色々な選択肢を考慮に入れながら生きていくのが実利的な生き方でもある。自虐史観ではなく，良いことは良いと誇れば良いし，悪いことは悪いと，歴史の恥部を正直に認めて受けとめて，改善していく生き方こそが，前向きな生き方ではなかろうか。恥を知る人とは，是々非々を真摯に受けとめる人である。

しかし，現実は，政・財・官・宗・教育界から汚ギャルまで含めて，恥をとっくに喪失した私達であるから，何でもありの生き方を取っても良いかも知れない。あまりあれこれ悩まず，出たとこ勝負で生きましょうとするのが，恥を喪失した今日の日本人にとって最もストレスの少ない生き方かも知れない。鵺のような掴み所のない折々に触れて変幻自在に身を処していく生き方もある。かく言う私は，どのように生きていくのであろうか。しかし，宇宙船地球号の中で生きる私たちは，これまでの国家・民族・人種・宗教などの越えがたい桎梏を乗り越えて行かなくてはならない。相互の文明・文化の違いを理解し受け入れようとする人達を増やしていくしかない。そのためには，坂口哲司(2001)[77]が指摘したように，海外援助資金の大半を世界各国の若者達や日本を学びたい人達の留学・招聘に使って，日本の各家庭にホームステイをしてもらう。この方法は，留学生の生活維持のために支給されるお金が，内需拡大の刺激になる

だけでなく，各国の人々に日本好きになってもらって日本をあらゆる側面から支援してもらうと共に，世界共生化の心の構築もなしていくのではないかと思うのである。時間を要する将来の展望ではあるが，一番確実な方法のように思う。なぜなら，一宿一飯の恩義を感じた者は，終生忘れないからである。

　恥の喪失に拍車がかかっている今日，凛とした生き方を今こそ，一人一人が考え，実践していくことが，急務となっているのである。幾度も繰り返すのであるが，人間関係の根元としての恥や罪への意識のあり方を自問自答することが望まれるのである。すなわち，坂口（1998）[73]は「羞恥を基軸に恥と罪意識への連動を再生させ，日本国民の一翼をなす一人一人が自己確立をなして，新たな日本の出発へと寄与していかねばならない。今日の日本と我々自身のあり方を捉える指標として羞恥の意義が提起されるのである」(p.3) と，今後も人々に問いかけたいのである。

9. 2003年（平成15年）の想い[80]

　「国民の生命と財産を守る」は，国会議員の常套句である。ところが，この常套句が簡単に振りかざせなくなったのが，朝鮮民主主義人民共和国による拉致問題である。拉致家族の悲哀は，所詮，当事者にならない限り推測の域を出ないとは言え，日本国民が一致して，自己の問題として考えなければならない問題であることに違いはない。拉致問題は，国家としての基本的あり方がまさに凝縮して問われる内容を含んでいるからである。

　かつて，社会党が唱えていた非武装中立路線は，一国平和主義を貫徹できれば誰もが夢想したい方針であった。二度と戦争をしたくないし巻き込まれたくないという気持ちからすれば，戦前・戦中世代にとっては当然であるが，戦後世代でも捨てがたい方針ではあった。しかし，日米安保体制を基軸とする日本の方向性からは，この方法は机上の空論として押しやられているところに，ある種の日本の置かれた冷徹な状況がある。朝鮮民主主義人民共和国による「拉致問題」に対して，我が国の中で北朝鮮を支持する在日本朝鮮人総連合会（略称：朝鮮総連）と支援した政党ならびに与野党を問わずの関連した政治家は，率直に詫びるべきである。譬えて言えば，出稼ぎに出た親孝行息子や娘が，血

肉を削ってまでも親に仕送りしていたところ，その親並びにそのおこぼれにむらがる一部の特権階級が放蕩三昧に明け暮れていたということである。親や特権階級は世間から指弾を受けても孝行子どもは賞賛されこそすれ否定されることはない。まず，単刀直入に「知らないで済みませんでした」か「親を裏切れませんでした」と宣言して，組織の解体か進展をはかるべきではないか。朝鮮総連と大韓民国を支持する在日本大韓民国民団（旧在日本大韓民国居留民団：略称民団）の人々は，2つの組織に分かれたままでなく大同団結してこの日本の国土の中で生きていく道を確立してもらいたい。北朝鮮を支援した政党ならびに与野党を問わずの関連した政治家は，言葉は悪いが結果的に悪女の深情けとなってしまった失態を率直に自己批判して，新たな再生のもとに韓国・北朝鮮の未来の融和への援助としての政治活動に邁進してもらいたい。

　朝鮮民主主義人民共和国は，国家樹立の根幹からもうさんくさいし世襲制も三代まではもはや持てない状況にある。太陽政策を取っていた当時の韓国では発禁となった李友情[60]のマンガ「金正日入門」は手に取る価値はある。将軍様の傍若無人ぶりは，マスコミで連日紹介されて唖然とするが，実はこれを羨ましく思う人も少なくない。「長」に就く者は，横暴な振る舞いをできればしたいと思う悪魔の囁きがして実践する者は少なからずいつの時代でもいる。リーダーに媚びておこぼれを頂く腰巾着もいる。節操がないから腰巾着になれるのであり，仲間が形勢弱いと見るや寝返ることも早いことは，この日本史の中でも今日においても程度の差はあれ散見する。一定の距離を持っていたり「長」にとって煙たい存在であったりする者が，最後は，その組織や集団を立て直していくのも史実である。ただ，それまでに多くの人々の血が流されるという轍を踏まざるを得ない。日本の場合，情報公開がさらに徹底化すれば，創業者といえども組織を私物化した者は，早晩引きずり降ろされていくのは時間の問題である。世襲制は，事業であれ芸道であれ人数配分が，家族の人数≧従業員数であれば世襲制もまだわかるが，家族の人数＜従業員数の場合は，世襲制にしない方が創業者の精神や業績は，残っていくということである。岸田秀・小滝透[31]は対談の中でイブン・ハルドゥーン（1332-1402）の言う「王朝三代説」や「親父の苦労，子の極道，孫の貧乏」（p.93）を俎上にあげている。いずれにしろ，北朝鮮の命運は時間の問題であるとは言え，そのとばっちりは必ず日

本にも及ぶことを今から私たちは覚悟しておかなければならない。

　体制崩壊を待ち座視しているか。国連や国際会議などの他国との連携による機会を通じて，北朝鮮の姿勢をねばり強く切り替えていく努力をしていくか。経済封鎖や資金援助を遮断することによる兵糧責めによる方法が，確実に北朝鮮の衰退崩壊に連動するとは言え，同胞をさらなる劣悪な環境や立場に陥らせることも忍びないのも事実である。しかし，そのことによってもたらされた悲劇は，必ずや体制崩壊後は，かつての国際軍事裁判ではないが人権問題として，誰が誰にどのような抑圧をやったか，たとえ上司の命令であったとしても不問にするのではなく，それ相応のペナルティを課すことによって，その場で実行したものに罰を与えることも必要である。すなわち自己の行動を組織や体制のせいにしない考え方を世界共通認識に定着しない限り同じことが続けられる。自己責任ということの重みを自覚することによって，初めて個人の人権意識や自由の概念が定着することにもなるのである。まさに私たちは，これから本当にどう生きるべきであろうかということのあり方が拉致問題を通じて私たち個々に突きつけられた課題である。国家としての生き方，1人の人間としての生き方がまさに突きつけられているのである。

　国内外に目を向ければ，イラク問題・外国人犯罪増加・民営化問題・構造改革などの諸問題も，畢竟我が国家ならびに個々の国民の生き方に背骨がないために，問題解決への展望が具体的に提示できない状態である。それは，広瀬隆(2003)[22]が指摘するように，新保守主義に強く影響された米国・ブッシュ政権とどのように歩調を取りながら，イラク問題に介入していくかという問題とも連動しているのである。

　かつてのユダヤ人のように流浪の民となろうとも，または物質的な財産や富の収奪に遭遇しようとも民族の知識と知恵は，頭の中に残して継承していくという生き方，あるいはインドの独立の父であるマハトマ・ガンジーの無抵抗主義という徹底した暴力否定で生きる気概を我が国民はもてるのであろうか。個々の喧嘩・もめ事があるように，所詮は人間の暴力性を換骨奪胎しない限り無理という視点に立てば，憲法を変えて，自衛隊を名実ともに軍隊にして，暴力には暴力で対処していく道を選ぶしかない。または，国連を育て上げて各国の資金提供の割合に応じて，投票権の比率に差異を持たせて運営するような世

界政府樹立を図っていき，世界政府軍を世界の警察にしていくしかない。現実に，多くの国民がたとえコップの中であっても安逸して享楽を楽しめれば良いという精神構造で生きている今日の実態の中では，全ての議論が絵空事になってしまうのも仕方ないことかも知れない。

しかし，私たちは，そろそろ，国家としても個々人としても明確な生きていく指針を決定すべき時代に入っている。例えば，これからの半世紀の国家指針として国民投票にかけて決定し，決定すればそれを半世紀は遵守して行くという方法をやっていくべきである。

敗戦後，丸ごと一括の一億総懺悔で，原因と結果の検証もその対策さえも精緻な形でしてこなかったつけが，今日の迷走する日本の現況を呈している。歴史的所産の功罪を真摯に受け止める羞恥さえも忌避できる時代ではないはずである。再度，不良債権や国債の発行でさらなる借金を増やして，現況の経済状況を払拭しょうとする手法では，問題の本質は，結局，繰り延べとなってしまうだけである。問題解決は，全て次世代に回すことを責任ある大人として，深く恥じ入ることが求められていることを改めて問いたい。

まさに，恥の喪失が拍車をかけている今日，凛とした生き方を今こそ，一人一人が考え，実践していくことが，求められるのである。幾度も繰り返し発言するのであるが，人間関係の根元としての恥や罪への意識のあり方を自問自答することが希求される。すなわち，坂口（1998）[73]は「羞恥を基軸に恥と罪意識への連動を再生させ，日本国民の一翼をなす一人一人が自己確立をなして，新たな日本の出発へと寄与していかねばならない。今日の日本と我々自身のあり方を捉える指標として羞恥の意義が提起されるのである」（p.3）と，今後も人々に問いかけたいのである。

10. 2004年（平成16年）の想い[81]

広瀬隆の近著「日本のゆくへアジアのゆくへ」（2004）[23]がでた。彼のこれまでの著作活動は，日本ならびに世界のあり方について，客観的資料を元にして必然的に導き出される結論から構築した示唆に富む内容が豊富である。信頼に足る論者である。近著の中に，大手金融と呼ばれる銀行の再編が書いてある

が，ネコの目のようにコロコロ変わってきた銀行名をここに記録として採録しておきたい。長文であるが，引用しておきたい。

 「1. みずほフィナンシャルグループ（みずほ銀行＆みずほコーポレート銀行）：第一勧業銀行，富士銀行，日本興業銀行，安田信託銀行。
2. 三菱東京フィナンシャル・グループ：三菱銀行，東京銀行（横浜正金銀行），日本信託銀行，三菱信託銀行。
3. UFJ（united financial of Japan）グループ：三和銀行，東海銀行，東洋信託銀行，東海信託銀行。
4. 三井住友フィナンシャルグループ：さくら銀行（三井銀行＝帝国銀行，太陽神戸銀行），住友銀行。
5. 三井トラストグループ：中央信託銀行，三井信託銀行，破綻した北海道拓殖銀行の本州地区の預金と正常債権。
6. りそなグループ：大和銀行（野村銀行），埼玉銀行，協和銀行，近畿大阪銀行，奈良銀行。

 また，連続破綻して大騒動となった二大長期信用銀行の日本債券信用銀行（日本不動産銀行，旧朝鮮銀行，台湾銀行）はあおぞら銀行となり，日本長期信用銀行は新生銀行となった。そして日債銀がアメリカのサーベラス（Cerberus Capital Management）に買収され，長銀もアメリカのリップルウッド（Ripplewood Holdings）に買収されているのだ。

 七大金融グループのみずほグループ，三井住友グループ，三菱東京グループ，UFJグループ，りそなグループ，住友信託銀行，三井トラストグループを合計して，2004年3月末に不良債権が14兆円あることだけは間違いない。それも大半は，いまだに国から借りた金を返さず，資本として水増し決算を発表する状態にある。七大グループのほかに，100行を超える地方銀行にも10兆円規模の不良債権がある。企業倒産が2003年にも11兆円の負債額を記録している以上は，不良債権処理が峠を越したなどと言ってもらっては困る」（p.186)[23]。広瀬は「銀行などつぶれても，国民の財産が保証されればよいのだが，日本政府は，1000万円以上の預金は保証しない。ペイオフを解禁する，と平然と無策を続ける。政府が保証しているのは銀行経営だけであり，許し難いことに，国民の財産ではないのだ」（p.188)[23]と喝破している。同様に，これまで，郵

便と貯金と保険を同じ窓口で扱ってくれている便利な郵便局の三機能を分割して，郵便貯金と簡易保険の現金を引き受けたいとする銀行側の思惑をさらに喝破している。同様に，財政投融資制度における財務省理財局と特殊法人との不良債権処理の実態を明らかにし，適切に処理できるか否かである。小泉内閣における郵政民営化の真の姿をよく読み取る必要がある。

　銀行は，バブルの時，額に汗して働くというつましい生き方から，濡れ手に粟の生き方に日本国民を踊らせ，汚い仕事はノンバンクや闇金の世界に任せて，巨万の富を築いてきた。バブル崩壊後，不良債権回収に入った途端，名古屋の銀行支店長殺しが象徴するように一瞬にして，不良債権回収方法を変えて銀行再編を重ねながら，日本の暗黒部と各担当の責任を曖昧模糊にしていく方針を立てて今日に至っている。銀行の源氏名を変えて，誰が誰やら分からなくしているのである。まだ，源氏名を変えて夜の街を転々とする人達は，エイズや梅毒や淋病を覚悟して身体を張っているだけ責任の所在がはっきりしていて気持ちが良い。

　人間の労働に対する真面目で誠実にコツコツと働いていく姿勢に，ハッタリとバクチ的投機と一攫千金と，肉体労働を卑下して脳的労働に価値ありとした考え方をもたらしたのが金融資本である。正社員の削減，リストラ，自殺者，自己破産者，家族崩壊など，累々たる屍をもたらした罪を，銀行の再編によって決して誰もが責任を持たないように曖昧模糊にしてしまった。

　ひるがえって，広瀬隆と同様に日本の今後の動向をいかにすべきかについて，きわめて示唆に富む提起をしている漫画家に小林よしのり[32]がいる。「ゴーマニズム宣言」「戦争論」に代表される彼の一連の著作は，日本及び世界のあり方に対して，きわめて，真摯に前向きに対処している。彼に対する様々な評価はあるが，言行一致と有言実行を自己に課しながら，真剣に日本と世界のあり方を思索し表現し行動している人物であり，かつ，日々の暮らしを根底から見つめ直すきわめて示唆に富む提言を行っている。最近の彼の著書「新・ゴーマニズム宣言14・勝者の余裕」のあとがきで，「体制や権力に阿(おもね)るちっぽけな生き方をしたくない。なるようにしかならないという現状肯定主義に堕す生き方をしたくない。そのような者たちはしょせん弱者なのだ。多数の弱者が強者に阿って少数の弱者を叩く。わしはそのような社会には異をとなえねばならない。

勇気が必要な立場を選ぶことこそが勝者の余裕のなせる業である」(p.190)[32]と指摘しているが，正鵠を得た提言である。彼のこの言に，自己の賛否を襟を正して堂々と述べることができる人はどれだけいるであろうか。自らを省みて恥じ入る限りであるが，まずは，衆に頼らずに無私の心で自らのなし得るところから私たちは，始めていくことが大切である。

　日本ならびに世界の日進月歩の変化に，私たちは日々翻弄されている。イラク問題，テロ問題，北朝鮮問題から拉致問題，国連常任理事国入りからセ・パ両リーグの再編問題など，数え上げれば枚挙にいとまがない。ネコの目のように時々刻々変貌する内外の情勢の中で，1人の人間として生きていく根幹を見据えたとき，誰もが平和で安寧で穏やかでゆったりとした暮らしの中で過ごしていきたいと願っていると想定される。そのような暮らしを望むにしても，繰り返し提言してきたように，私たち一人一人が，日本や世界のあり方に，自分自身はどう対処していくかを常に自問自答していくことが大切である。たとえその考え方が，時には一貫性がなくて変節漢と言われようとも，まずは，自分はどう考えどう行動しどう責任と義務を果たしていくのかを，自己の寄って立つ基盤の所から，実践していくしかない。

　もはや為政者や他人任せにできない状況が，日本ならびに世界に押し寄せてきているからである。同名テレビドラマの好評から制作されたフランキー堺主演による普通の市民による戦争犯罪を取り扱った「私は貝になりたい」(昭和34 (1959) 年，東宝，橋本忍監督)[11]という映画がある。戦争中，捕虜のアメリカ兵を上官の命令で殺したという罪で死刑になるのである。主人公は，再度，生まれ変わることがあれば，ひっそりと人様に迷惑もかけなければ，人様に迷惑もかけられたくないとする生き方を「私は貝になりたい」という言葉で表現しているように，庶民の敗戦後の心情をこの映画は露呈していた。敗戦後の日本人は二度と戦争はしないし，巻き込まれたくないとしてきたのである。

　戦争体験者が鬼籍に入り戦争を直接体験した人々が圧倒的に少数者となってきた今日，戦争を観念でしか捉えることができなくなった人々が，大多数を占めるようになった。敗戦後，日米同盟という傘の下で，現実は，どう考えても米国日本州となった軍事・政治・文化的状況の中で，痩せたソクラテスよりも利那的であってもブランドに身を固め飽食で欲望を完全に満足することを求め

てきた。日本や国家や世界におけるあり方への価値判断を避け，場合によっては判断停止してきたつけで，あらゆる場面で膿が出ている今日的状況がある。

一人一人の国民は，潜在的にはどうにかしなくてはいけないと思いながら，一方では，長い物には巻かれろ式でやってきた今日のていたらくの状況がある。自立と責任と義務を果たすことを人間としての基本的姿勢とするならば，人と人との，人と地域との，人と組織や集団との，人と国家や世界との関係性をどう自己の中に，確立するかを日々の中で，様々な意見や情報や価値観に翻弄されながらも，自分で悩み考え判断し行動していくしかないのである。その際，改めて，自己の恥と罪意識の根幹が問われることになるのである。

繰り返し述べてきたように恥と罪意識が希薄化してきた今日の状況は，日本や世界のあり方に対して，1人の自分として日本人として，世界の一市民として，自らは，どう振る舞っていけば良いかの明確な価値観の確立と行動の指針を持てない自己のていたらくにあるからである。産みの苦しみが大きければ大きいほど，必ずやその後の心身の平和と安寧が付与されるように，自己の言動や生き方に対する恥と罪意識を自問自答していくことが求められる。すなわち，ルールやマナーのあり方は，その歴史性・文化性・民族性・民主制・独裁制・今日性といった様々な時代精神によって，変貌していく側面はあるにせよ，決めたら守る・間違っていたら作り直すことを，誰もが納得のいく仕方で軌道修正をせざるをえない。その際，一人一人の自立と責任と義務の名の下に置いて，自己の恥と罪意識の根幹が問われていくのである。

幾度も繰り返し発言してきたが，坂口（1998）[73]は「羞恥を基軸に恥と罪意識への連動を再生させ，日本国民の一翼をなす一人一人が自己確立をなして，新たな日本の出発へと寄与していかねばならない。今日の日本と我々自身のあり方を捉える指標として羞恥の意義が提起されるのである」（p.3）と，今後も人々に問い続けたいのである。

11. 2005年（平成17年）の想い[82]

今後の社会情勢について私見を述べてみたい。個人情報保護法（2003年5月13日）は，本来，国や地方公共団体や独立行政法人や個人情報取扱事業者

に対して，個人のデーターベースを取り扱う上での規則を決めたものである。この法律は，真の個人のプライバシーと人権を保守できるものになり得るであろうか。一般的に個人情報保護法は，心理的に，個々人のことを気安く知ったり尋ねたりすることがいけないような受け止め方をされているのではないか。このような理解の仕方が蔓延すると，もしかしたら，恩恵を受ける者は，富裕層と闇の勢力と組織的活動を常態化している活動団体などのみになるかも知れない。人脈や人間関係を濃厚に有しているこれらの集団や組織は，表向き，個々の関係は無関係に装っていながら，裏面で，親子・兄弟姉妹・親戚・友人・知人の濃厚な関係を駆使して，自己の利害得失のために行動していくのである。個人情報保護法は彼らにとって，有り難い隠れ蓑になるのである。なんら，後ろ盾を持たない市井の庶民は，自らの意思で集団化・組織化して，事に対処しようと思っても，個人情報保護法を盾に何ら横のつながりを形成するための手法を持たなくさせられるのである。

　自己の考え方や生き方を個々の関連で伝達して賛同者を得ようと思っても，それは，不特定多数を相手にしたインターネット上の関係者でしかない。この関係は，ブログも含めて多くの批評家を得ても実際の行動共同者となり得ない。なっても，いつでも降板できる世界でもある。市井の庶民が，個人情報保護法の誤った理解で益々，バラバラに解体された一個の存在となっていくであろう。私たち個々は，郵便・銀行・保険・病院・住民登録・年金・運転免許証・種々のカード入会など，あらゆる関係機関に登録している。これらは，表向き，個々の登録であっても，電波でやりとりされる世界である限り，欧州にあるエシュロンのように巨大な情報集約システムさえ構築されれば，常に私たちの生活は，白日の下に晒された状態となるのである。日本には，青森県の米軍三沢基地の「象の檻」と呼ばれる大規模な通信傍受施設がある[87]。情報漏洩を防ぐための個人情報保護法であるが，果たして，そのような仕組みが完結するであろうか。判然としない。一見すると個人情報保護法があると自分のプライバシーが全て守られる錯覚を感じてしまう。うがった言い方をすれば，ここにこの法の本質があるかもしれない。

　もはや市井の庶民は身ぐるみ露出した生活をしていると言っても過言ではない。現実は，ありとあらゆる情報ネットで私達のことはわかってしまっている

のである。隠しようがない生活ならば，個人情報保護法もさることながら，もし個人の情報の漏洩が生じればすみやかにその顛末が知れる情報の公開をいつでもどこでもできるシステムを構築したほうが良いのである。また，公的・私的に関わらずその活動が特定の団体や個人に利害得失に関する業務が生じた時は，その情報の公開がすみやかになされる方法の方がはるかに価値がある。誰がいつどのようなことで，自己の利害得失のために動いたかを知る方法を構築した方が，真の意味での公平・公明・公正な社会の確立がなされやすいということである。個人情報保護法と情報公開は，表裏一体の関係であり，その基本は個人のプライバシーと人権を大切にする根幹が通底していなくてはならない。今後，個人情報保護法の名の下に，誰が真に保護されるのかを見極めていかなくてはならない。

　我が国の借金は，795兆円（2005年10月現在）を遙かに超えて，幾何級数的に増え続けている。この借金をどうやってチャラにするのか。方法は，いろいろある。第一次世界大戦後，ドイツの超インフレによって紙くずとなったマルクや第二次世界大戦後の日本でも，貨幣価値が下落して，銭・厘の単位が消えるとともに，一気に円の価値が下落してしまった。戦前に加入していた預貯金や保険が戦後に満期を迎えた時，子供のお菓子代にしかならなかったようにして，借金の単位を一気に二桁三桁，落とせば，1000兆円の借金も10兆円となる方法がある。

　あるいは，国債は，国内向けの借金と割り切って，国家権力によって，国内で取り扱われた国債は，紙くずと宣言することで，一気に借金をチャラにする方法もある。内外ともに大混乱に陥るが，自己破産があるように国家破産もある。古今東西，このような暴力的な方法で，崩壊した国家の再生を行うことを時の権力者は，夢想してもおかしくない。

　借金解決の第3の選択は，地道に国民が額に汗しながら，法外な税金にも文句を言わずに，こつこつと払い続けて借金を返していく方法である。法人税や消費税や所得税を高く徴収して借金を返していく方法である。今後，法人税には，宗教法人[48]や学校法人や社会福祉法人も聖域として免れることができない時代となるのではないかと懸念される。すなわち，あらゆる法人からそれ相応の税負担をしてもらって，国家の借金を返していくという手段である。ただ，

法人も人の子である。そのトップは，派手な振る舞いで実力を発揮している場合もあれば，虚飾としての派手さもある。一方，本当に青色吐息もある。ただし，蓄財を隠すために地味な姿を示すトップもいる。単なる巷間の噂か真実かは，あらゆる体制の実態が歴史によって，いつかは白日の下に晒されるように，この世のあらゆる法人組織も実態が公開されるのは，情報公開が，真に世界の基本的原則となるまで，時を待つしかない。

　さて，急成長による好景気で，借金を返す方法もあるが，これからの時代，夢のまた夢と考えておく方が賢明と言える。サラリーマン（正確には賃金労働者）増税と消費税増税を為政者は，執行することであろう。せめて，企業も賃金の安い他国の労働者を使用している使用税を取るか，かつては単純労働に従事した多くの人間にとって代わって物言わぬ・文句も言わぬロボットを活用して生産をしているので，ロボット税を導入して払っていただくべきであろう。このようにして，国家の借金を国民・企業が一体となって支払うしかない。

　また，所得格差を軽減させるために，所得税の累進税率を高める必要がある。高所得者が優遇される社会が出現したことが，今日の「勝ち組」「負け組」が生まれ，「下流社会」[42]という言葉が流行する元となったのである。累進税率を引き上げて，富の再配分をしないと，益々荒んだ社会になっていくのは，必定である。西郷隆盛の「児孫のために美田を買わず」[102]の姿勢や「あの世に持参できないのがお金である」からこそ現世で人を活かすお金の活用を子どもの段階から教育する必要がある。

　生命保険会社のコマーシャルで「お金は大事だよ〜」と唱えているように，税金を執行する者はさらなる自己規制と責任が求められる。すなわち，税金の無駄遣いをした役人や不正をやった者は，その責任と支払いを担ってもらうために，末期の代まで連帯責任を導入することも大切である。息苦しいかも知れないが，他人のお金と思うから湯水の如く使ってしまって，使う痛みを感じないのである。

　経済刑務所も必要である。詐欺で人の預貯金を巻き上げた人間は，その巻き上げたお金に応じて，刑務所の入所期間として，労働しながら支払いが終わるまで，刑務所生活をしてもらうのである。今の世の中，命の次にお金が大切となっている下世話な時代，その虎の子預金を巻き上げられた者は，死を意味す

る状態になっている。その時代の平均時給で計算して，巻き上げたお金分だけ拘束時間に換算して入所してもらえば地道に働く方が得策だと，詐欺師も宗旨替えすることであろう。

　かつては，法の支配が厳しくなくても，「村八分」に代表されるように地域共同体には，有形無形の処罰があった。お上の法よりも地域の暗黙の了解の法は，自らのみならず，家族・親戚への厳しい「恥と罪」への自己規制をもたらしていた。しかし，今日，地域共同体の希薄化は，自己規制をもたらさないために，人は簡単に悪事に手を染めるようになった。法の支配を厳しくしていくしか，仕方ない時代となった。自己による「恥と罪」意識による自己規制は無理になったということである。

　郵政民営化は，今後どのような社会システムを形成していくのであろうか。過疎地域の郵便局のあり方が，今後の高齢者の生活スタイルを変貌させるのではないか。超高齢社会は，高齢者の介護を効率化させるために，各地の集落を町へと集中させ，かつ町を市へと集中させることで，時空間の効率性に基づいた介護システムとなることも考えられる。かつて棄家離村で農村から都市へと流入した人々の労働力が高度経済成長期を形成したが，今後の超高齢社会は，棄家棄村で流入した集約棲み分け型階層都市人口の中での生活がなされていくと予見される。高齢者でも富裕層の自由選択生活型と貧困層の集約限定生活型の二極分化となる。前者は，自己実現を可能な限り死ぬ瞬間まで達成できるが，後者は，養鶏場の鶏ではないが，働く側の効率性と利便性を中心としたシステムの中で，限定選択肢の自己決定のみで生きていくことを余儀なくされる。

　昔から金の切れ目は縁の切れ目というように，今日，骨の髄までしみこんだ拝金主義思想にどっぷり浸かった日本人の心性は，勝ち組負け組の論理を益々推し進めていくのではないかと予測されるのである。

　未来の日本のあり方をどのようにしていくかのビジョンを，政治家のみならずあらゆる階層・階級の人々も，後回しにしてきたつけが，今日，露呈している。明治維新後「脱亜入欧」と「富国強兵」で世界にのしあがった日本が，「靖国問題」[95]に代表されるように，奢りと偏狭な国家神道の名の下に国策を誤って第二次世界大戦に突入した。戦時中の「鬼畜米英」による敗戦から，戦後の「脱亜入米」による価値を基軸として先人達の敗戦に対する代償行為としての

国家復興によって経済成長をなした．ただ，「拝金主義」で経済成長をなしたが，人間の奢りとしてのバブル崩壊を招いた．長いバブル後遺症による閉塞感の中で，小泉首相による「郵政民営化をするかしないかを国民に信を問う」という直接民主制を幻惑させる単純明瞭な訴えと小泉首相の「殺されてもやる」という激しい姿勢が，明日への展望を自己決定できない国民個々の心情を小泉首相に代理・代弁の表明をしてもらった姿勢に連動させたために，多くの無党派層の支持となって自民党の圧倒的な勝利となったのが，今回の衆議院選挙であった．

　古今東西の歴史を振り返ればわかるように，個人であれ家族であれ個々の集団であれ国家であれ，組織や集団が形成される限り，何らかの目標が必要であり，それに向かって努力していくところに，文明や文化の熟成がなされるのである．今後，我が国は，少子化と超高齢社会となる．そこでは，「豊福豊知」（ほうふくほうち：坂口の造語）を目標とすべきではないか．豊福とは豊かな福祉のことである．子育てと高齢者の問題は，コインの表裏関係である．子育ての不安や単身高齢者の不安があっても安全・安心がなされる社会こそが，求める社会である．豊知とは豊かな知識・知恵を持っていることである．そのためには，国民一人一人に対して有形無形の教育が大切である．資源のない日本は，堺屋太一のいう「知価革命」ではないが，高度の知識と知恵に伴うハード面とソフト面の開発と充実に国家の基軸を置かざるを得ない．流浪の民であったユダヤ人は，不動産・貴金属・お金など形あるものの財産は，その時代の折々において収奪されてきた．その体験の中から，頭の中に残した財産は決して奪われることはないということで，教育に力を注いできた．

　我が国は，流浪の民ではないが，資源のない国である．極東に位置した我らの祖先は，南方からは黒潮に運ばれた人々，モンゴル・中国・朝鮮半島から渡って来た人々，シベリアからカムチャッカ半島をへて来た人々などの融合民族である．遠い祖先はひとつから枝分かれして，太平洋の極東で歩留まりした融合民族でありながらも，いつかは，単一民族と幻想したことが国家の意思を激烈なものにしたために国家の悲劇を成した．それが，大東亜戦争・太平洋戦争であった．アジアの一員でありながらも，気候・風土・文化・国家の形成に様々な違いがあるために，なかなか，アジアの一員としての一体化をなしえな

いのが日本の心情である。同様に，例えば，中国や朝鮮もそうである。精神構造としての中華思想の中国，恨（ハン）の韓国・朝鮮とに対して，「和の精神と水に流す」を良しとする日本人の心性とは，相容れがたいものがある。中国[27]や韓国・朝鮮[103]に対する辛口マンガがあるように，互いの違いを罵り合っても，永遠に平行線を続けていくだけである。それぞれの集合体の中で，重なり合う部分があればそこを大切にして，重なり合わない部分を認め合って生きていくしか術がない。せめて，個々の国民同士の相互交流を続ける中で，重なり合う部分を少しでも拡大していく努力をし合っていくしかない。

せめて，我が日本民族もかつては中国を手本とし，文明・文化の流入経路の一翼を担ってくれた隣国朝鮮への感謝を抱くおおらかさを持たないと，またぞろ傲慢な時代を招来するおそれがある。「和の精神と水に流す」生き方の積極的な活用を今後の外交の根幹にしたいものである。そのためにも，人種・民族・宗教・国家によって，「恥と罪」意識にいかなる違いがあろうとも，とりあえず，我が国は我が国の「恥と罪」を検証し，言動の要として考えていくしかない。

坂口（2004）[81]は「繰り返し述べてきたように恥と罪意識が希薄化してきた今日の状況は，日本や世界のあり方に対して，1人の自分として日本人として，世界の一市民として，自らは，どう振る舞っていけば良いかの明確な価値観の確立と行動の指針を持てない自己のていたらくにあるからである。産みの苦しみが大きければ大きいほど，必ずやその後の心身の平和と安寧が付与されるように，自己の言動や生き方に対する恥と罪意識を自問自答していくことが求められる。すなわち，ルールやマナーのあり方は，その歴史性・文化性・民族性・民主制・独裁制・今日性といったさまざまな時代精神によって，変貌していく側面はあるにせよ，決めたら守る・間違っていたら作り直すことを，誰もが納得のいく仕方で軌道修正をせざるをえない。その際，一人一人の自立と責任と義務の名の下に置いて，自己の恥と罪意識の根幹が問われていくのである」(p.3)と述べた。

幾度も発言してきたが，坂口（1998）[73]は「羞恥を基軸に恥と罪意識への連動を再生させ，日本国民の一翼をなす一人一人が自己確立をなして，新たな日本の出発へと寄与していかねばならない。今日の日本と我々自身のあり方を捉

える指標として羞恥の意義が提起されるのである」（p.3）と，機会ある毎に発言しながら，市井に住む人々に傾聴していただきたいのである。

ま と め

「はじめに」に寄せた11年間の社会事象への私見を振り返りながら，今日，我が日本は，益々，そのていたらくを露呈しているに過ぎないのである。国家も社会も個人も自由奔放な生き方を保障されているから，何が起こっても良いのであるという考え方もあろう。しかし，決して，人間の生活が真に豊かで文化的熟成度を深めているかと言えば，そうではない。そこに，すべてにおいて，迷走している今日の日本のあやうい現況を感じるのである。

すなわち，画家・ゴーギャン（Gauguin, E. H. P., 1848-1903）の大作「われわれはどこから来たのか　われわれは何者か　われわれはどこに行くのか」の表題のように，私達は，真剣に自己の存在と生き方を自問自答することが，今日，求められているのである。

第2章
羞恥の構造

1. 羞恥とは

　青年心理学事典の「恥」の項目を分担執筆した際に，以下のような説明をした（坂口，2000[76]）。「恥とは，人に見つめられたり，過失や失敗をして面目を失ったり，名誉をきずつけられたり，相手よりも見劣りしていることを感じて気おくれしたり，過去のぶざまな行動を振り返って恥ずかしく思ったり，人前でほめられて照れくさくなるなどの情動のこと。……中略……生きて虜囚の辱めを受けるなという極端な恥の行動規範から，今日，恥じらいが薄れて恥辱・屈辱感に弱いデリケートなシャイな若者が増加した。恥じらいが薄れたのは，性情報の氾濫による刺激と和風から洋風という生活様式の変化が連動し合った結果である。前者は，メディアを通じた身体露出やセックスに関することが男女間のコミュニケーション道具となって，従来の性に関する慎ましさが著しく低くなった。できちゃった結婚を自慢する時代である。後者は，畳からイスによる足露出化と歩きながら飲食や電話をかけたり電車の中で化粧をしたりなど，全て一過性の出会いでしかないとの若者流の旅の恥はかき捨て意識で，恥としない文化になった。
　恥辱・屈辱感に弱くなったのは，自己耐性の弱さと敗者復活の困難さがある。前者は，これまで貧困や多人数家族のせいで我慢せざるをえなかったが，今日ではほどほどの豊かさと少子化家族で個々の欲求が充足できて，我慢することもなくなった。後者は，失敗して元々とか，再度チャレンジしてやり直せばとか，人前で叱られてもそれを発憤にして頑張ろうとかいう意欲は，復活のチャンスが至る所に設置される社会によってこそ恥辱や屈辱感が生きるのである

が，見えざる管理社会とリストラの中で喪失した。

　自己表現手段を持たない若者や持ってもうまく表現できない内気な若者は，益々，ぶざまな行為や失敗を恐れるために，恥をかきながら徐々に自己確立をしていく過程を通過できずに自己に閉じこもってしまう。一方，自己露出をいち早く達成した若者は，従来の旅の恥はかき捨て意識で大胆に振る舞っていた行動を日常に常態化させる術を形成して，恥を恥とも思わずに自己抑制のコントロールを放棄して悪事でも平気でやって澄ましている。恥辱・屈辱感になる恥も恥を恥ともしない恥も，いずれも避けるべきであるが，恥を恥とする心を失ってはならない。」(p.218)

　恥と羞恥とは，一般に同じ意味を持つものとして使ったりするが，言葉の上での違いを見てみたい。

　羞恥は，恥ずかしく思うこと・恥ずべきことを意味し，羞恥心は，一般に，恥ずかしいと感じる気持ち・はじらいの気持ちとされている。羞恥心を考えるあたって，羞恥心に関する言葉として，羞恥＝羞＋恥，恥辱＝恥＋辱として捉えて，これらの言葉の語源を知ることは，大切である。

　恥，羞恥，恥辱などに関する言葉について，「漢字の起源」(角川書店)，「日本方言大辞典」(小学館)，「大漢和辞典」(大修館書店)，「広辞苑」(岩波書店)などが参考になるが，ここでは，「日本国語大辞典」[51]，「字通」[90]，「故事成語名言大辞典」[28]，「小学館ランダムハウス英和大辞典」[92] に書かれたものから見たい。

1）語源からみた羞恥

(1) 恥について

　「字通」によれば，恥とは，以下のように説明されている。

【恥】チ。はじ。はじる。（会意）耳＋心。〔説文〕「辱」づるなりとし，耳声とするが，会意の字。ものに恥じる心は，まず耳にあらわれるものである。俗に耻に作るのは誤形。①はじ，はじる，やましい。②はずかしめる。

（古訓）〔名義抄〕恥　ハチ・ハヅ・タタシ

〔恥懼〕ちく：はじおそれる。唐・柳宗元〔顧十郎に与ふる書〕其の或いは少（わか）くして恥懼することを知り，世人の己を非（そし）るを恐るるや，則ち中（こころ）を矯（た）めて以て

外を貌る。

［恥辱］ちじょく：はじ。はずかしめ。〔論語，学而〕恭，禮に近ければ，恥辱に遠ざかる。

　次に，「日本国語大辞典第２版」によれば，以下のような説明がなされている。

はじ【恥・羞・辱】（名）（動詞「はじる（恥）」の連用形の名詞化）①面目を失うこと。名誉を傷つけられること。侮りを受けること。不名誉。物笑い。また，弱味。恥部。②名誉を重んずること。名を惜しむ心。恥ずかしいと思う気持。廉恥心。羞恥心。③人の陰部。

・はじ有（あ）り：名誉・体面を重んじる。恥を知る。
・はじ隠（かく）る：（恥が外にあらわれないの意）人前で恥ずかしい目を見ないですむ。恥をかかないですむ。
・はじなし：①（主として容貌，教養などが）人前へ出ても恥ずかしくない。見劣りしい。おくれをとらない。②人前でも恥ずかしがらない。はじらわない。あつかましい。厚顔である。
・はじに死（し）にせず：死ななければならないほどの恥なのに，おめおめと生きながらえている。
・はじを思（おも）わば命（いのち）を捨（す）てよ情（なさけ）を思（おも）わば恥（はじ）を捨（す）てよ：名誉を第一とするならば，命を捨てる覚悟が必要であり，肉親や友に対する情をとろうとするならば，名誉などは忘れなければならない。
・はじを掻（か）く：人前で恥ずかしい目に会う。めんぼくを失う。恥を取る。恥を見る。
・はじを隠（かく）す：恥ずかしいことを人に知られないように包み隠す。恥を包む。
・はじを雪（きよ）む：「はじ（恥）を雪（すす）ぐ」に同じ。
・はじを曝（さら）す：おおぜいの人の前で恥ずかしいことをしてしまう。
・はじを忍（しの）びて益（やく）を被（こうぶ）れ：恥をじっとこらえて利益を受けよ。益を受けるためには恥をしのべ。
・はじを知（し）る：恥ずべきことを知る。恥を恥として知る。

- はじに臨（のぞ）む：恥ずかしめを受けるような場合に出あう。恥ずかしい目にあう。
- はじの上（うえ）に恥（はじ）を塗（ぬ）る：恥の上に重ねて恥をかく。不名誉を重ねる。恥の上塗りをする。
- はじの上（うえ）の損（そん）：人前で恥ずかしい目にあった上に，損害をこうむること。
- はじの＝上塗（うわぬ）り［＝上掻（うわか）き］：恥をかいたうえに，さらに恥をかく。重ねて恥をかく。恥のかき上げ。
- はじの掻（か）き飽（あ）き：あきあきするほどに恥をかくこと。さんざんに恥をかくこと。
- はじの掻（か）き上（あ）げ：これ以上ないほど恥をかくこと。重ねて恥をかくこと。「はじの上塗り」を強めていう。
- はじの恥（はじ）：恥をかいた上に，また恥をかくこと。恥の上塗（うわぬ）り。
- はじも外聞（がいぶん）もない：恥ずかしさや周囲のとりざたなどをまったく気にしない。
- はじを＝言（い）わねば［＝隠（かく）せば］理（り）が＝聞（き）こえぬ［＝知（し）れぬ］：自分の恥をうちあけて話さないと，自分の言うことが理解されない。
- はじを雪（すす・そそ）ぐ：名誉をとりもどす。不名誉を償う。恥をきよむ。
- はじを捨（す）つ：恥ずかしいということなどまったく気にしない。恥を恥とも思わない。
- はじを包（つつ）む：「はじ（恥）を隠す」に同じ。
- はじを取（と）る：「はじ（恥）を掻く」に同じ。
- はじを恥（はじ）とも思（おも）わぬ：面目を失うようなことをしても恥ずかしいと思わない。無恥（むち）である。
- はじをふるう：自らの恥をさらけ出す。
- はじを見（み）す：恥ずかしい目にあわせる。恥をかかせる。
- はじを見（み）る：「はじ（恥）を掻く」に同じ。

・はじを忘（わす）れる：恥を恥とも思わない。恥を捨つ。

(2) 羞について
　「字通」によれば，羞とは，以下のように説明されている。
【羞】シュウ（シウ）すすめる。たべもの。はじ。はじる。
（会意）羊＋丑。羊は羊牲。丑は指先に力を入れてものを持つ形。羊肉を祭事に薦めることを「羞すすむ」という。〔説文〕「進め献ずるなり」とあり，膳羞の意。また丑を亦声とするが，卜文・金文の字形は羊と又（又）とに従っており，それがもとの形である。羞悪・羞恥の意があり，醜の仮借義とする説もあるが，〔左伝，襄 18 年〕「神の羞を為す」のように，神に恥を羞める意であろう。①すすめる，神に羊牲を供えすすめる。②神饌，たべもの，膳羞。③束脩，贈るもの。④はじ，はじる，はにかむ。
（古訓）〔名義抄〕羞 ススム・ハヂ・ホシヽ　〔篇立〕羞 チカシ・ススム・モヨホス・ハヂ・タテマツル〔字鏡集〕羞 ホジシ・ハヅ・アチシシ・ハヂ・ススム・ススク
（語系）羞 siu，進（進）tzien，薦（薦）tzian はみな進献の意がある。辱 njiok は辰肉をもって羞める形の字であるが，また恥辱・羞辱の意がある。
[羞悪] しゅうお（しうを）：不善をはじ，にくむ。
[羞愧] しゅう（しう）き：はじる。
[羞作] しゅう（しう）さく：はじらう。顔色をかえる。
[羞辱] しゅう（しう）じょく：はじ。恥辱。
　次に，「日本国語大辞典第 2 版」によれば，以下のような説明がなされている。
しう【羞】漢①すすめる。供える。また，そなえもの。②はずかしめる。はじる。

(3) 辱について
　「字通」によれば，辱とは，以下のように説明されている。
【辱】ジョク。くさぎる。はずかしめる。かたじけない。
（会意）辰＋寸。辰は貝。その貝殻をうち砕いて刃器とし，それを手（寸）に

もつ形。農具として用いる。「耕耨(こうどう)」耨は，耒と辱とに従い，耕作すること(すき)をいう。〔説文〕「恥づるなり。寸の，辰の下に在るに従ふ。耕時を失ふときは，封畺(疆)上に於てこれを戮(ころ)すなり。辰なる者は，農の時なり。故に房星を辰と為す。田つくる候(とき)なり」と説くが，まったく根拠のない説である。汚辱の意はおそらく仮借。[左伝]に「辱かたじけなく寡君を収めよ」「辱く敝邑に至る」のように，一種の自謙・尊敬の語として用いる。尊者に対して，敢てすることを詫びる意味の用法で，のち恥辱の意に転じたものであろう。交友を辱知・辱友といい，許されることを謝して辱収という。①くさぎる。②はずかしい，はずかしめる。③かたじけない，かたじけなくする。④うしなう，けがす，にくむ。

(古訓)〔名義抄〕辱　ハヅ・ハヂ・ハヅカシ・ハヂシム・ハヅカシム・カタジケナシ・マネク・ケガス〔字鏡集〕辱　ハヂ・ハヅ・ハヂシム・ハヅカシ・ケガス・マネク・カタジケナシ・チノム

(声系)〔説文〕に辱声として蓐，溽，縟など五字を収める。蓐は草を結んだむしろ，溽は溽暑。おおむね繁縟の意をもつ字である。

(語系)辱 njiok，黷・瀆・嬻 dok は声の関係がある。耕は耕耨の字であるが，古くは黷声の声と通用し，黷辱の義が，その通義とされたのであろう。

[辱収] じょくしゅう(しう)：収めあわれむ。
[辱知] じょくち：交遊をして下さる。

　次に，「日本国語大辞典第2版」によれば，以下のような説明がなされている。

じょく【辱】(名)①はずかしめ。はじ。②かたじけない意向。

(4) 関連語より

　その他に「日本国語大辞典第2版」から，恥・羞・辱に関する言葉として，以下の通りの言葉がある。

がんしゅう【含羞】(名)恥ずかしがること。はにかむこと。はにかみ。

ちじょく【恥辱】(名)体面や名誉などを傷つける不面目なこと。また，そのようなめにあわせること。はじ。はずかしめ。ちじよくを掻(か)く：恥をかく。

しゅうち【羞恥】(名) はずかしく思うこと。はずべきこと。はじ。恥辱。ちじょくを取(と)る：恥を受ける。はずかしめられる。
ちじょく―かん【恥辱感】(名) 恥ずかしくていたたまれない感じ。
しゅうちしん【羞恥心】(名) はずかしいと感じる気持。はじらいの気持。
しゅうち―ぶかい【羞恥深】(形口) はずかしがる気持が強い。

(5) 故事成語より

さらに，「故事成語名言大辞典」によれば，以下の通りの故事成語を紹介している。

① 「垢を含み恥を忍ぶ」

屈辱にじっと耐えること。垢は，はずかしめ。金の侵入により江南に逃れた宋は（南宋と呼ぶ），朝廷内部で対金和平派と抗戦派とが主導権争いをしていた。枢密院編修官であった胡銓は高宗に上書し，北宋の最後の皇帝徽宗を金に殺されたその怨みを忘れ，南宋を挙げて金に臣属しようと画策する王倫や秦檜らを斬るよう求めた。「垢を含み恥を忍ぶ」は，ここでは屈辱に耐えて復讐を誓うのではなく，むしろ屈辱をつつみ隠して忘れる意に用いられている。

② 「訛は卑賤より大なるは莫し」

卑賤よりも大きい恥はない。貧賤の境遇に甘んずることなく，大いに志を立てて立身出世すべきであること。訛は，恥。戦国時代，李斯が秦に仕えようとして，師の荀子に「今，秦は天下を併呑しようとしており，我々官位のない者や遊説者にとっては絶好の機会である。卑賤の中にあって何ら計謀をめぐらさないのは，鳥獣が肉を目前にしながら，人前なのでむりをして通りすぎるようなものである。卑賤よりも大きい恥はなく，困窮ほど悲しいものはない。久しく貧賤の中にあり，世を非難して富貴を憎み，無為を気どるのは士たる者のあるべき姿ではない。だから私は西のかた秦王に説こうと思う」と別れを告げた中の言葉。

(6) 英単語より

ここでは，shame, embarrassment, shy を「小学館ランダムハウス英和大辞典第2巻」から見てみよう。

1. shame
(1) shame　n. v. (shamed, shaming) -n.　①恥ずかしさ，恥ずかしい思い，おもはゆい気持：②恥を知る心，羞恥心：③恥辱（disgrace）；不名誉，不面目（ignominy）：④《通例 a を冠して》不面目な（遺憾な）事柄（状況），恥ずべきこと：⑤《話》《通例 a を冠し，it を主語にして》あまりなこと，ひどいこと，困ったこと；For shame! ／ Shame on you! 恥を知れ，恥ずかしくないの．みっともない：put (or bring) to shame　(1)赤面させる，恥をかかせる．恥じ入らせる（fill with shame, disgrace）：(2)圧倒する，しのぐ，打ち勝つ（outdo, surpass）：
(2) shame　v. t.　①恥じさせる，恥ずかしい思いをさせる（cause to feel shame, make ashamed）：②恥ずかしめて……させる《しばしば into, out of を伴う》：③恥ずかしがる，恥をかかせる，（……の）名を汚す，泥を塗る（cover with ignomy or reproach, disgrace）：
(3) shame・faced　adj.　①つましやかな（modest）；恥ずかしがる，内気な，はにかんだ（bashful），②恥ずかしそうな（showing shame）；恥じている（ashamed）：
(4) sham・ful　adj.　①恥ずべき，恥ずかしい，恥じ入らせる：②不面目な（disgraceful）；けしからぬ，ふととどきな（scandalous）：
(5) shame・less　adj.　①恥知らずな；慎みのない（immodest）；厚かましい，ずうずうしい（audacious）：②恥を感じない，厚顔の，破廉恥な（insensible to disgrace）　③（言動などが）恥知らずな，恥じるけはいもない（showing no shame）：
(6) a・shamed　adj.　《叙述的に》①恥じて（feeling shame）：②恥ずかしくて……したくない〔できない〕，…するのが気がひける（unwilling, reluctant）《to 不定詞を伴う》：

2. embarrassment
(1) em・bar・rass　v. t.　①狼狽（ろうばい）させる，困惑させる，当惑させる（disconcert），めんくらわせる，きまり悪がらせる（abash）：②（問題などを）めんどうにする，紛糾させる（make difficult or intricate, complicate）：③妨げる，じゃまする（impede）：④金銭上困らせる，財政困難に陥らせる

ナカニシヤ出版
心理学図書案内

〒606-8161
京都市左京区一乗寺木ノ本町15番地
tel. 075-723-0111
fax. 075-723-0095
URL http://www.nakanishiya.co.jp/
＊価格は2007年10月現在の税込価格です。
＊最寄りの書店にご注文下さい。

心理学概論
山内弘継・橋本宰監修　3150円

必須内容を読みながら理解できるよう実証的証拠・具体的なデータを提示しながら解説。古典はもちろん最新トピックまで網羅した決定版。

心理学
Introduction to Psychology
浦上昌則・神谷俊次・中村和彦編　2625円

生理、認知、学習等基礎系の領域から、近年隆盛を極める教育や臨床まで心理学の正確かつ体系的な知識を提供する、心理学の新しいバイブル。

心理学を学ぼう
水野りか編著　1890円

漠然と「心」に興味を持っている人に、認知や社会、臨床など心理学の諸領域から統計まで楽しく解説する入門書。高校生からの心理学入門。

スタディガイド心理学
美濃哲郎・大石史博編　2100円

知覚・認知・発達・文化・パーソナリティなど、多岐にわたる心理学のテーマの基本をしっかり学び、応用分野の理解も促す。心理学で何を学ぶかを示す。

「こころ」の解体新書
心理学概論への招待
下野孝一著　1890円

日常の素朴な疑問を、心理学の幅広い分野の知識を使ってていねいに解説。基礎知識や考え方が自然に身につく、独創的かつ実践的な心理学入門。

動きながら識る、関わりながら考える
心理学における質的研究の実践
伊藤哲司・能智正博・田中共子編　2940円

質的研究の実践的テキスト。フィールドに入る研究者に必要な心構えからそこでテーマを発見・分析し研究としてまとめるステップまで具体的に解説。

事例に学ぶ心理学者のための研究倫理
安藤寿康・安藤典明編　2730円

研究の倫理を問われてしまう事態にどう対応すればよいのか？　様々なケースで問われる倫理事態を分析・対処する指針を示し、自ら判断する力を培う。

基礎から学ぶマルチレベルモデル クレフト&デ・リウー著/小野寺孝義編訳 3150円	社会科学や行動科学で一般的な、階層的なデータ構造を取り扱うマルチレベルモデルを易しく、懇切丁寧に解説。分析に必須の各ソフト操作法も詳しく説明。
今すぐ体験! パソコンで認知心理学実験 酒井浩二・森下正修・松本寛史著 2940円	本や論文で読むだけでは理解しにくい多様な認知心理学実験のトピックスをパソコン1台で体験できるプログラム（コードも参照可能）。CD-ROM付き!
人文・社会科学のための カテゴリカル・データ解析入門 太郎丸博著 2940円	人文・社会科学で扱う統計を初歩から学びたい人必携! カテゴリカル・データの分析法を中心に、式をきっちり理解して計算できるよう懇切丁寧に解説。
多変量データ解析法 心理・教育・社会系のための入門 足立浩平著 2730円	因子分析や構造方程式モデリング等多変量解析のガイダンスを集約。できるだけ数式を使わず、原理のエッセンスを伝え、必要最小限の記述で効率よく学ぶ。
フレッシュマンから大学院生までの データ解析・R言語 渡辺利夫著 3675円	本書を学ぶだけでほとんどの心理データの分析が可能になる! 本書で説明するR言語の関数を覚えて、データ分析をマスターしよう。
文科系学生のための新統計学 小野寺孝義・菱村豊著 2625円	統計は苦手で取っつきにくいと感じる学生にも、統計の基本を心から理解させる丁寧な解説。付属CDに統計の演習に最適なプログラムが収められている。
感じる情動・学ぶ感情 感情学序説 福田正治著 2730円	動物にもある基本情動と、人間に最も特徴的な社会的感情と知的感情。進化論的感情階層仮説をもとに、愛と憎しみ、感情異常など、多角的に議論する。
感情研究の新展開 北村英哉・木村晴編 2940円	主要理論や研究法をおさえ、記憶・判断・自己など新たな視点を展開。さらに臨床場面における応用的なトピックまで幅広く解説した、基礎的専門書。
感情現象の諸相 佐藤香編 2100円	広範で多様な感情現象に、感情の基礎的過程としての生理的な反応から工学への応用まで、幅広いテーマで迫る。現代の日本人の情緒性も明らかにする。
感情コンピテンスの発達 C.サーニ著/佐藤香監訳 5250円	対人関係で生じる複雑な感情に適応的に対処する能力はどのように発達してゆくのか。子どもたちの感情経験のエピソードなど豊富なデータをもとに解説。
認知神経科学の源流 マーク・ジャンヌロー著/浜田隆史訳 3150円	心の生理学あるいは認知神経科学の体系が確立しつつある今、どこまで心は脳科学で解明できるのか。心理学と生物学の関係史。
マキャベリ的知性と心の理論の進化論 全2巻 バーン&ホワイトゥン 編 ①藤田他監訳 ②友永他監訳 各6300円	人間の心が進化の過程で形成されてきたことを明らかにする第Ⅰ巻と、霊長類の欺きや読心、ヒトの子供の論考など研究の新たな展開を収録する第Ⅱ巻。
スピリチュアリティーとは何か 尾崎真奈美・奥健夫編 3150円	実証科学的方法論と、直接経験から得られる知見をともに尊重しながら、意識研究の真理に接近する。精神と物質などあらゆる二元論の間をうめる試み。

樹木画によるパーソナリティの理解 ボーランダー著／高橋依子訳 6300円	ユングの分析心理学を基底におきつつ、膨大なデータを基に樹木画の分析・解釈法とその構造的・客観的根拠を示し、投影法の新たな展望を開く。
治すことにこだわらない、吃音とのつき合い方 水町俊郎・伊藤伸二編著 2100円	吃音は一つの個性であり、治す必要なんてない！吃音に悩み、吃音とともに歩んできた人の「生の声」「生き方」に真摯に向き合った労作。
自閉症スペクトラムの子どもの言語・象徴機能の発達 小山 正・神土陽子編 2730円	自閉症スペクトラムの子どもの言語・コミュニケーションの発達に大切なポイントを象徴機能・表象機能の発達という観点からわかりやすく解説。
学校での危機介入 すべての職員が支援者となるために M・A・Heath&D・Sheen著／安来末廣監訳 2625円	子どもが危機にあるとき、教師をはじめとする学校の全職員はどのように対応すべきか。ワークシートや配布資料等を素材に、実践的に解説する。
学校カウンセリングの理論と実践 佐藤修策監修／相馬誠一編 2625円	不登校から軽い障害をもつ子どもまで、学校における心理臨床学的支援と開発的支援の実際を解説し、支援のエッセンスをコンパクトにまとめる。
地域実践心理学[実践編] 中田行重・串崎真志編 2100円	キャンプ療法・音楽療法・子育て支援など、コミュニティをつなぐ様々な取り組みを紹介する。実践のなかから「気づき」を積み上げる生きた臨床心理学。
出生児数決定のメカニズム 平松紀代子著 4830円	少子高齢化が進む中で、育児負担を軽減し、個人が希望するだけの子どもを生みやすく子育てを楽しめる育児環境を整備する手がかりを探る。
多文化社会の葛藤解決と教育価値観 加賀美常美代著 5250円	日本社会のグローバル化が進む中で、異文化間の教育場面で生じやすい日本人教師と留学生の葛藤の原因と解決のメカニズムを探る本格的実証研究。
実践・LTD話し合い学習法 安永悟著 1785円	活発な議論！理解を促す画期的学習法の全容。仲間との対話を通して学び合うLTD (Learning through discussion)の理論と実践を具体的に解説。
自分らしさのシステム思考 自我自律性の仮説実験授業 竹村哲著 2100円	身近な題材から問題の本質（仮説）を見出し、状況の改善・解法をみつける仮説実験で、ますます困難になっている「自分らしさ」をつかむ方法を学ぼう。
対話で学ぶ心理学シリーズ1〜4 塩見邦雄編 1/2310円 2/2205円 3/2100円 4/2310円	心理学の様々なフィールドを対話形式で学ぶ好評シリーズ。心理学概論、発達心理学、認知心理学、臨床心理学の基礎的な内容を楽しみながら学ぶ。
サイエンス・ライティング入門 落合洋文著 1575円	明確で正確な論文、科学の面白さを伝えるエッセイなど「科学の書き方」の方法を文例を用い丁寧に教示。学生・研究者諸氏に向けた的確な文章指南。
大学生と著作権 神谷信行著 1575円	情報が氾濫する時代に、著作権の正しい知識を身につけてまた新たな著作物を産み出そう。大学生活に関わる著作権のQ&Aなども収録。

学級づくり
ニュージーランド教育現場から387の提案
マーティン・ヴァン・デァ・クレイ著/塩見邦雄監訳　1575円

効果的な学びを保証できる先生になりたい！　よい学級づくりには何が必要？　生徒が自発的に勉強する学習環境とは？　イラストを交えて楽しく解説。

個に応じた学習集団の編成
アイルソン＆ハラム著/杉川・石田・関田・安永訳　2940円

クラス編成の方法は実際に生徒にはどのように影響するのか。質問・観察・テスト結果・教師と生徒のもつ感想などの多彩なデータから具体的に検証する。

学校心理学入門シリーズ2
授業改革の方法
市川千秋監修/宇田光・山口豊一・西口利文編　2205円

少人数授業やバズ学習、当日ブリーフレポート方式などさまざまな授業の方法を実践に基づき解説する。新しい授業形態や心理教育的援助のあり方の提言。

小学校における「縦割り班」活動
毛利猛編　2100円

従来、体系だった解説のなかった「縦割り班」活動を取り上げた初の解説書。その取り組みの意義、現状と課題、具体的方法を分かりやすく説明する。

明日の教師を育てる
インターネットを活用した新しい教員養成
鈴木真理子・永田智子編　2625円

インターネットを活用して、現職教師や外部の専門家、また学生同士が関わりあいながら成長していくことをめざす、新しい教員養成を提案する。

ガイドライン 発達学習・教育相談・生徒指導
二宮克美・宮沢秀次・大野木裕明他著　2100円

発達や教育・学習の仕組み、教育相談やカウンセリングについて、基礎的な事柄を1項目見開き1ページで図表を用いながらわかりやすく解説。

教育心理学エッセンシャルズ
西村純一・井森澄江編　2310円

教師を志す学生や教育に関心のある人のための教育心理学への入門書。教育の現実を理解し、教育実践を行う上で必要な基本的・基礎的な知識を網羅する。

自分が変われば相手も変わる
「感情適応力」でパートナーとの関係を活性化する
土倉玲子著　1050円

自ら気づき、変われる人になるためには――「感情適応力」=「自分や相手の感情と建設的な方向で関わることのできる力」を磨こう。

対人スキルズ・トレーニング
対人関係の技能促進修練ガイドブック
福井康之著　1890円

沈黙が苦しい、視線のやり場がわからない……対人関係を良好にするには学習、練習が不可欠。楽しく学べて役に立つ数々の優れたゲームを解説する。

ファシリテーター・トレーニング
南山大学人文学部心理人間学科監修　2310円

組織の運営や活性化に欠かせない対人関係能力育成法として近年注目を集めるファシリテーションの総合的ガイドブック。

人間関係トレーニング[第2版]
私を育てる教育への人間学的アプローチ
南山短期大学人間関係科監修　2310円

人間関係を教育・訓練する体験学習を解説するベストセラーの改訂版。地域の支援活動や学校における人間関係トレーニング等、現代社会のニーズに対応。

社会的スキル向上を目指す対人コミュニケーション
大坊郁夫編著　2520円

様々な場面におけるコミュニケーション行動を分析し、社会的スキル向上のための具体的なプログラム、トレーニング実践の最新の研究成果。

ストレスと対人関係
橋本剛著　2940円

どのような対人関係が自分にプラスまたはマイナスになるのか？　その基本的傾向を理解し、ストレスのない関係づくりをめざそう！

(beset with financial difficulties), 負債を負わせる (burden with debt)：
(2) em・bar・rass・ment　n.　①当惑，困惑 (perplexity)：狼狽（ろうばい）(disconcertment)；赤面，きまり悪さ (abashment)：②当惑（困惑，狼狽）させること：③当惑（狼狽）の種，きまり悪がらせるもの：④過多，過剰 (excessive amount, overabundance)：

3. shy
(1) shy　adj. (shy-er or shier, shy-est or shiest), v. (shied, shy-ing), n. (pl. shies) -adj.　①恥ずかしがりの，はにかみ屋の，内気な (bashful)，交際ぎらいの，引っ込み思案の (retiring)；（行動が）恥ずかしそうな，はにかんだ：②すぐびくびくする，臆病な (easily frightened away, timid)：③疑い深い (suspicious)，信用しない (distrustful)《通例 of を伴う》：④いやがる，気が進まない (reluctant)；用心深い (wary)《通例 of を伴う》：⑤《おもに米話》欠けている，不足している (deficient, lacking)《しばしば of, on を伴う》：⑥《おもに米話》（完全な額や数に）達しない，足りない (scant)《通例 of を伴うがしばしば省かれる》：⑦（ポーカーで）手元にチップがないのに賭けている：⑧（植物が）あまり花（実）をつけない．（動物が）あまり子を産まない (not bearing or breeding freely)：
(2) shy　v. (shied, shy・ing), n. (pl. shies)-v. t., v. i.　す早く投げる。
(3) shy　n.　①す早く投げること (quick, sudden throw)：②《話》(1)ひやかし，からかい，あざけり (sneer, gibe)：(2)試み (try)：

　辞典では，次のように説明している。①Shame, embarrassment, mortification, humiliation, chagrin は共に誇りや自尊心が傷つけられたときの苦痛に満ちた感情を意味するが，その種類・程度にいくぶん差がある。shame は見苦しい場面や下劣な行為などに気づいたとき，またはそれが発覚したときに感じるつらい恥ずかしい思いを表わす。embarrassment は shame よりも苦痛の少ない感情で，事態もそれほど深刻でなく，対人的な場合について用いることが多い。mortification はそれよりもつらい感情で，shame に近いが，特に対人関係から生じることが多い。humiliation は他人に低く評価されたときの屈辱感 (mortification) である。②Shy, bashful, diffident は共に他人との交際に

対する不安や自信のなさなどを示す態度についていう。shyは他人との接触や親交を避けようとする生まれつきの気質，人目につきたがらない気持を含意する。bashfulは人に会うことに対する臆病さ，人目についたときのろうばいやぎごちない態度を暗示する。diffidentは自信のなさや非難や失敗などを恐れる気持，その結果としての煮えきらないおずおずしたような態度を強調する。

2) 言葉から考えさせられること

言葉の語源を調べていくと，実に様々なことを考えさせられる。先人達が，その言葉を生み出してどのように使ってきたのかを考えていくと，あだやおろそかに出来ないのが言葉である。言葉は，その時代の置かれた状況の投影である。言葉によって人間の行動は，覚醒されたり規定されたり抑制されたりするものである。恥，羞恥，恥辱という言葉が今日，廃れてきたり，使用される場面が少なくなってきていることを思えば，今日の文化は豊かになってきたのか浅薄になったのか，判断の分かれるところであるが，人間の行動様式から言えば，豊かな叙情性は希薄化したことは言える。

2. 羞恥の構造

我が国の神話に，伊邪那岐命（いざなきのみこと）と伊邪那美命（いざなみのみこと）の話がある。国生み・神生みの最後に火の神を産み落としたために死んだ最愛の妻伊邪那美命（いざなみのみこと）を伊邪那岐命（いざなきのみこと）は，黄泉（よもつ）の国に迎えに行くのである。黄泉神と話がつくまでは，決して私を見ないで欲しいという禁を犯したために，「吾に辱見（はじみ）せつ」[93]と恥をかかされたために，愛が憎しみに転じて夫婦別離となった話である。同様に，日本昔話の代表に「鶴の恩返し」[86]がある。助けてもらった恩返しに機を織る姿を，決して見て欲しくないと懇願していたにもかかわらず，見られたために自己の素性を知られたことによる辱めによって，異類同士の夫婦関係が決裂する話である。羞恥は愛憎の関係を逆転させる。

私達は，自分の言動のみならず他者の存在の有無によっても羞恥体験をすることがしばしばある。かつて，私達はどの民族よりも羞恥に対して敏感な反応を示す民族と見られてきたが，近年の政界・財界・官界・医界・宗教界・法曹

界・教育界などあらゆる分野においても恥じらい感が希薄になった不祥事が続いている。以下，坂口（1997）[72]の羞恥の概略から転載する。

我が国を訪れたこともないにもかかわらず，日本人の基層意識を解明しようとした文化人類学者のルース・ベネディクト（Benedict, R., 1946）[9]女史は，「菊と刀」を著した。対日戦争と占領政策を推進するのに貢献したこの書は，西欧を罪の文化とし日本は恥の文化と規定するとともに，我が国を世間体によって自己規制とする民族であると規定した。

ただ，作田啓一（1967）[83]は，恥辱のみに限定したベネディクトの"恥"に，称賛される"恥"やその他の多様な現象形態にも適用される"恥"を指摘した。シェーラー（Scheler, M., 1957）[88]の羞恥論に社会心理学的な視点から接近した作田（1972）[84]は，恥―羞恥―罪の体系化とした。さらに，井上忠司（1977）[26]は，恥と罪との関連を"公恥""私恥""羞恥""普遍的罪""個別的罪"の5類型とした（図2-1を参照）が，恥―自我理想，罪―超自我という関連図式を精神分析学者・ピアース（Piers & Singer, 1971）[59]の見解であると内沼幸雄（1983）[100]（p.119）は述べている。

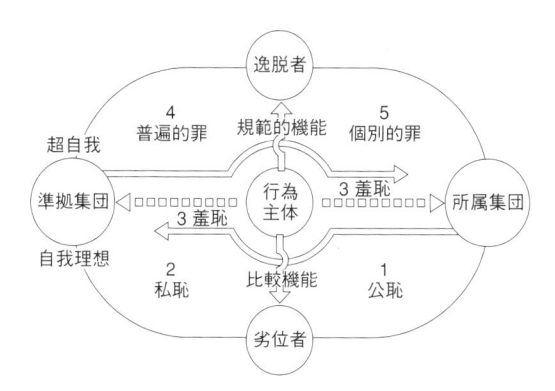

図2-1 主体の内的側面からみた「恥」と「罪」（井上，1977）

羞恥について，井上は，私たちが関わる"所属集団"と"準拠集団"との間の矛盾した場面に遭遇した場合に認知志向のズレが生じて，他者の〈まなざし〉を介して意識化されたときに覚える"は（羞）じらい"の意識であると指摘した。井上の説明をさらに借りれば，羞恥を「この間，家族の者と道を歩いてい

たとき，友だちに会ったら恥ずかしかった。家族のものが見られるのが恥ずかしいわけではないが，何となく恥ずかしかった」（高校生Ｂ子）（p.134）という事例で説明している。すなわち，家族（所属集団）の一員として見られる自分と高校の同級生（準拠集団）の一員として見られる自分との役割意識の違いから派生する認知的志向の狭間を"羞恥"と規定している。

坂口（1987）[61]は，このような羞恥が，一方には恥との，他方には罪との関連を強化する触媒としての効果を発揮するとともに，恥と罪とのヤジロベエ的関係の重心になると考えた。すなわち，羞恥は，個人の行動原理の一翼を担う面でもあり，個人の恥や罪への構えを形成する重要な要素として考え，羞恥に対する自己の意識のあり方が行動原理の根幹をなすとしてきた。

森口兼二（1993）[46]は，個人と集団との多様な社会的行動を理解する鍵を，自尊心とその損傷のあり方にあると位置づけている。しかも，罪は主として善悪の規範との関連に位置し，恥は優劣の基準との関連に位置して体験される結果，自尊心の損傷が生じると規定している。罪や恥という自尊心を失えば，道徳的人格がなくなるが，自尊心という面倒な制裁の監視があるからこそ，破れそうな自尊心の繕いのために，嘘をついたり，自己弁護を試みたり，復讐心に駆り立てられたり，酒や麻薬を求めたり，自殺に至るような悪の諸相に誘われるのであると述べている。

筆者は，羞恥を恥と罪とのヤジロベエの重心としたが，森口の「自尊心とその損傷」は，これらの三者関係を包摂する上位概念と解釈できる。自尊心の高低は，その人の生育史や社会的存在条件に左右されるとともに，羞恥体験の繰り返しのなかで，育成され規定されるものでもある。

自尊心の高さは自己肯定を誘発し積極的かつ自信に満ちあふれた行動を発現させ，自尊心の低さは，自己否定に伴う行動の抑制と自信喪失を見せる。羞恥がネガティブなものである限り自尊心の低さにつながるのはいなめない。ただ，自己の修練にともなわない実体のない自尊心は，自民族中心主義に傾斜させたり，「生きて虜囚の辱めを受けるな」といったいびつな自尊心高揚に連なる危険性もはらんでいるので，自尊心の育成への配慮が大切になる。それは，とりもなおさず，社会的行動原理の根幹をなす核としての羞恥への気付きにつながる。このように筆者は，自尊心の崩壊は，羞恥感情の生起の中でも恥辱・屈辱

との関連の中で連動するものだと捉えた。

　羞恥に対する考えを今日の日本の現況と照らし合わせて，坂口（1995）[70]は，「戦後50年の今年は，実に様々な問題や矛盾を露呈した年である。問題解決の先送りや糊塗にしたり問題の隠蔽や責任回避など，実に恥知らずな行動を行ってきた集積の結果，今日の日本の姿がある。情報を公開しその内容を謙虚に受け止め，仮にその問題解決に誠実に対処できなかったとしても，その際，それぞれの役割を担った人々は，そのいたらなさを恥として反省し，二度とその轍を踏まないようにする手だてを提起することによって，失敗は成功の母となるのである。その行動を触発させる心理的根元のひとつが『恥を恥とする心』を持つことであろう。

　個と集団との関係，個と組織との関係の中でも，相互の権利と義務を見誤ることなく対処していく上でも，自らの羞恥感情を羅針盤として，その羞恥を生じさせる原因と結果を見渡すことが大事である。本来，矛盾多き人間の営みは，その矛盾を孕みつつもよりすっきりとした一貫性のある方が，より生きやすいとする上での判断の指標に自己の羞恥心をもってあたることを提起するものである」（p.4）と羞恥への姿勢を提起した。

　以上のように恥と罪とのヤジロベエ関係の重心としての羞恥の位置づけをなしてきた。恥と罪意識の関係をもっとシンプルに表現すれば，コインの表裏関係で例えられる。高額コインになればなるほど大きくかつ重く沈むが，それと同様に恥意識が強ければ強いほど罪意識も強くなり心の中に深く沈殿するように，恥意識が希薄であればあるほど罪意識も希薄化して水に浮遊するアルミコインであると表現すれば簡潔である。

　大嶋仁（1997）[58]は，日本の思想の伝統を振り返れば，異なったあちこちの思想の断片をつぎはぎしてジグソーパズルのような絵を描く営みであり，一方に神様を祀り他方に仏様を拝むといった二刀流の思想を持った民族であると規定している。日本は，キリスト教やイスラム教やユダヤ教のように唯一神による絶対性を基軸に置く生き方と違って相対的な生き方に重きを置いた思想形態を有した民族と捉えられる。この観点に立てば，恥より罪意識を上位に置いた欧米の恥と罪意識関係と捉えるよりも恥と罪が対置した関係でありながらも，コインのような表裏関係にある恥と罪意識関係として捉え，相互の強弱意識の

連動の結果，一方では恥意識が派生し，一方ではそれに伴って罪意識が内在化されると捉えた方が分かりやすい。

その際，これまで羞恥を恥と罪との間のヤジロベエの重心と捉えたように，コインでいえば恥と罪の意識を示すコインの表裏関係の接着剤の役目を羞恥がしていると表現できる。羞恥感情が生起する時と所と場面と人の有無の違いによって，その羞恥感情が強弱として現れ，その結果，コインが沈殿するか浮遊するかのように浅深の沈む程度を規定する。同じく，恥の側面と罪の側面との接着する強弱によって，コインのどちらかが表側か裏側かにひっくり返って表面上現れてきたのが，恥の意識であり罪の意識であると判断される。

強い恥意識は強い罪意識となるし，恥知らずであれば罪の希薄化をうながして無責任意識となってしまう。勿論，生きていく際に極端な恥と罪意識を習得することは，社会生活を営む上で息苦しさを周囲に与えるだけであり，本人の精神衛生上においても好ましくない。一方，恥と罪意識の希薄化は，社会のモラルやルールやマナーから逸脱して周囲の顰蹙を買う範囲内に収まればまだ救いもあるが，他者の生命財産を奪うといった他者存在を否定するようなものであってはならない。ほどほどの羞恥意識の覚醒が望ましいが，その羞恥体験が他者や社会制度の重圧によって無理矢理に習得されていってはならない。

また，乳幼児の段階から羞恥が出現していることを実習生の観察報告から確認できたことは，エリクソンの説を実証的に支持し説明したことにもなる。乳幼児の段階からの親や保育者の羞恥への配慮は言うに及ばないが，最近の若者たちの恥辱や屈辱に弱く，罪の希薄化に見られるようなやわな羞恥ではない，磨かれた感性と思いやりに裏打ちされた羞恥を持ちながら，他者の存在・注視にまどわされないで自らの意思による自己の行動原理をもって是々非々にも対処する羞恥の育成こそが求められる時代でもある。そのためにも，羞恥に対する様々な現象把握から羞恥の論理の一貫性を形成し，理不尽な羞恥体験であればそのような羞恥を低減するさらなる方策を提言することも重要である。

また，今日の日本の現況において，しかるべき責任者の地位にある人が，事が発覚しても最後のぎりぎりまで逃げてしまう無責任体質を見知るにつけ，「恥を恥とする心」を失ってはならないのである。すなわち，無責任と開き直りと図々しさとが，今日，人が生きる術であるという風潮が蔓延することは，

正直者が馬鹿を見るだけでなく、あげくの果てには、人々の心の絆さえもバラバラとなっていくのである。

社会システムの液状化や人間関係の希薄化や無責任さが急速に露呈している背景には、恥を恥とする心や罪を罪として受け入れる姿勢の崩壊が表面化してきたことがあるのである。まさに、相手の立場に立って理解し把握し合うという人間関係の基底そのものが、一方では唯一無二の視点で迫ってくる面もあれば、刹那的に流れに身を任せたままの姿が露呈している今日であればこそ、恥は恥として罪は罪として自覚して、人間関係を形成していくことが望まれるのである。

くどいようだが、恥と罪を分離して考えるのではなく、表裏一体の関係として捉えるとともに、ほどほどの羞恥感情を生起させて、自己自身の力で自己の行動を見直すとともに軌道修正するよすがとしたいものである。勿論、恥や罪意識にさいなまされて、自傷に至るような恥や罪意識との関係になってもいけないし、厚顔無恥で罪悪感欠如な自己を形成するに至るのも良くない。

3. 羞恥への種々の視点

1）ゴードン・スミス（Smith, G. H.）の視点[68]

英国の富豪で博物学者であったゴードン・スミス（Smith, G. H.）は、明治期に二度来日（最初は1898年）して、「ニッポン仰天日記（原題：スペルまちがいの多い日記帳）」に日本の印象を綴った。その中に伊勢志摩の答志島の人々に蓄音機を聞かせて撮った写真が掲載されている。微笑む人々の姿は、男女ともに半裸であり、女性は腰巻きだけのまさに乳房をあらわにした写真であるが、荒俣宏（1993）[8] は「この海女写真を眺めて何よりおどろかされるのは、日本女性の素朴な力づよさだ。グラモフォンの正面にすわった乳房もあらわな海女の一人などは、まさしく神話の顔をしている」（p.20）と評している。

井上章一（1992）[25] は、かつての日本は、慎みを抱くことを義務づけられた上流階層は別として、下流階層は、裸や腰巻きの半裸体は言うに及ばず肉体露出を恥としなかったと述べている。しかし、明治維新後、西洋人との接触で着衣が文明の基準だと当時の為政者たちは考え、1872（明治5）年に、東京府は

今日の軽犯罪法に当たる違式詿違条例を公布して裸体の禁止を打ち出し，全階層民に肌の露出を慎む倫理感を植え付けたと指摘している。

　日本は，湿度の高い国である。冷房装置のない時代の夏場は，裸体に近い状態でいなければ労働場面のみならず生活全般においても蒸し暑い夏を過ごすことができなかったのである。庶民は，そのような術で夏場を乗り切ったのである。反対に，上流階層は，御簾垂れや深窓の令嬢に象徴される下流階層との直接的コミュニケーションを控え，一挙手一投足にも羞恥を感じさせる姿を示すことで階層の差異を表現した。ある意味では，羞恥心は上流階層の一表現形態と言えなくもない。ただ，井上の言うように明治維新後の「脱亜入欧」の姿勢が，文明の基準としての衣服の着用を，上流階層は勿論のこと下流階層にも広がらせたのである。

　この観点に立脚すれば，裸体を見られることは羞恥感情を覚醒させる。いきおい，それまでの上流階層の身体露出に対する羞恥心が中・下流階層にも徹底され，あげくの果てには「生きて虜囚の辱めを受けるな」という国民意識にまでいかせ，あまたの非戦闘員も含めた人々を自決へと追いつめたのであった。

　時代は，昭和から平成と移り，日本は，世界でも豊かな国家となった。ただ，庶民はその日の小銭に不自由しなくなったが，それほど豊かさ意識を享受していない。企業や法人は肥大化したが，庶民は，土地・住宅・物価・教育・福祉などの政策で潤った感覚を抱いていないのも事実である。それでも，意識だけは，中の上意識は，大半の国民が抱いている。意識が上昇志向を示すものであれば，かつての上流階層の特権であった「羞恥心」も付随して羞恥感情が強く意識されると仮定される。ところが，現実はそうではない。

　若い女性がＴバックや超ミニのお尻も胸もあらわにしたコスチュームで嬉々として乱舞している姿が，ディスコ「ジュリアナ東京」などのお立ち台で見られた。労働やいかんともしがたい蒸し暑さゆえの半裸であった，かつての庶民の思惑と違う。人に見られる恥ずかしさはすでになく，そこには，同性及び異性への見られたい性と見せたい性と管理社会ゆえの息苦しさに対する変身願望の達成を確認するための視線を強く浴びることで，自己認知をしたい欲求が底流しているのである。今日の身体露出に対する恥ずかしさが薄れてきたのは，下流階層への先祖返りとしての逆転現象ではない。慎みの文化を継承する

世代が戦争を境にして慎みへの意識を喪失したことと継承することよりも生きるための開き直り（人を騙してでも生き延びろ，拝金こそが美徳である）をせざるを得なかった戦後の混乱時代のために，次世代への文化的資質としての継承がスムーズにいかなかったことも要因として考えられる。

また，慎みの文化の否定こそが，集団主義意識による一律化した行動基準や他者の思惑や視線に振り回されることによる自己開示の困難さを排除したい欲求であったり，一億総中の上意識に見られる，かつての階層分化に対する平準化への欲求表現の実践の所産とも言える。

その時代の文化や社会的背景が，その時々の羞恥心に投影するのはいなめない。何を羞恥とするかの構えによっても，そこに出現する羞恥が変遷するのは当然である。表層の現象にその時代と文化の投影を感じつつ，一貫した人間の社会的行動原理としての羞恥，すなわち，恥と罪との結節点に羞恥を置き，人間行動としての羞恥のあり方を考えることに意義がある。

2）ジャン＝クロード・ボローニュ（Bologne, J.-C., 1994）の視点[69]

ジャン＝クロード・ボローニュ（1994）の手による「羞恥の歴史―人はなぜ性器を隠すのか―」[10]は，フランスの羞恥を中心に取り扱っている。第1部・日常生活における羞恥―浴槽，衣服，医学上，ベッド，裸の行列，トイレ，裸の王様，第2部・表現における羞恥―造形と映画，言葉，裸の神，広告の各章を通じて，羞恥の歴史的側面を豊富な資料と文献を駆使して展開している。

フランスの羞恥は，身分の高い者は，身分の低い者に羞恥を感じないというきわだった特徴がある。例えば，国王は，羞恥を全く持たない者とされた。「穴あき椅子」というトイレに座って（勿論，排泄しながら）政務や面会をした。貴婦人は浴槽に入ったままで，相手が男でも会見した。目下の者は動物と同じであるという視線があったからである。

しかも，ヴェエルサイユ宮に行けば，国王一家の私生活を全ての国民が見ることができた。国王一家の食事場面も排泄場面も出産も全て公開であった。オーストリアから嫁いだマリー・アントワネットは，フランスの習慣に慣れず，公開の晩餐を拒否したために民衆の反感を買い，「あのオーストリア女に公開の晩餐を拒否したりするとどうなるか思い知らせてやるぞ，食べずに済すこ

とはできても，産まずにすますことはできまい」(p.213) とヴェルサイユ宮に野次馬の波が押し寄せて，民衆公開の場で出産に至り，彼女は失神してしまった。フランスとオーストリアとの羞恥のズレが，マリー・アントワネットをフランス革命の断頭台の露と消えさせてしまった遠因かも知れない。

　フランスに限らず欧米の特に白人社会のこれまでの植民地政策は，本質的に現地人を自己の文化に融合させなかった。理由は，黄色人と黒人を含むその植民地の民族・人種・文化を敬愛したわけでも尊重したわけでもなく，人間とみなさなかったと考えるのが正しい。ひるがえって，後発の我が国は，日韓併合政策における創氏改名にしろ，他国に対して，日本の文化融和政策を取った。疑似日本人を創り，日本のアイデンティティを強制したのが，大東亜共栄圏の骨子であろう。白人社会の植民地政策よりも日本の方が同化政策だから，まだましだとする考え方を持つのは当然間違いである。五十歩百歩の話である。もし，あなたの家に他人が押し掛けて居座ったとしたらいかがであろう。いかなる理由があろうと，これを侵略と言わずして，なにをか言わんである。

　かつて，恥の文化としての慎みを大切にしようとした日本は，国家間の戦争賠償は終わったからと言って糊塗せず，今こそ，他国で徴用した軍属や朝鮮人軍属，従軍慰安婦問題，被爆者援護法など，戦争の諸問題を誠実に解決して，一切の残滓を取り除く事が大事である。なぜなら，多大な補償が必要となるにせよ，日本人の将来において，二度と戦争を繰り返さないための自覚を決意する意識と恥辱感を体得しておくことが，真の国際社会の一員になれる出発と誇りを見出す契機になると思うからである。

　「羞恥の歴史」の書評で，鹿島茂は，女性嫌いだった萩原朔太郎の「女が裸体を羞恥するのは，性の隠蔽のためではなく，世の習俗に外れることを恥じるのである」との言葉を取り出し，羞恥を女性に限定する必要は全くないことから「羞恥とは，男女の別なく，時代の習俗によって規定された相対的なものにすぎないことを否応なしに納得させられる」(毎日新聞, 1994 年 6 月 14 日朝刊) と述べている。

　鹿島の規定は，全く明確な羞恥の規定である。羞恥は，その時代の習俗を測るバロメーターとしての役割を果たしている。羞恥が何によって派生しているかを見ることで，その時代の文化や習俗の様相を捉えることができる。しかも，

訳者の大矢タカヤスは，ボローニュの文献収集がフランスの中世から今日までのあらゆる分野にわたってなされたものであり，まさに手間をかけて初めて羞恥というものが社会的生活においてしか意味を持たないということが明らかになってくると訳者あとがきで指摘している。羞恥はまさに社会的生活と切り離せられない関係だということである。

ボローニュの羞恥

「羞恥の歴史」の中で，ボローニュは，羞恥は恥辱でもなく，内気さでもない，反羞恥は共通語源であっても厚顔無恥でもない，羞恥の語彙場を定義するのにはある危険が伴うと断りながら，羞恥の感情（ここでは肉体的羞恥の意味

表2-1　ボローニュ（1986）による羞恥をめぐる主客と行動と行為評価との諸関連

			非難される行為	中立的行為	推奨される行為
前	主体	私は……を遂行する意図がある	厚かましさ・図々しさ……	決断力，確信……	熱意，勇気……
	客体	私は……を遂行させておく意図がある	放縦，諦め，無関心……	許可……	奨励……
	主体	私は……を遂行する意図がない	**羞恥**，品位，怖れ	内気	弱さ，不適格
	客体	私は……を遂行させておく意図がない	検閲	禁止，横暴……	抑止
遂行中	主体	私は遂行する	**反羞恥**，下品……	行為	美徳，英雄的行為
	客体	私は蒙る	**屈辱**（もしくはあやしい悦び）		賛辞，名誉……
後	主体	私は自分の行為を肯定的に評価する	**厚顔無恥**，冷笑的態度	誇示	誇り
	客体	私は他人の行為を肯定的に評価する	親切，寛容，へつらい……	お世辞	尊敬
	主体	私は自分の行為を否定的に評価する	**恥辱**	卑下	謙虚
	客体	私は他人の行為を否定的に評価する	嫌悪，気づまり，困惑，非難……	批判	中傷

（太字は，筆者によるもの）

のみを問題とする）が隣接もしくは対立する感情との関係を理解する手がかりのために，羞恥をある行動に下された価値判断の軸に従って分析し，その意味を確定しようと試みている（Pp.411-412）。その軸は，次の3つである。
(1) 道徳によって否定される行動―中立的行動―道徳によって奨励される行動
(2) 人が主体となって行なう（人が遂行する）行動，あるいは人が対象となって行なわれる（人が蒙る）行動
(3) 人が計画する（遂行前の）行動―人が遂行する（遂行中の）行動―人が評価を下す（遂行後の）行動

この3軸の交わる所に羞恥と慎みが現れるとボローニュは，仮定した（表2-1参照）。

3) 正村俊之（1995）の視点[70]

正村俊之（1995）[39]は，彼の著「秘密と恥―日本社会のコミュニケーション構造―」の序で「菊と刀」の著者であるベネディクトが「真の罪の文化が内面的な罪の自覚にもとづいて善行を行なうのに対して，真の恥の文化は外面的な強制力にもとづいて善行を行なう」と述べた主張が様々な議論を巻き起こし，戦後の日本人論の展開を促すに至った点を指摘し，恥の本質は，秘密との関連において捉えることができると提起している。彼のいう秘密と恥との関連を示したのが図2-2である。

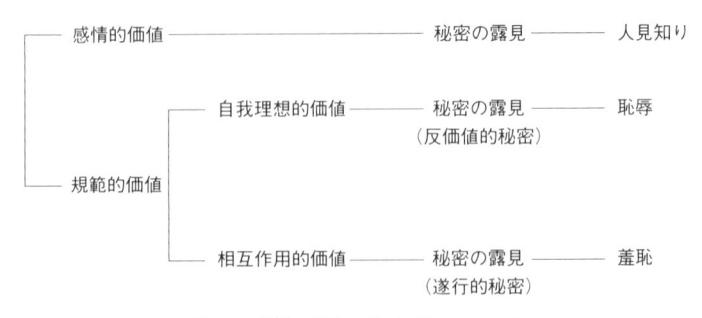

```
          ┌─ 感情的価値 ──────────── 秘密の露見 ─────── 人見知り
          │
          │              ┌─ 自我理想的価値 ─── 秘密の露見 ─────── 恥辱
          │              │                  （反価値的秘密）
          └─ 規範的価値 ─┤
                         │
                         └─ 相互作用的価値 ─── 秘密の露見 ─────── 羞恥
                                             （遂行的秘密）
```

図2-2　**価値・秘密・恥**（正村, 1995, p.38）

彼は,「日常生活のなかで最も多く目にするのが公恥であるが,次に紹介するのは,その一例である。先祖代々続いた名主の家系をもつ『彼女は,聾唖者である長男を努めて世間から隠そうとした。彼女にとって名門の末裔から"片輪者"が出たということは〈一家の恥〉であり,…………名家の息子が出稼ぎに行っていることが世間様に知られれば一家の恥になる』(平山, 1979, Pp.194-195)[16]。彼女にとって長男の存在は,自分の所属集団の価値に支えられた自我理想を実現するうえで隠蔽すべき反価値的秘密になっている。そうした息子をもつことは,誕生前においては,おそらく予想もされなかった事態であり,非措定的秘密であったが,誕生後においては,彼女の行動をも規定する措定的秘密になっている。〈一家の恥〉は,この秘密の露見として体験されている。一方,私恥は,自我理想からの失墜が自分だけに意識される恥である。個人の心的世界は,さまざまな規範の内面化に伴って複合的な構造を形成している。そのため,自分とまわりの人間が違った価値基準にしたがって自分の行為を評価する場合には,期待面と隠蔽面がずれてくる可能性があり,他者にとっては隠蔽の対象にならない事柄が自分にとっては隠蔽の対象となることがある。そうなると,まわりの人間には恥と映らない事態も,自分にとっては恥として体験されうる。……中略……要するに,公恥と私恥の違いは,自己提示の評定者が他者なのか自己なのか,また自我理想を構成する価値が所属集団の価値なのか準拠集団の価値なのかという点に帰着する。だが,どちらにおいても,恥は自我理想からの失墜として体験されており,その失墜は自己提示における反価値的秘密の露見に起因している。公恥と私恥は,反価値的秘密の露見という点で構造的には同型なのである」(Pp.38-39)と公恥・私恥の意味を述べている。

　さらに,彼は,羞恥について「例えば,①今しがた別れたばかりの相手と再び鉢合わせになってしまった時の『間の悪さ』や,②友人と道を歩いていたら,家族とバッタリ顔を合わせてしまった時の『照れくささ』,あるいは③人前で褒められた時の『照れ』といった恥辱性を伴わない恥である」(p.42)と述べ,羞恥と秘密との関連が遂行的秘密であり,①を状況的に発生する秘密の露見のタイプ,②を各状況内において構造的に発生する秘密の露見のタイプ,③を状況貫通的に存在する構造的秘密のタイプと説明し,羞恥の核心は,遂行的秘密の露見にあるとし,遂行的秘密によって逆照射された相互作用的価値とは,①

他者の面前で困惑しないこと，②他者を困惑させないこと，③他者に対する攻撃性（反感や敵意）を抑えること，④自分に誇りをもち，かつ他者に対して謙虚になること，⑤第三者の相互行為を攪乱しないこと等々，の諸規範の複合体であるとしている（p.45）。

また，恥の発生条件を (1)対人関係的次元，(2)社会構造的次元，(3)世界観的次元での各次元で恥を照射し解析しているが，ここではその説明を割愛し，対人関係的次元の義理と甘えの中での「恥と義理」との関係を図式化した図2-3を掲載するがその内容説明も同書にゆだねる。

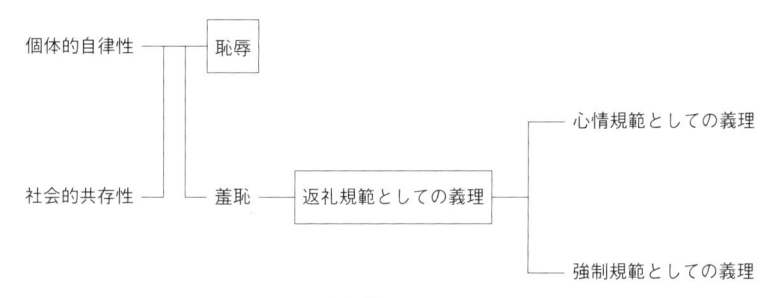

```
個体的自律性 ── 恥辱
                                    ── 心情規範としての義理
社会的共存性 ── 羞恥 ── 返礼規範としての義理
                                    ── 強制規範としての義理
```

図2-3　恥と義理（正村, 1995, p.89）

彼は，「自他の差異を隠蔽し，そこに曖昧な境界を設定することは，近代日本を構成するための基本的な前提をなしてきた。秘密の社会技術を駆使したコミュニケーションは，そうした前提を創出するとともに，その前提のもとで機能してきた。西欧が自他の差異を表現したうえで，その協調的な関係を確立しようとしたのに対して，日本は，自他の差異を可能なかぎり隠蔽し，他者をもう一人の自分とみなすことによって，社会的対立の防止をはかってきた。……中略……西欧近代と近代日本がともに揺らぎつつあるなかで，『自他関係において何を表現し，何を隠蔽するのか』というコミュニケーション秩序の問題は，根底から問い直されねばならない。これまで日本の近世と近代，戦前と戦後の連続性を非連続性以上に強調してきたが，近代日本は，いまや根本的転換を迫られつつあるように思われる」（p.418）と指摘し，これまでの体制が崩壊しようとしているにもかかわらず，それに替わるべき新しい体制は見出されていないと断定している。

4) 日本語臨床研究会（1996）の視点[71]

　日本語臨床研究会（1996）[52] による「恥」の視点がある。内観療法による立場とそれ以外は精神分析学に基づいて書かれた論文をまとめた本書は，編者が述べているように比較文化論的視点から臨床像の特徴を抽出して日本人の特性を浮かび上がらせる方法と，日本文化の特徴的要素をパラメーターにして理論や概念をより深化していく方法を駆使して，「恥」への接近をした力作の論文が集められている。

　論文の8編は，第1部・恥の深層（日本文化と神経症，恥の感覚について，恥の取り扱いについて），第2部・恥の発達的理解（乳幼児の発達と恥の本質，エディパルな恥，プリ・エディパルな恥），第3部・恥の文化臨床（内観療法における恥の治療的意義，「つる女房」にはらまれた智恵に学ぶ，「関係体験」論による日本語日常語臨床の試み）の分類の中で含蓄のある論理が展開されている。

5) マイケル・ルイス（Lewies, M., 1997）・鑪幹八郎（1998）・菅原健介（1998）の視点[73]

　1997・1998年にかけて恥に関する書が3冊世に出された。1冊はマイケル・ルイス（1997）[33] の「恥の心理学」である。監訳者の高橋恵子は，ルイスの功績を「恥などの自己意識が重要にかかわる情動についてこれまでの欧米の理論を整理し，うまく応用してモデル化したところにある」（p.349）としている。さらに，そのモデルの優れている点を3点あげている。第1に，情動の発生や影響の説明において認知（知的な働きの側面）がいかに重要な役割を果たしているかを大変上手に説明している。第2に，個人と社会のつながりをうまく理論化している。第3に，成功と失敗という行動のプラスとマイナスの両方の結果をひとつのモデルの中に，しかも，対照的に入れた点である。問題点としては，従来の恥と罪の文化二分法的論法の呪縛から解き放たれていない点を指摘している。

　2冊目は，鑪幹八郎（1998）[96] の「恥と意地―日本人の心理構造―」である。著者は，「恥の感覚によっておこる一番のダメージは自己意識である。『恥ずか

しい人間だ』『自分はダメ人間だ』というように自分の自尊心や自己評価に深い傷をつけてしまうのである。心の中では，立ちあがれないようなダメージとなることが多い。私たちはこのようなひどく辛いダメージを何とか避けようとする。……中略……これらの回避する行動を外から見ると，自分の自尊心をまもり，いたわるための『意地』（維持）になっていることが多いのではないだろうか」（Pp.60-62）と恥と意地との関連を述べている。

　3冊目は，菅原健介（1998）[91]の「人はなぜ恥ずかしがるのか」である。菅原は「羞恥心は社会的なネットワークの維持や活性化のために重要な貢献をしていると言うことができます。……中略……恥じらい――この日常的でささいな感情は，良くも悪くも，人間を『社会的』な存在に仕立てあげる重要な役割を担っているのではないでしょうか」（p.220）と羞恥を積極的に評価している。

6）岡野憲一郎（1998）の視点 [73]

　精神分析医としての岡野憲一郎の手による「恥と自己愛の精神分析」（1998）[54]が上梓された。序文を書いた北山修は，「恥に関する議論は，恥の文化（辱めの文化）と言われる日本においてもともと盛んでした。ただし，その発生論は，恥に対して過剰反応する日本文化の外に出た方が民俗の神経症として見えやすいのでしょう。そこには臨床体験と異文化体験という出会いが欠かせないのです。……中略……本書の中に入れば，誰もが目を奪われるのが縦横無尽に広がる著者の守備範囲の広さです。理想自己と恥ずべき自己，自己と他者，恥と罪，過敏と無関心，積極性と受け身性……これらを縦糸と横糸に，議論を編み上げる機織りの大きな回転運動を続けるのです。おそらく巡り続ける意志もまた，恥に悩まされてしまうことのない解決を示すのだという主張も，その書き方に見て取れるのです」[54]（Pp.2-3）と岡野を称讃している。岡野は，様々な人々との出会いの中から「人にやさしい精神分析」の構築をなそうとして，恥と自己愛の精神分析に帰結したのである。

7）マリオ・ヤコービ（Jacoby, M., 2003）の視点 [37]

　訳者・高石浩一によれば，マリオ・ヤコービは，チューリッヒにあるユング

研究所を支える高名なユング派の分析家である。ヤコービは，彼の書の序文に「恥はわれわれの社会的なコンテクストと複雑に結びついている。つまりそれは，他者の目に映るどのような側面をよしとし，私の抱いている人としての価値にどのような影響を及ぼすかという問題をめぐって展開している。自分の自己価値に疑問を抱けば抱くほど，他者の意見はますます重要になり，ほんの些細な拒否の兆しに対してもいっそう敏感になるものである。私が，自信や自尊心の欠如を恥に対する敏感さの根本原因であると信じるようになったのは，こうしたことからである。この種の敏感さを治療しようとするなら，どのような心理療法も自尊感情の欠損を扱うことから始まるのは言うまでもない。こういった洞察にたどり着いて，私は改めて自尊心とその起源という複雑な問題に取り組まざるをえなくなった。そこで私の関心を引いたのは，もっぱら昨今の幼児研究の領域であり，そこではわれわれの自尊感情が早期の子ども時代に環境，つまり周囲の人々から—非常に微妙な形で—受け取っていた有価値感と強い結びつきがあることが明らかにされてきている」(p.4)と述べ，幼児研究の重要性を指摘するとともにその所産を軸にしながら自己の恥と自尊感情の関連の視点を展開している。

ユング派の分析家としての自己の心理療法体験を恥に関わる文脈の中で開陳しているが，心理療法家ならずとも，日常のカウンセリングに従事する者にとっては，学ぶべき示唆がある。

4. 羞恥への接近

羞恥を捉えるにあたり，筆者は看護，教育・保育，介護の分野から接近していった。その理由は，私自身の仕事や職場との関係が影響している。大阪医科大学附属看護専門学校や大阪赤十字看護専門学校や大阪赤十字病院，奈良県医師会准看護専門学校，ならびに奈良県看護協会との仕事や妻が看護師であったことが看護への接近を深めた。さらに，23年勤務してきた大阪教育福祉専門学校（旧・大阪保育学院）の幼稚園教諭・保育士・臨床福祉・介護福祉士養成との関係が強かった。

羞恥に関する実態調査は，上記に記した関係先からもたらされたものである。

特に勤務校は，長年，女子のみの養成であった。ちなみに，一部幼児教育コースは，平成12年4月から，男子学生を入学させて，女子69名・男子6名で平成14年3月に卒業を迎えた。一部臨床福祉コース（女子43名・男子2名）と一部介護コース（女子39名・男子1名）も同様であった。二部幼児教育コースは，平成11年4月から男子学生を入学させて，女子33名・男子2名で平成14年3月に卒業を迎え，二部介護福祉コースは，平成7年4月から男子学生を入学させて，女子10名・男子2名で平成10年3月に卒業を迎えた。その後，暫時，男子学生の入学者が増えていった。

　いずれにしろ，男女比は，圧倒的に女子が多いのであるが，ここに転載したものは，すべて女子専門学生による実態調査の結果である。いわゆる青年期女子による羞恥実態ということである。これらの内容の各場面において最初に手がけた羞恥実態を掲載する。それらは，その後の羞恥実態調査の土台となっている。

第3章
看護場面の羞恥

　羞恥心研究の出発は，看護場面における羞恥心からである。看護場面に関する羞恥心をまとめた論文は，1987年[61]，1989年[63]，1991年[65]，1992年[67]の4編である。

　この中の1987年の最初の論文と1992年のものを取り上げ，そのまま転載する。

　なお，これまでの「保健婦助産婦看護婦法」が，2001年に法改正で「保健師助産師看護師法」となり，「看護婦」が「看護師」となった。本論文は，法改正以前のものであるので，看護婦のままで転載する。

1. 1987年[61]

羞恥心の研究—医療場面における青年期女性の羞恥体験—

はじめに

　"恥"の代表的研究のひとつとして，アメリカの文化人類学者ベネディクト (1946) の『菊と刀』[9] があげられる。この書の成立過程は，日米戦争の対日戦略上の必要性から生まれたものである。ベネディクトは，西欧を"罪の文化"とし，日本の文化を"恥の文化"と規定したが，以来，恥と罪についての様々な研究がなされ反論が加えられた。

　罪は個人の内部にある規制原理であり，恥は外側にある規制原理であるとするベネディクトの区別の仕方に異論を唱えたのは作田啓一 (1972)[84] であった。作田 (1967) は，ベネディクトの恥が人前で嘲笑される場合の"恥辱"

の恥に限定して，称賛される恥やその他の多様な現象形態にも適用され得る恥を取り扱わなかった[83]と指摘している。作田（1972）は，恥―羞恥―罪の系列を図式化して次のように要約している。「恥をひき起こす一つの視点に加えて，この視点とは異なった側面を照らすところの，所属集団を越えたどこかにある視点がともなってくると，恥は羞恥に転化する。そして羞恥にとっては非本質的な所属集団の仲間に対する劣位の認識が薄れてゆくにつれて，羞恥は罪に近づく，それゆえに羞恥は恥と罪の中間にあり両者を媒介する機能を果す」[84]。羞恥はまさに恥と罪とを両極に持ったヤジロベエ的存在である。

　井上忠司（1977）は作田の考えを踏襲しつつ，社会心理的観点から，"恥と罪"の類型を一歩進めて，"公恥""私恥""羞恥""普遍的罪""個別的罪"の5類型に分け，これらの諸関係を図式化した。この中で井上は，羞恥をかれの"所属集団"とかれの"準拠集団"との間に認知志向のズレが生じ，他者の〈まなざし〉を介して，それが意識化されたときに覚える"は（羞）じらい"の意識である[26]とした。井上は，「人はいつもいずれか1つのカテゴリーにぞくするなど，いいたいがためではけっしてない。じっさいには，同時に2つ以上のカテゴリーにまたがっており，状況によってはすべてのカテゴリーをふくむばあいすらあるであろう。だが，そんなばあいでも，そこにはかならずウェイトのおかれ方に相対的な差異がみとめられるはずである」[26]と指摘している。

　同じく，リンド（1958）もまた，人が状況や他者との関係の仕方によって恥と罪の経験のウェイトが一方に偏したり，両方とも経験される[34]とした。さらに，恥は自己全体に影響を及ぼすとともに，自己全体の影響を受ける経験であり，罪の意識以上に恥は人格の深い部分に根ざしているとした。リンドの「自己の全体にかかわる恥」は作田（1972）によれば，羞恥と名づけるものにほぼ該当する[84]と指摘している。

　本研究は，恥の中でもとりわけ，他者のまなざしによる身体にかかわる羞恥心を取り上げる。咀嚼の際に覚える身体に関する羞恥心は，ただ見られてしまったという"は（羞）じらい"としての羞恥が生じている場合が多い。しかし，"所属集団"や"準拠集団"の認知レベルにまで到達した羞恥心は，一方には罪との，他方には恥との結びつきを強化する触媒としての効果を発揮する。この恥と罪とのヤジロベエ的関係の重心にある羞恥心の発達的形成過程は，きわ

めて個人的な人格形成に寄与する影響に多大なものがある。

　私たちは身体に関わる恥ずかしい体験を幾度もしたことがある。その折，相手のちょっとした配慮（気配り）があったら恥ずかしい思いをせずにすんだのにと思うこともしばしばである。本研究の目的は，身体に関する羞恥心が発生するメカニズムを，特に，医療の場面（集団検診，病院における医者・看護婦および薬剤師・事務員との関係など）を取り上げ，あわせて羞恥心低減の方略を解明するところにある。強いていえば，羞恥心の構造的解釈もさることながら，羞恥心が発生すると想定される場面で，羞恥心をなるべく生じないように工夫できる方法を知るところに，本研究のウエイトは置かれているといっても過言ではない。

1）方　　法
(1) 調査票の作成
　羞恥心，特に，身体面に関する羞恥心の調査票を作成するに当たって，三者の職業的知見を土台にした。伊吹山太郎[注1]の患者サイドの経験的洞察を基盤にして，あわせて看護サイドの坂口栄子[注2]の視点を考慮に入れて作成した。調査項目は，羞恥心の経験，集団検診時の羞恥心，病院における羞恥心，医者との場面における羞恥心，看護婦との場面における羞恥心，検査における羞恥心，薬剤・事務関係での羞恥心，心的外傷の羞恥心である。

(2) 調　　査
　上記調査票による調査は，1985年4月22日から26日までの5日間にわたって大阪保育学院生（女子）305名（保育コース239名，臨床福祉コース66名，有効票数288票，回収率94.4％）を対象として，集合調査法で実施した。保育学生の平均年齢は18.7歳，標準偏差は0.74であった。

(3) 分析項目
　本稿では，自由記述による回答で寄せられた，病院における羞恥心，医者と

注1）元京都大学教養部教授・元公立南丹病院付属高等看護学院非常勤講師
注2）大阪北逓信病院内科病棟勤務看護婦

の場面における羞恥心，看護婦との場面における羞恥心のみを取り上げる。

2) 結　果

病院で羞恥心を抱いた経験者は，全体の60.8％で有意に高い（$Z = 3.665$, $p < 0.01$）(表3-1)。羞恥心を経験した科は，"内科"(42.7％) が最も多く，次に，"外科""歯科" となっている。身体を見られたり，触られたりする内科や外科で羞恥心を経験する場合が多く，2科で6割を占めている（表3-2）。

表3-1　病院で恥ずかしい思いをした経験の有無

	保育学生	
	f	％
1. あ　る	175	60.8
2. な　い	112	38.9
無 回 答	1	0.3
計	288	100.0

表3-2　病院で恥ずかしい思いをした各科名

	多 重 回 答	
	f	％
1. 内　　科	129	42.7
2. 外　　科	53	17.5
3. 歯　　科	27	9.0
4. 耳鼻咽喉科	18	6.0
5. 皮 膚 科	15	5.0
6. 小 児 科	14	4.6
7. 整形外科	13	4.3
8. 婦 人 科	12	4.0
9. 眼　　科	9	3.0
10. 泌尿器科	4	1.3
11. 産　　科	4	1.3
12. レントゲン料	3	1.0
13. そ の 他	1	0.3
計	302	100.0

各科で羞恥心を経験した内容は，"衣服を脱ぐこと"(31.7％) が最も多く，次に，"診察""臀部の注射" の順となっている。また，"剃毛""性器の診察"

表3-3 病院で恥ずかしい思いをした理由

	自由記述回答	
	f	%
1. 衣服を脱ぐこと	102	31.7
2. 診　察	82	25.5
3. 臀部の注射	40	12.4
4. 治療に関すること	20	6.2
5. 剃　毛	17	5.3
6. 性器の診察	13	4.0
7. 浣　腸	13	4.0
8. 院内での失敗	8	2.5
9. 肛　門	7	2.2
10. 検査に関すること	6	1.9
11. 病気の診断に関すること	6	1.9
12. 身体の変調	4	1.2
13. その他	1	0.3
無回答	3	0.9
計	322	100.0

"浣腸"なども見られ，身体を見られたり，接触を受けたりする事柄に羞恥心を抱いたりする（表3-3）。

患者は受診した科で医者や看護婦から症状に関する様々な問診を受ける。一般的に「どこが悪いですか」と尋ねるが，その折，医者に対しては11.5％の者が，看護婦に対しては4.5％の者が羞恥心を経験している。いずれもわずかな経験率であるが，同性の看護婦よりも異性であることの多い医者のほうに羞恥心を抱いている（$Z = 3.096, p < 0.01$）（表3-4）。羞恥心を経験した程度（非常に恥ずかしかった＝4点，かなり恥ずかしかった＝3点，やや恥ずかしかった＝2点，恥ずかしかった＝1点）を得点化して比較したところ，医者との場

表3-4 受診した科で恥ずかしい思いをした経験の有無

	医者との場面		看護婦との場面	
	f	%	f	%
1. ある	33	11.5	13	4.5
2. ない	250	86.8	273	94.8
無回答	5	1.7	2	0.7
計	288	100.0	288	100.0

面（$n = 33, \bar{x} = 2.606, \sigma = 1.043$）と看護婦との場面（$n = 13, \bar{x} = 2.154, \sigma = 1.292$）との羞恥心の感情程度に差異はない（$t = 1.207, df = 44$, n.s.）。羞恥心の理由は，医者との場面も看護婦との場面もいずれも，"病気そのものに関すること""症状の説明"があげられる（表3-5）。

表3-5 受診した科で恥ずかしい思いをした理由（自由記述回答）

	医者との場面		看護婦との場面	
	f	%	f	%
1. 病気そのものに関すること	12	36.4	6	46.2
2. 症状の説明	12	36.4	6	46.2
3. 身体を見られた	5	15.2	0	0.0
4. 周囲に人がいた	1	3.0	1	7.6
5. その他	1	3.0	0	0.0
無 回 答	2	6.0	0	0.0
計	33	100.0	13	100.0

表3-6 身体を見られた際に，恥ずかしい思いをした経験

	医者との場面		看護婦との場面	
	f	%	f	%
1. あ る	175	60.7	40	13.9
2. な い	103	35.8	248	86.1
無 回 答	10	3.5	0	0.0
計	288	100.0	288	100.0

表3-7 身体を見られて恥ずかしく思った身体部位（自由記述回答）

	医者との場面		看護婦との場面	
	f	%	f	%
1. 胸（上半身を含む）	139	69.1	13	30.9
2. おなか（腹）	17	8.4	0	0.0
3. お 尻	14	7.0	11	26.2
4. 性器（下半身を含む）	9	4.5	8	19.0
5. ふともも（股）	4	2.0	1	2.4
6. わ き	4	2.0	2	4.8
7. その他（全身を含む）	13	6.5	5	11.9
無 回 答	1	0.5	2	4.8
計	201	100.0	42	100.0

身体を見られる際に，医者には 60.7％の者が羞恥心を抱いているが，看護婦には 13.9％と少なく，医者との場面のほうが看護婦との場面よりも羞恥心の経験率は有意に高い（$Z = 11.613, p < 0.01$）。これは異性同士であることが羞恥心の経験率に影響している（表3-6）。身体を見られた際の羞恥心の感情程度には，医者との場面（$n = 175, \bar{x} = 2.682, \sigma = 1.019$）と看護婦との場面（$n = 40, \bar{x} = 3.0, \sigma = 1.049$）との間に差異はなかった（$t = 1.971, df = 213$, n.s.）。羞恥心を抱いた身体部位は，医者との場面では "胸"(69.1％) が最も多く，次に，"おなか" "お尻" となっている。看護婦との場面では "胸"(30.9％) が最も多く，次に，"お尻" "性器" であった。医者に聴診器などを胸にあてられる際の開襟で，胸（乳房）が見られたりするために羞恥心を抱いたりする（表3-7）。

身体を見られた際に羞恥心を抱く理由は，医者との場面では，"異性の医療者（医者）"(34.9％) が最も多く，次に，"人に見せるところではない" "身体露出（身体や下着）" "自分の身体に自信がない" などである。看護婦との場面では，"人に見せるところではない"(35.0％) が最も多く，次に，"一方的に見られているから" "まわりに人がいた" "自分の身体に自信がない" などである。医者との場面では，異性であることが恥ずかしさの理由となっているが，同性である看護婦との場面では，自己の身体を人に見られる・晒されることへの恥

表3-8 身体を見られた際の恥ずかしさの理由（自由記述回答）

	医者との場面		看護婦との場面	
	f	%	f	%
1. 異性の医療者（医者）	61	34.9	0	0.0
2. 人に見せるところではない	22	12.6	14	35.0
3. 身体露出（身体や下着）	21	12.0	0	0.0
4. 自分の身体に自信がない	18	10.3	4	10.0
5. 性（思春期）	14	8.0	0	0.0
6. まわりに異性の人がいた	7	4.0	0	0.0
7. まわりに人がいた	6	3.4	4	10.0
8. 一方的に見られているから	0	0.0	5	12.5
9. 変わった処置や態度をされた	0	0.0	3	7.5
10. いやな顔（看護婦）をされた	0	0.0	1	2.5
11. なんとなく	0	0.0	3	7.5
12. その他	21	12.0	1	2.5
無回答	5	2.8	5	12.5
計	175	100.0	40	100.0

ずかしさが理由となっている（表3-8）。

　身体を見られた際に医者や看護婦にどのような配慮（気配り）をされたら羞恥心を抱かないですんだのであろうか（表3-9）。医者との場面では、"診察の配慮に関すること"(61.1％)が最も多く、次に、"同性の医療者にしてもらうこと"となっている。看護婦との場面も、"診察の配慮に関すること"(37.5％)が最も多く、次に、"他の人に見られないこと"などをあげているが、"仕方がない"とあきらめている者もいる。

表3-9　身体を見られた際に恥ずかしさを低減させるための配慮（自由記述回答）

	医者との場面		看護婦との場面	
	f	％	f	％
1. 診察の配慮に関すること	107	61.1	15	37.5
2. 同性の医療者にしてもらう	20	11.4	0	0.0
3. 他の人に見られないように	6	3.4	6	15.0
4. 仕方がない	12	6.9	6	15.0
5. わからない	5	2.9	1	2.5
6. 特にない	4	2.3	2	5.0
7. その他	0	0.0	4	10.0
無回答	21	12.0	6	10.0
計	175	100.0	40	100.0

　身体を触られた際に、医者には41.3％の者が羞恥心を抱いているが、看護婦には6.6％の者と少なく、医者との場面のほうが看護婦との場面よりも羞恥心の経験率は有意に高い（$Z = 9.756$, $p < 0.01$）。異性同士であることが羞恥心の経験率に影響している（表3-10）。身体を触られた際の羞恥心の感情程度は、医者との場面（$n = 119$, $\bar{x} = 2.703$, $\sigma = 1.052$）と看護婦との場面（$n = $

表3-10　身体を触られて恥ずかしく思った経験の有無

	医者との場面		看護婦との場面	
	f	％	f	％
1. ある	119	41.3	19	6.6
2. ない	157	54.5	267	92.7
無回答	12	4.2	2	0.7
計	288	100.0	288	100.0

19, $\bar{x} = 3.0$, $\sigma = 1.076$) との間に差異はない ($t = -1.129$, $df = 136$, n.s.)。触られて恥ずかしく思った身体部位は，医者との場面では，"胸"(58.8％) が最も多く，次に，"おなか"である。看護婦との場面でも"胸"(42.1％) が最も多く，次に，"性器"である。いずれの場面でも"胸"をあげているのは，乳房の発達と羞恥心との関係がみられる（表3-11）。

表3-11 身体を触られて恥ずかしく思った身体部位（自由記述回答）

	医者との場面		看護婦との場面	
	f	％	f	％
1. 胸（上半身を含む）	77	58.8	8	42.1
2. おなか（腹）	25	19.1	2	10.5
3. お 尻	8	6.1	3	15.8
4. 性器（下半身を含む）	5	3.8	4	21.1
5. ふともも（股）	1	0.8	0	0.0
6. その他（全身を含む）	10	7.6	2	10.5
無 回 答	5	3.8	0	0.0
計	131	100.0	19	100.0

身体を触られた際に，医者や看護婦からどのような配慮（気配り）がなされたら羞恥心を抱かずにすんだのであろうか（表3-12）。医者との場面では，"診察の配慮に関すること"(52.1％) が最も多く，次に，"同性の医療者にしてもらうこと"である。看護婦との場面も，"診察の配慮に関すること"(26.3％)，"他の人に見られないようにしてもらうこと"である。両者の場面とも，診察

表3-12 身体を触られた際に恥ずかしさを低減させるための配慮（自由記述回答）

	医者との場面		看護婦との場面	
	f	％	f	％
1. 診察の配慮に関すること	62	52.1	5	26.3
2. 同性の医療者にしてもらう	12	10.0	1	5.3
3. 他の人に見られないように	2	1.7	2	10.5
4. 仕方がない	15	12.6	3	15.8
5. わからない	4	3.4	2	10.5
6. 特にない	1	0.8	1	5.3
7. そ の 他	4	3.4	2	10.5
無 回 答	19	16.0	3	15.8
計	119	100.0	19	100.0

の配慮に関することを望んでいるが,"仕方がない"とあきらめている者もいる。

3) 考　察

　病院での羞恥心の特徴は,内科や外科で多く見られ,しかも身体接触や身体露出にかかわる羞恥心が顕著にみられる。とりわけ,臀部の注射,剃毛,性器の診察,浣腸,肛門などの性器および性器周辺にかかわる羞恥心も顕著に生じている。

　受診の際（問診の場面,身体を見られる場面,身体に触られる場面）に,医者との場面のほうが看護婦との場面よりも羞恥心が多く生じているのは,明らかに異性であることが影響しているといえよう。男性の患者であれば,看護婦に羞恥心を抱いたかもしれないと想定されるであろう。特に,青年期の女性は,身体露出（身体や下着）や身体部位の一部（特に,乳房,お尻,性器など）が見られたり触れられたりすることへの恥ずかしさを抱いている。女性を意識させる胸（乳房）は,医者との場面ばかりでなく,同性の看護婦との場面でも発育の成熟・未成熟の比較を感じるためか,多くの羞恥心を抱く理由になっている。

　医者や看護婦に身体を見られたり,触られたりすることは,診断・治療の際に当然生じる出来事であるとは言え,医者や看護婦以外の者がその場面にいたり,診察や治療の工夫の足りなさで羞恥心を抱かせてしまっているのも事実である。

　本調査は,女性のみのデータであるため,今後,男性のデータによる比較が必要である。同じく,患者に日常応対している,医者や看護婦をはじめとした医療従事者からの患者に対する羞恥心への対応や配慮の心構えを知る必要があるといえよう。

4) 結果からの提案
(1) 医者との場面における羞恥心の軽減

　以下の諸点を考慮に入れて配慮（気配り）がなされれば,患者の羞恥心は軽減される。

　1) 丁寧に診断・治療をおこなうが,患者の負担を軽減するため手早くする。

2) 同性の医療者が当たるようにする。
3) 患者同士を診療場面で一緒にしないようにする。患者のプライバシーを守る。
4) 診断・治療などの説明をしながら不安を軽減させて，安心感を持たせる。
5) 患者に優越感を持たない。
6) 笑顔とやさしい言葉がけをする。
7) 患者の羞恥心に共鳴する。
8) 診察中の具体的配慮としては，たとえば，
   ①患者からの質問があれば，丁寧にできるかぎり診断・治療について説明をする。
   ②手早くする。
   ③カーテンなどで仕切る。
   ④毛布やタオルや布などで部分的にも隠してやる。
   ⑤下着や服をなるべく脱がさない。
   ⑥声をかける。
   ⑦リラックスした雰囲気をつくる。
   ⑧じろじろ見ない。
   ⑨できれば長時間聴診器をあてないようにする。
   ⑩他の人に見られないようにする。

(2) 看護婦との場面における羞恥心の軽減

以下の諸点を考慮に入れて配慮（気配り）がなされれば，患者の羞恥心は軽減される。
1) 丁寧にするが，患者の負担を軽減するために手早くする。
2) 明るい笑顔とやさしい言葉がけで患者がなんでも質問しやすい雰囲気にしておく。
3) 患者の望みに応じて，診断・治療に関する説明をして不快感・羞恥心を取り除くようにする。
4) 患者に優越感を持たない。
5) 患者の羞恥心に共鳴する。

6) 診断・治療中の具体的配慮として，例えば，
   ①必要ならば付き添って不安や羞恥心を持たせないように言葉がけをする。
   ②じろじろ見ない。
   ③診断・治療介助の工夫をする。
   ④患者のプライバシーを守るために他の患者と一緒にならないように配慮する。

2. 1992年[67]

医療場面における保育学生とその母親との羞恥体験の比較
Comparison of shame exercise in between nursery students and their mothers in medical scene.

はじめに

私たちは，自分の言動のみならず他者の存在の有無によっても羞恥体験をすることがしばしばある。かつて，私たちはどの民族よりも羞恥に対して敏感な反応を示す民族と見られてきたが，近年の政界・財界・官界・医界・宗教界・法曹界・教育界などあらゆる分野において恥じらい感が希薄になった不祥事が続いている。

ルース・ベネディクト（Benedict, R. 1946）[9]女史は，西欧を罪の文化とするならば，日本は恥の文化であると規定して，世間体に対する自己規制を示す民族であることを指摘したほどである。ベネディクトの"恥"は，恥辱のみに限定した恥で称賛される"恥"やその他の多様な現象形態にも適用される"恥"を取り扱わなかったと指摘したのが作田（1967）[83]である。作田（1972）[84]は，ベネディクトの不備を補完して恥─羞恥─罪の体系化を試みた。

さらに，井上（1977）[26]は，作田の体系化を基に恥と罪との関連を"公恥""私恥""羞恥""普遍的罪""個別的罪"の5類型に分類した。特に，羞恥は，私たちが関わる"所属集団"と"準拠集団"との間の矛盾した場面に遭遇した場合に認知志向のズレが生じて，他者の〈まなざし〉を介して意識化されたと

きに覚える"は（羞）じらい"の意識であると指摘した。井上の説明をさらに借りれば，羞恥を「この間，家族の者と道を歩いていたとき，友だちに会ったら恥ずかしかった。家族のものが見られるのが恥ずかしいわけではないが，何となく恥ずかしかった」（高校生B子）（p.134）という事例で説明している。すなわち，家族（所属集団）の一員として見られる自分と高校の同級生（準拠集団）の一員として見られる自分との役割意識の違いから派生する認知的志向の狭間を"羞恥"と規定している。

坂口（1987）[61]は，このような羞恥が，一方には恥との，他方には罪との関連を強化する触媒としての効果を発揮するとともに，恥と罪とのヤジロベエ的関係の重心になると指摘した。羞恥心は，個人の行動原理の一翼を担う面があり，まさに個人の恥や罪への構えを形成する重要な要素をなしている。未来を透徹した視点に立脚した方向性を喪失した感を拭えない今日の日本人の行動原理を再度検証する上でも，適度な「恥への文化」のあり方を見つめ直す必要が生じているようにも思える。

一方，恥ずかしさを極力，忌避させなければ個人の発達に支障をきたす恥もある。この恥は，私達の暮らしの中で改善されていかなければならない。特に，明治・大正生まれの「恥の文化」を心身ともに体得してきた人々は，恥の負の側面によって，日常生活の様々な場面で自己開示に苦悩している。当然の権利を持ちながらもあえて福祉の恩恵を受けることを恥として忌避する市井の人々がいる。実は，我が国の国民の多くのこれらの人々が，絶え間ない地道な努力によって，太平洋戦争（大東亜戦争）敗戦後の様々な矛盾を抱え込みながらも，今日の繁栄の基礎を作ってきたのである。戦後派及び高度経済成長後の人々は，この事実を忘れてはならない。

世間体を意識し集団主義行動を体得させた「恥の文化」は，日常生活において様々な自己開示の困難さを持たせている。福祉・医療場面もまたしかりである。

まさに，私たちは，日常生活において老若男女に限らず色々な場面で恥ずかしい体験をする。それは，幼児期からも始まっているのである[62]。これまで，坂口（1987）[61]（1989）[63]（1991）[65]（1991）[66]は，他者のまなざしによって羞恥を感じる場面の中でも，特に，身体に関わる羞恥が生起する医療場面を取り

上げてきた。一般に、咄嗟の際に覚える身体に関する羞恥は、ただ見られてしまったという"は（羞）じらい"としての羞恥を意味している。しかし、医療場面は、患者という立場で色々な羞恥を体験する場面である。患者は、診察・治療に従事する医療関係者を専門性のある立場と認識しながらも、一方、一般的他者という立場のまなざしを医療関係者に意識したりさせられたりすると羞恥を感じる。

　身体に関する羞恥体験は、その場に介在する相手や環境構成によるちょっとした配慮（気配り）によって低減するのも事実である。身体に関する羞恥の生起しやすい医療場面において、今日、提言されるインフォームド・コンセント（十分な説明に基づく同意）の具体的実践の一翼として患者の羞恥心の低減の方法を考えていくことは重要であろう。特に、羞恥を体験させられた患者への配慮のあり方は、その後の医療場面への信頼と医療従事者に対する対人関係を改善させる重要な課題のひとつとなり得る。

　本調査の一部分は発表した[65]が、母親、羞恥全般、集団検診、検査、薬剤・事務関係などの大半の部分が未発表なので、今回、一括してまとめることにした。

1）目　　的

　本調査の目的は、私達の身体に関する羞恥心がどのようにして生じるか、あるいはその折、どのような配慮（気配り）があれば恥ずかしい思いをしないですむかという心理のメカニズムを解明するとともに、母子間における羞恥心の差異を明らかにするところにある。羞恥の生起する医療場面を捉えるとともに、羞恥心を低減するための一方法を提案するものである。

2）方　　法
（1）調査票の構成

　羞恥心、特に身体に関する羞恥心の調査票を作成するにあたって、三者の職

注1）元京都大学教養部教授・元関西大学社会学部教授・京都学園大学名誉教授・元公立南丹病院付属高等看護学院非常勤講師

注2）大阪北逓信病院外科病棟勤務主任看護婦

業的知見を基に討論をした。なかでも，伊吹山太郎[注1]の患者サイドの経験的洞察と看護サイドの坂口栄子[注2]の視点を考慮に入れて作成した。調査項目は，(1)羞恥の体験，(2)集団検診時の羞恥，(3)病院での羞恥，(4)医師との羞恥，(5)看護婦との羞恥，(6)検査での羞恥，(7)薬剤・事務関係での羞恥，(8)心的外傷としての羞恥，である。

(2) 調査対象

①調査は，1985年4月22日から26日までの筆者の担当講義時間に，大阪保育学院の1年生150名（保育コース114名，臨床福祉コース36名），2年生155名（保育コース125名，臨床福祉コース30名）の305名を対象に集合調査法で実施した。有効票数は，288票（94.4％）（1年生139票・2年生149票）であった。保育学生の平均年齢は，18.7歳（標準偏差0.74）であった。
②死別による母子・父子家庭，あるいは，両親の離婚によるケースなどが散見されたので，親の協力が得られるという場合のみを中心とした依頼を学生に指示して質問紙を配布した。1年生の親のみを対象とした150名中，回収は86名であった。なお，票数中，父親のデータが23票あったので，分析対象から除外して，有効票数63票（回収率42.0％）とした。

表3-13は，母親の職業・学歴・結婚状況を示したものである。母親の平均年齢は45.7歳（標準偏差3.15）で，主婦業が全体の44.4％を占め，高校卒業者（55.6％）と中学卒業者（25.4％）で全体の8割を占め，母親の2名が，死別か離婚であると回答を寄せている。

表3-13 母親の職業・学歴・結婚状況

SA（％）

職業		学歴		結婚状況	
1. 専門職	7（11.1）	1. 義務教育	16（25.4）	1. 既婚	61（96.8）
2. 事務員・公務員	7（11.1）	2. 新制高校	35（55.6）	2. その他(死別・離婚)	2（3.2）
3. 工員・店員・運転手	2（3.2）	3. 短大・高専	6（9.5）		
4. 自営業	6（9.5）	4. 大学	1（1.6）		
5. その他	10（15.9）	無回答	5（7.9）		
6. 主婦業	28（44.4）				
無回答	3（4.8）				
合計	63（100.0）	合計	63（100.0）	合計	63（100.0）

3) 結　果
(1) 羞恥の体験
①羞恥体験の有無

私たちは，これまでの発達過程で様々な羞恥を体験したことがある。羞恥体験の有無について尋ねたところ表3-14の通り，保育学生の89.9％，母親の74.6％があると答えた。両者の羞恥体験はいずれも高いが，保育学生の方が母親の羞恥体験率よりも高いといえよう（$Z = 3.29, p < .01$）。

表3-14　羞恥体験の有無

SA（％）

	保育学生	母　親
1. あ　　る	259（89.9）	47（74.6）
2. な　　い	27（9.4）	16（25.4）
無　回　答	2（0.7）	0（0.0）
合　　計	288（100.0）	63（100.0）

②羞恥体験の時期

羞恥体験の時期を尋ねたところ表3-15の通り，保育学生の場合，「高校時代」が最も多く，「小学校時代」「中学校時代」の順であり，母親の場合，「成人後」が最も多く，「小学校時代」「中学校時代」がそれぞれ第2位を占めていた。羞恥体験の平均時期を見てみると，保育学生は14歳頃（$N = 220, \bar{x} = 14.02, \sigma = 4.08$），母親は21歳頃（$N = 35, \bar{x} = 21.31, \sigma = 12.8$）であった。保育学生と母親との羞恥体験の時期の違いは，調査時期に最も近い体験を想起したことによるものといえる。

表3-15　羞恥体験をした時期

SA（％）

	保育学生	母　親
1. 幼　児　期	11（4.2）	1（2.1）
2. 小　学　校	66（25.5）	11（23.4）
3. 中　学　校	49（18.9）	11（23.4）
4. 高　　校	81（31.3）	3（6.4）
5. 大・短・専門	36（13.9）	1（2.1）
6. そ　の　他	11（4.2）	15（31.9）
無　回　答	5（1.9）	5（10.6）
合　　計	259（100.0）	47（100.0）

③羞恥体験の内容

羞恥体験の内容を自由記述で尋ねたところ表3-16の通り，保育学生の場合，「ぶざまな行為」（不注意やそそっかしさから，ぶざまな行為を引き起こしたことから生じる恥ずかしさ）が最も多く，以下，「思い違い」（思い違いや言い間違いをして生じる恥ずかしさ），「身体露出」（身体や下着を見られる時に生じる恥ずかしさ），「人の存在・注視」（大勢の人に注目される時に生じる恥ずかしさ），「きまり悪さ」（場違い，気づまり，ばつの悪さによって生じる恥ずかしさ），「かっこ悪さ」（自分の容姿，服装，話題でかっこ悪さを感じる時に生じる恥ずかしさ），「性」（異性の存在を意識する時に生じる恥ずかしさ），「無知識・無能力露見」（自分の知識や能力の不足が人に露見する時に生じる恥ずかしさ），「自己不全感」（自分が自分に恥ずかしい自己不全感，自己喪失を感じる時に生じる恥ずかしさ）の順となっていた。一方，母親の場合は，「ぶざまな行為」が最も多くて，「かっこ悪さ」「身体露出」の順となっていた。

保育学生及び母親の両者ともに，「道路や駅や廊下や階段で転んだ。電車に乗ろうとしてドアが閉まった。ミゾやマンホールに落ちた」などの「ぶざまな行為」が第1位を占めているが，実に様々な羞恥を体験している。

表3-16 羞恥体験をした内容
—自由記述—（％）

	保育学生	母　親
1. 身体露出	29 (11.2)	5 (10.6)
2. 性	4 (1.5)	2 (4.3)
3. 人の存在・注視	28 (10.8)	2 (4.3)
4. ぶざまな行為	109 (42.1)	12 (25.5)
5. かっこ悪さ	16 (6.1)	7 (14.9)
6. 思い違い・言い間違い	31 (12.0)	2 (4.3)
7. きまり悪さ	21 (8.1)	1 (2.1)
8. 無知識・無能力露見	3 (1.2)	2 (4.3)
9. 自己不全感	2 (0.8)	0 (0.0)
10. そ の 他	9 (3.5)	2 (4.3)
無 回 答	7 (2.7)	12 (25.6)
反応総数（人数）	259 (259)	47 (47)

表 3-16 各項目の内容（自由記述の要約）

1. 身体露出—人前で思いがけず身体を見られた（さらした），人前で思いがけず衣服（下着）身体を見られた（さらした），人前で気にしている身体の一部を指摘された，スカートや衣服（ストッキングなど）が破れた
2. 性—異性に身体を触られた，異性の前でレオタード姿で踊った，ちらかった部屋を彼に見られた
3. 人の存在・注視—人前で名前が呼ばれたり呼び出されたこと，人前でからかわれたり冷やかされたこと，叱られて立たされたり殴られたこと，注目や目立ったこと（泣きわめいたりした），人前で自己紹介（挨拶）する，人前で告白した，人前でセリフを言う，人前でバツゲームをやらされる，授業中にトイレに行きたくなった
4. ぶざまな行為—電車に乗ろうとしてドアが閉まった，電車（バス）に乗り間違えた（間違えそうになった），電車のドアにはさまった，自転車・単車などから落ちた，階段（エレベータなど）で転んだ，道路・駅・廊下で転んだ，ミゾ・マンホールに落ちた，違う家やクラスに入った，人前で靴を片一方落とした，寝言やいびきをかいた，試合中にラケットを落とした，居眠りをして倒れた，酔っぱらってしまった，トイレで大便などが流れなかった，ジュースを客の前でひっくり返した，電車の中で転んで若い人や他の人の膝に乗った，間違って男湯に入った，昼寝して朝と夕方を間違えた，シロップとジャムを間違えてパンにつけた，電車の中で目覚まし時計が鳴り出した，お菓子を自分の口から彼氏の方へ飛ばしてしまった，椅子をどかされて転んだ，学校で迷い子になった，スカートと布を縫ってしまった，体育祭で走っている時に転んだ，学芸会で踊っている途中に靴のアルミがはずれてしまった，人のボールを電車の窓から飛ばしてしまった，水泳でフライングしたことに気付かないで自分だけ泳いでいた，舞台で踊りを間違えた，スカートからトイレットペーパーが尻尾のように出ていた，電車の中で貧血で倒れた
5. かっこ悪さ—レントゲン検査で身体が届かなかった，便秘で力を入れすぎて顔の毛細血管を切ってしまった，変な格好（服装など）をしていた，鼻水をたらしていた
6. 思い違い・言い間違い—バスの運賃が値上がりしたことに気付かなかった，人の鞄と自分のとを間違えた，人前で言い間違えた，人前で変なことを言ってしまった，人前で生意気なこと・キザなことを言った，電話の相手を間違えて喋った，緊張して声がふるえたり喋れなくなった，相手に声をかけ間違えた，人前で喋らなくてはならない羽目になった，マイクのスイッチを入れ忘れて喋った
7. きまり悪さ—おしっこをもらした，尿を取ってもらった，マナー通りにやれなかった，昔のことでからかわれた，人前でオナラをした，彼とのデートで食事を残してしまった
8. 無知識・無能力露見—皆の信頼や期待に添えなかった，信頼や期待をされなかった，自分の能力が思っているほどなかった
9. 自己不全感—叔父に役立たない人間に見られた，人前で話したり意見を言ったりする時に緊張して声がふるえて喋れなくなる
10. その他—たくさんありすぎる，はっきりと覚えていない，書きたくない

④ 羞恥体験の理由

羞恥体験の理由を自由記述で尋ねたところ表3-17の通り，保育学生の場合，「人の存在・注視」（45.2％）が最も多く，以下，「ぶざまな行為」「思い違い・言い間違い」などで，他の理由項目は全て1割以下であった．母親は，保育学生と同様に「人の存在・注視」（34.0％）が最も多く，以下，「かっこ悪さ」

「その他」の順となっている。無回答が2割弱を占めていて、恥ずかしい思いをした理由を書きにくかったようである。

表3-17 羞恥体験をした理由

—自由記述— (%)

	保育学生	母　親
1. 身体露出	21（ 8.1）	2（ 4.3）
2. 性	14（ 5.4）	2（ 4.3）
3. 人の存在・注視	117（45.2）	16（34.0）
4. ぶざまな行為	23（ 8.9）	1（ 2.1）
5. かっこ悪さ	16（ 6.1）	6（12.8）
6. 思い違い・言い間違い	23（ 8.9）	2（ 4.3）
7. きまり悪さ	4（ 1.5）	3（ 6.4）
8. 無知識・無能力露見	19（ 7.3）	3（ 6.4）
9. 自己不全感	6（ 2.3）	0（ 0.0）
10. その他	2（ 0.8）	4（ 8.5）
無回答	14（ 5.4）	8（17.0）
反応総数（人数）	259(259)	47(47)

表3-17 各項目の内容（自由記述の要約）
1. 身体露出—自分の身体を見られた、下着が見えた
2. 性—男の人ばかりだった、女の子らしくなかった、先生が男の人だった、間違って相手（男）の人の身体を見てしまった
3. 人の存在・注視—周りに人がいた、周りの人に見られた、周りの人に笑われた、周りに友人がいなかった、皆にやじられた、人前で殴られ叱られた、後輩に見られた、相手から冷たい目で見られた、皆に白い目で見られた
4. ぶざまな行為—人前でおもらしをした、忘れた物がパンツ、部屋を間違えて入った、そそっかしい、改めて紹介され直した、だらしないところを見られた
5. かっこ悪さ—かっこ悪い（どんくさい）、始めたばかりなので動揺した、からかわれた
6. 思い違い・言い間違い—人の名前を呼び間違えた、相手を間違えて喋り掛けた、自分の間違いに気付かなかった、全く知らない人と喋っていた（電話で）
7. きまり悪さ—突然指名されて人前で喋らなくてはならなくなった、普通ではそうならない、意外だった、見知らぬ人が出てきた、間違えて自分一人目立ってしまった、人前でトイレに行きたいといった
8. 無知識・無能力露見—常識なことを知らなかった、能力がない（自分がちっぽけに感じた）、セリフがでなかった、防ごうと思えば防げたのに、期待に応えられなかった、人前で違うことを指摘された、人に迷惑をかけた、何を言っているのか分からないという顔をされた、成績が悪かった、皆の前で失敗した、思うように行かなかった
9. 自己不全感—見ている人が自分のことをどう思っているかと考えただけで、自分に自信がない、自分だけ気にしながらやっていた、意外だった、自分中心に考えていた、自分のことを知られたくない気持ちだった
10. その他—はっきり覚えていないので分からない、書きたくない

⑤羞恥体験の感情程度

羞恥体験をした際に，どの程度の恥ずかしさを感じたかを尋ねたところ表3-18の通り，保育学生は「かなり恥ずかしかった」が最も多く，母親は「非常に恥ずかしかった」が最も多かった。羞恥体験が非常に恥ずかしかった（4点）から恥ずかしかった（1点）までの4件法によるt検定をおこなったところ，保育学生（$N = 249, \bar{x} = 2.1, \sigma = 1.22$）と母親（$N = 42, \bar{x} = 2.21, \sigma = 0.96$）との羞恥体験の感情程度には差異は見られなかった（$t = 1.22, df = 289, \text{n.s.}$）。

表3-18 羞恥体験の程度

SA（%）

	保育学生	母　親
1. 非常に恥ずかしかった	97（37.5）	22（46.8）
2. かなり恥ずかしかった	101（39.0）	10（21.3）
3. やや恥ずかしかった	29（11.2）	7（14.9）
4. 恥ずかしかった	22（8.5）	3（6.4）
無　回　答	10（3.9）	5（10.6）
合　　計	259（100.0）	47（100.0）

⑥羞恥体験をしないための自己の自己による配慮

羞恥体験場面で，自己の自己による配慮がちゃんとなされたならば，羞恥を感じなくてすんだはずである。自己の自己による羞恥への配慮をどのようにすれば良かったかを自由記述で尋ねたところ表3-19の通り，保育学生の場合，「自己の行動のせい」（落ち着いて歩いていたら），「自己の認識のせい」（注意してニュースを聴いて来れば良かった），「自己の能力・知識のせい」（もっと練習をしておけば良かった），「自己の身体のせい」（身体がスマートになっていれば良かった）などを配慮としてあげていた。一方，母親は，「自己の認識のせい」「自己の行動のせい」が上位を占めていた。

羞恥体験を避けるための原因がどこにあるかを原因帰属で分類したところ，他者や他の状況や物の責任など外的原因に解決を求めようとする割合が，保育学生で40.2％，母親で27.7％見られた。保育学生の場合，「相手の行動のせい」（ドアをノックして欲しかった），「相手の存在のせい」（友人が居てくれれば良かった），「物のせい」（鉄の蓋がなければ良かった）などの外的原因に配慮を求めていた。一方，母親は，「相手の行動のせい」が最も多く，外的原因のほ

とんどの理由を占めていた。

表3-19　羞恥体験をしないための自己の自己による配慮
―自由記述―（%）

		保育学生	母　親
内的原因	1. 自己の身体のせい	2（ 0.8）	0（ 0.0）
	2. 自己の行動のせい	57（22.0）	7（14.9）
	3. 自己の能力・知識のせい	14（ 5.4）	5（10.6）
	4. 自己の認識のせい	37（14.3）	8（17.0）
	小　　計	110（42.5）	20（42.5）
外的原因	5. 相手の存在のせい	19（ 7.3）	1（ 2.1）
	6. 相手の行動のせい	67（25.9）	12（25.5）
	7. 物のせい	3（ 1.2）	0（ 0.0）
	8. 状況のせい	15（ 5.8）	1（ 2.1）
	小　　計	104（40.2）	14（29.7）
	9. わからない	7（ 2.7）	1（ 2.1）
	10. 特にない	6（ 2.3）	1（ 2.1）
	11. その他	10（ 3.9）	4（ 8.5）
	無回答	22（ 8.5）	7（14.9）
	反応総数（人数）	259（259）	47（47）

表3-19　各項目の内容（自由記述の要約）

1. 自己の身体のせい―スマートになる，食事や運動に気を配って身を引き締める
2. 自己の行動のせい―落ち着いて歩く，ノックをする，出かける前に家で済ませて来る（おしっこ），おっかけっこをしない，自分が悪い，気を付けて集まる，思い切って笑ってしまう，未成年なのでビール等飲まない，堂々として挨拶する，後を向かない，黙って乗るよりも間違って乗ってしまったと言えば良かった，さっさと乗る，トイレに鍵を掛ける，ジャージのままでクラブをすれば良かった，靴を代わりに履いていれば良かった，吊革を代わりに持っていれば良かった
3. 自己の能力・知識のせい―予習や復習をしておく，知識（常識）があれば良かった，私の度胸の問題，ちゃんと練習をしておけば良かった
4. 自己の認識のせい―落ち着き・平常心・あせらず・ゆっくり，気のきかない自分が恥ずかしい，もっと気をつければ良かった，早く気がつけば良かった，前もって用意しておけば良かった，ちゃんと確認する，自分の心の中にしまっておく，先生の話をきちんと聴いておけば良かった，しっかりした気持ちを持っていたら良かった
5. 相手の存在のせい―同性であったら，相手が気にしないでいてくれれば，友人がそばに居てくれたら，母について来てもらえば，二人きりにしてくれれば，誰もいなければ，こちらの存在に気付かないでいてくれれば
6. 相手の行動のせい―下手に慰めない，先輩が色々指導してくれる，セリフを教えてくれる，そっと教えて欲しい，見て見ぬ振りをして欲しい，休み時間になったら許して欲しい，励ましてくれれば良かった，理由を聴いてくれれば，皆が止めてくれれば，待っていて欲しかった，用意してくれたら，一言言ってくれたら，誰かが止めてくれたら，身体を支えてくれたら，一緒に探してくれたら，「上半身だけでいいです」と言ってくれたら，友達に馬鹿にされた，

にこっと笑って違いますと言ってくれたら，後から押して貰わなければ，こける前に救って欲しかった，さっさとして貰えば，担任が教えてくれたら，なにも言わずにやらせてくれたら，やめて欲しいと頼んで相手がようやく気付いてくれた，友達が冗談ぽく笑ってごまかしてくれたら，教えてもらわなかったら良かった，一人位乗れたからもっと詰めて貰えば良かった，人の居ないところで叱って欲しかった，誰かが声を掛けてくれれば良かった，相手の傷つくようなことは言わない，誰かが書く物を貸してくれたら，あやまってくれたら
7. 物のせい―窓をきちんと閉めておくとかボールを出さなければ良かった，人数分の靴があれば良かった，鉄の蓋の上に落ちなければ良かった
8. 状況のせい―気配り，あまり緊張しない雰囲気にする，水が流れだしたため，教室を別にする，ある程度騒がしかったら良かった，休みの前に再試をしてくれたら，男子が終わった後に女子の測定をすれば良い
11. その他―なんとなくごまかした，どうしても恥ずかしかった，あわてない

⑦羞恥体験による身体への影響

羞恥体験による身体への影響を複数回答で尋ねたところ表3-20の通り，保育学生及び母親ともに，「顔が赤くなる」（保育学生79.9％，母親61.7％）が最も多く，以下，「胸がどきどきする」「どこかに逃げだしたくなる」「冷や汗がでる」などの順で見られた。羞恥体験によって，「顔が赤くなる」「胸がどきどきする」という身体への直接的影響が，保育学生・母親のいずれともに上位を占めていた。

表3-20 羞恥体験による身体への影響

―複数反応―（％）

	保育学生	母　親
1. 顔が赤くなる	207（79.9）	29（61.7）
2. 胸がどきどきする	145（56.0）	17（36.2）
3. どこかに逃げだしたい	104（40.2）	16（34.5）
4. 冷や汗がでる	79（30.5）	13（27.7）
5. 身体がふるえる	37（14.3）	4（8.5）
6. 身体がかたくなる	35（13.5）	4（8.5）
7. 身体が熱くなる	6（2.3）	0（0.0）
8. 涙がでる（泣きたくなる）	3（1.2）	0（0.0）
9. 顔がひきつる	2（0.8）	0（0.0）
10. 声がふるえる	1（0.4）	0（0.0）
11. 頭がボーッとなる	1（0.4）	0（0.0）
12. 足ががくがくする	1（0.4）	0（0.0）
13. その他	14（5.4）	0（0.0）
無回答	4（1.5）	1（2.1）
反応総数（人数）	639（259）	84（47）

(2) 集団検診時の羞恥体験

①集団検診時の羞恥体験の有無

私たちは，学校や職場や市町村などで実施される身体測定・定期健康診断・ガン検診などの様々な集団検診を受けることがある。その際に恥ずかしい思いを体験することがある。

集団検診時の羞恥体験の有無について尋ねたところ表3-21の通り，保育学生の35.8％，母親の15.9％があると答えた。保育学生は，母親の2倍の羞恥体験をしている。保育学生の羞恥体験率は，母親の羞恥体験率よりも高いといえよう（$Z = 3.29, p < .01$）。

表3-21 集団検診時の羞恥体験の有無

SA（％）

	保育学生	母　親
1. あ　　る	103（35.8）	10（15.9）
2. な　　い	175（60.8）	46（73.0）
無 回 答	10（3.4）	7（11.1）
合　　計	288（100.0）	63（100.0）

②集団検診時の羞恥体験の時期

集団検診時の羞恥体験の時期を尋ねたところ表3-22の通り，保育学生の場合，「高校時代」が最も多く，次に「中学校時代」であった。母親の体験者は，全部で10名と少なく，小学校時代と中学校時代が同数を占めていた。集団検診時の羞恥体験の平均時期を見てみると，保育学生は13歳頃（$N = 78, \bar{x} = 13.44, \sigma = 2.94$），母親は成人後の体験者が2名いるために，中央値で見ると

表3-22 集団検診時に羞恥体験をした時期

SA（％）

	保育学生	母　親
1. 幼 児 期	1（1.0）	0（0.0）
2. 小 学 校	28（27.2）	4（40.0）
3. 中 学 校	33（32.0）	4（40.0）
4. 高　　校	36（35.0）	0（0.0）
5. 大・短・専門	1（1.0）	0（0.0）
6. そ の 他	3（2.9）	2（20.0）
無 回 答	1（1.0）	0（0.0）
合　　計	103（100.0）	10（100.0）

13歳頃であった。

保育学生は，思春期の集団検診に，母親は成人後の定期健康診断などの集団検診時期に見られるようである。

③集団検診時の羞恥体験の内容

集団検診時の羞恥体験の内容を自由記述で尋ねたところ表3-23の通り，保育学生・母親のいずれともに，身体や下着が見られることの恥ずかしさによる「身体露出」（保育学生35.9％，母親40.0％）が最も多かった。以下，保育学生では，「自分の身体に自信がない」，異性の存在を意識する時に生じる恥ずかしさによる「性」，大勢の人に注目される時に生じる恥ずかしさによる「人の存在・注視」が見られた。

表3-23　集団検診時に羞恥体験をした内容

―自由記述―（％）

	保育学生	母　親
1. 身体露出	37（35.9）	4（40.0）
2. 性	14（13.6）	2（20.0）
3. 自分の身体に自信がない	23（22.3）	1（10.0）
4. 人の存在・注視	13（12.6）	1（10.0）
5. 自分の検診検査について	8（7.8）	1（10.0）
6. その他	7（6.8）	0（0.0）
無回答	1（1.0）	1（10.0）
反応総数（人数）	103（103）	10（10）

表3-23　各項目の内容（自由記述の要約）

1. 身体露出―裸になる（衣服を脱がなくてはならない），ベッドに裸で寝かされる
2. 性―周囲に異性の人がいた，検査者が異性の人だった，医師が異性の人だった，健康診断の時，担任（男）の先生がいた
3. 自分の身体に自信がない―周囲に人がいた，パンツに穴が開いていた（汚れた下着を着ていた）のを見られた，どこかで見られているような気がする，人に見られたくなかった，友達に見られたくなかった
4. 人の存在・注視―自分の身体に自信がなかった，他の人と比べて自分の身体に特徴がある（太っている・乳房が大きいなど）
5. 自分の検診検査について―自分だけの検診・検査があった（蟯虫検査・何度もレントゲンを撮る），今までの検査と違っていた，側彎症の検査でお尻を出したまましばらくじっとさせられた，心電図をとるとき動いて何度も計り直して叱られた，何度もうまくいかなかった
6. その他―診断に関係のない話をされた（変な話をされた），チャックが取れずにズボンを履いたままはかった，服を上げ過ぎた

④集団検診時の羞恥体験の感情程度

集団検診時の羞恥体験をした際に，どの程度の恥ずかしさを感じたかを尋ねたところ表3-24の通り，保育学生の場合，「かなり恥ずかしかった」が最も多く，母親の場合，「かなり」と「やや」恥ずかしかったがいずれも3割ずつを占めていた。集団検診時の羞恥体験について非常に恥ずかしかった（4点）から恥ずかしかった（1点）までの4件法によるt検定をおこなったところ，保育学生（$N = 102, \bar{x} = 2.81, \sigma = 0.94$）と母親（$N = 9, \bar{x} = 2.33, \sigma = 0.94$）との集団検診時の羞恥体験の感情程度には差異は見られなかった（$t = 1.46, df = 109$, n.s.）。

表3-24 集団検診時の羞恥体験の程度

SA（％）

	保育学生	母　親
1. 非常に恥ずかしかった	28（27.2）	1（10.0）
2. かなり恥ずかしかった	36（35.0）	3（30.0）
3. やや恥ずかしかった	29（28.2）	3（30.0）
4. 恥ずかしかった	9（8.7）	2（20.0）
無 回 答	1（1.0）	1（10.0）
合　　計	103（100.0）	10（100.0）

⑤集団検診時の羞恥体験をしないための配慮

集団検診時に羞恥体験をしないための羞恥への配慮をどのようにすれば良かったかを自由記述で尋ねたところ表3-25の通り，保育学生の場合，「検査の配慮に関すること」を最も望み，以下，「他者（異性）に見られないこと」「同性

表3-25 集団検診時の羞恥体験への配慮

―自由記述―（％）

	保育学生	母　親
1. 検査の配慮に関すること	48（46.6）	3（30.0）
2. 同性の医療者にしてもらうこと	13（12.6）	3（30.0）
3. 他者（異性）に見られないこと	16（15.5）	0（0.0）
4. 仕方がない	5（4.9）	1（10.0）
5. わからない	4（3.9）	0（0.0）
6. 特にない	3（2.9）	0（0.0）
7. そ の 他	12（11.7）	1（10.0）
無 回 答	2（1.9）	2（20.0）
反応総数（人数）	103（103）	10（10）

表3-25 各項目の内容（自由記述の要約）
1—1人ずつ部屋で見てもらう，簡単に脱げる服を着る，きちんとした更衣室があれば良い，衣服や下着を脱がさないようにする（下着をつけたままでする），医師らしく振る舞う（にやつかない・ちゃんと見る・事務的に振る舞う），身体のことを言ったりしない
2—同性の医療者にしてもらう，女の先生が良い
3—異性と同じ場所にしない，他の人（異性）に見られなければ良い
7—皆が平気でいてくれたら良い，検診の説明をちゃんと聴いておく，静かに並んで待って欲しい

の医療者にしてもらうこと」を望んでいた。一方，母親の件数は少ないが，「検査の配慮に関すること」「同性の医療者にしてもらうこと」を同様に望んでいた。検査の仕方の工夫や同性の医療者にしてもらうことを求めている。

⑥集団検診・受診・治療時に自己の自己による羞恥体験をしないための配慮

集団検診・受診・治療（リハビリ等を含む）時に，恥ずかしい思いをしないように自分で工夫するにはどのような方法があるのであろうか。その方法を自由記述で尋ねたところ表3-26の通り，保育学生の場合，「自分に恥ずかしくないと言い聞かせる」「医師の指示や他の人と同じ様にする」「医師だと割り切り，開き直る」などの工夫が見られた。一方，母親の場合，「特にない」が最も多く，「自分に恥ずかしくないと言い聞かせる」「医師の指示や他の人と同じ様にする」「身なりを清潔で健康にしておく」などが散見されるだけであった。

表3-26 集団検診・受診・治療（リハビリ等を含む）時に自己による羞恥体験をしないための配慮
—自由記述—（%）

	保育学生	母 親
1. 自分に恥ずかしくないと言い聞かせる	42(14.6)	3(4.8)
2. 医師の指示や他の人と同じ様にする	32(11.1)	3(4.8)
3. 人に見られないようにする	24(8.3)	0(0.0)
4. 手早くする	18(6.3)	1(1.6)
5. 医師だと割り切る，開き直る	18(6.3)	0(0.0)
6. 身なりを清潔で健康にしておく	10(3.5)	3(4.8)
7. 仕方ない（あきらめる）	7(2.4)	1(1.6)
8. わからない	15(5.2)	0(0.0)
9. 特にない	16(5.6)	11(17.5)
10. その他	13(4.5)	5(7.9)
無 回 答	93(32.3)	36(57.1)
反応総数（人数）	288(288)	47(47)

表3-26 各項目の内容（自由記述の要約）

1―なるべく早く済むようにする，きょろきょろしない，ブラジャーを取らないで済むようにする
2―他人に見られないように衣服やタオルで隠す，人をじっと見ない，下着をつけたままで良かったら恥ずかしくない，他人がいなかったら良い
3―自分に恥ずかしくないと言い聞かせる，気にしないようにする，自分だけでなく皆も一緒だと思う
4―他の人と同じようにやる，決められた（マナー）通りにやる，医師の指示通りに言われた通りにやる，友達どうしで冗談を言い合ったする
5―清潔な下着をつけるようにする，脂肪でぶよぶよした体型を引き締める，自分の身体を健康に保っておく
6―開き直る，医師だと割り切る
10―後からこっそり記録をつける，下着のなかにこっそり重りを入れておく，考えながら行動する，心電図の時のやり方を教えて欲しい，自分で測るようにする，真面目にやるようにする

　この質問項目には，保育学生（32.3％）・母親（57.1％）ともに無回答の割合が多く見られた。集団検診・受診・治療（リハビリ等を含む）時といった場面は，羞恥への配慮を自分でなしえない場面であるという諦観の意識のため，具体的な低減方法を提案することができなかったとも考えられる。

(3) 病院での羞恥体験

①病院での羞恥体験の有無

　私たちは，患者として病院を訪問した際に，院内で様々な羞恥体験をすることがある。その際に恥ずかしい思いを体験することがある。

　病院での羞恥体験の有無について尋ねたところ表3-27の通り，保育学生の60.8％，母親の49.2％で，保育学生の3人に2人，母親の2人に1人があると答えた。病院での保育学生の羞恥体験率は，母親の羞恥体験率よりも高いと言えよう（$Z = 1.69, p < .05$）。

表3-27 病院での羞恥体験の有無

SA（％）

	保育学生	母　親
1. あ　　る	175（ 60.8）	31（ 49.2）
2. な　　い	112（ 38.9）	30（ 47.6）
無　回　答	1（ 0.3）	2（ 3.2）
合　　計	288（100.0）	63（100.0）

②病院での羞恥体験をした各科名

病院での羞恥体験をした各科名を複数回答で尋ねたところ表3-28の通り，保育学生の場合，「内科」が最も多く，以下，「外科」「歯科」「耳鼻咽喉科」が上位の羞恥体験をした科であった。母親の場合，「婦人科」と「産科」が最も多い羞恥体験の科であった。特に羞恥体験をした科をひとつだけあげてもらったところ，保育学生の場合，「内科」「外科」「婦人科」の順であり，母親の場合は「産科」「婦人科」であった。

保育学生は，身体を見られたり触られたりする内科・外科関係で羞恥を体験する場合が多く，一方，母親は，妊娠・出産・婦人病などの産婦人科に関係した羞恥体験をする場合が多い。

表3-28 羞恥体験をした各科名
―複数反応―（%）／特に羞恥体験をした各科名 SA（%）

	保育学生	母 親	保育学生	母 親
1. 内　　科	129(73.7)	4(12.9)	84(48.0)	1(3.2)
2. 外　　科	53(30.3)	5(16.1)	37(21.0)	1(3.2)
3. 歯　　科	27(15.4)	1(3.2)	7(4.0)	1(3.2)
4. 耳鼻咽喉科	18(10.3)	1(3.2)	5(2.9)	0(0.0)
5. 皮 膚 科	15(8.6)	2(6.5)	6(3.4)	1(3.2)
6. 小 児 科	14(8.0)	0(0.0)	8(4.6)	0(0.0)
7. 整形外科	13(7.4)	1(3.2)	4(2.3)	0(0.0)
8. 婦 人 科	12(6.9)	21(67.7)	11(6.3)	12(38.7)
9. 眼　　科	9(5.1)	0(0.0)	3(1.7)	0(0.0)
10. 産　　科	4(2.3)	19(61.3)	4(2.3)	13(41.9)
11. 泌尿器科	4(2.3)	2(6.5)	2(1.1)	1(3.2)
12. レントゲン科	3(1.7)	0(0.0)	3(1.7)	0(0.0)
13. そ の 他	1(0.6)	1(3.2)	0(0.0)	1(3.2)
無 回 答	0(0.0)	0(0.0)	1(0.6)	0(0.0)
反応総数（人数）	302(175)	57(31)	175(100.0)	31(100.0)

③各科での羞恥体験の内容

各科での羞恥体験の内容を自由記述で尋ねたところ表3-29の通り，保育学生の場合，「衣服を脱ぐこと」「診察」「臀部の注射」などである。母親の場合，「性器の診察」「剃毛」「衣服を脱ぐこと」などを羞恥体験としていた。特に羞恥体験をした内容をひとつだけあげてもらったところ，保育学生も母親も同様であった。保育学生・母親ともに身体を見られたり・接触を受けたりする事柄

や性器及び性器周辺に関する事柄に羞恥体験をするようである。

表3-29 各科で羞恥体験をした内容
―自由記述― (%)／特に羞恥体験をした内容 (%)

	保育学生	母　親	保育学生	母　親
1. 衣服を脱ぐこと	102 (58.3)	11 (35.5)	54 (30.9)	3 (9.7)
2. 診　察	82 (46.9)	6 (19.4)	35 (20.0)	0 (0.0)
3. 臀部の注射	40 (22.9)	3 (9.7)	14 (8.0)	1 (3.2)
4. 治療に関すること	20 (11.4)	0 (0.0)	16 (9.1)	0 (0.0)
5. 剃　毛	17 (9.7)	12 (38.8)	10 (5.7)	4 (12.9)
6. 浣　腸	13 (7.4)	6 (19.4)	10 (5.7)	1 (3.2)
7. 性器の診察	13 (7.4)	23 (74.2)	11 (6.3)	19 (61.3)
8. 院内での失敗	8 (4.6)	0 (0.0)	5 (2.9)	0 (0.0)
9. 肛　門	7 (4.0)	4 (12.9)	5 (2.9)	0 (0.0)
10. 検査に関すること	6 (3.4)	2 (6.5)	5 (2.9)	2 (6.5)
11. 病気の診断に関すること	6 (3.4)	0 (0.0)	4 (2.3)	0 (0.0)
12. 身体の変調	4 (2.3)	0 (0.0)	3 (1.7)	0 (0.0)
13. その他	1 (0.6)	1 (3.2)	0 (0.0)	1 (3.2)
無回答	3 (1.7)	0 (0.0)	3 (1.7)	0 (0.0)
反応総数（人数）	322 (175)	68 (31)	175 (100.0)	31 (100.0)

表3-29 各項目の内容（自由記述の要約）
1. 衣服を脱ぐこと―肩凝りでおばん臭い，風邪などの病気でないから，膀胱炎，便秘，普通の人にはあまりない病気
2. 診察―症状の説明が十分でなかった，自分の大切な恥ずかしい部分について言わなくてはならない，生理のことを聞かれた，腰が悪いと言わなくてはならない，病気の原因を言うのが恥ずかしい
3. 臀部の注射―足を見せなければならない，お尻を見られた，衣服を脱がなくてはならない，自分の身体の一部（陰毛・上半身など）を見られた
4. 治療に関すること―衣服を脱いだり下着を見られた，上半身裸だった，じっと見たり・じろじろ見られたりした，お尻に注射を打たれたから
5. 剃毛―周囲に人がいた
6. 浣腸―周囲に異性の人がいた
7. 性器の診察―異性の先生だった
8. 院内での失敗―受診の科を間違えた
9. 肛門―人に見せるところではない（見せたことがない），どうしても見せたくなかった
10. 検査に関すること―身体に自信がない（胸・脂肪がついている・太っているなど），身体について言われたり比較されたりした，自分の身体を先生がどのように思っているか気になる
11. 病気の診断に関すること―思春期で意識し始めた，かっこいい先生だった，胸が膨らみ始めた，自分の姿を想像して，女の子だから
12. 身体の変調―なんとなく，わからない，よく知っている医師（先生）なので，誰でも恥ずかしいと思っているから

(4) 医師との羞恥体験

①診察の種類及び医師に対する羞恥体験の有無

患者は，病院で受診した各科の医師から症状に関する様々な問診・視診・触診を受けたりする。問診の場面では，一般に「どこが悪いですか」と尋ねられるが，なぜ患者は羞恥を抱くのであろうか。あるいは，見られたり触られたりする「視診・触診」の場面では，さらに羞恥を抱くようである。

診察の種類及び医師に対する羞恥体験の有無について尋ねたところ表3-30の通り，問診場面では保育学生の11.5％・母親の15.9％で1割強，視診場面では保育学生の60.7％・母親の38.1％，触診場面では保育学生の41.3％・母親の30.2％が羞恥体験があると答えた。保育学生・母親ともに羞恥体験率は，視診＞触診＞問診の順であった。

医師に対する羞恥体験率は，問診（$Z = 0.96$, n.s.）・触診（$Z = 1.64$, n.s.）の場面のいずれとも保育学生と母親とに差異はないが，視診場面では保育学生の方が母親の羞恥体験率よりも高いといえよう（$Z = 3.28, p < .01$）。

青年期の保育学生にとって，医師からじっと見つめられる「視診」は，問診・触診以上に羞恥を抱くようである。

表3-30 診察の種類及び医師に対する羞恥体験の有無

SA（％）

	問　　診		視　　診		触　　診	
	保育学生	母　親	保育学生	母　親	保育学生	母　親
1．あ　　る	33（11.5）	10（15.9）	175（60.7）	24（38.1）	119（41.3）	19（30.2）
2．な　　い	250（86.8）	5（7.9）	103（35.8）	38（60.3）	157（54.5）	43（68.3）
無　回　答	5（1.7）	48（76.2）	10（3.5）	1（1.6）	12（4.2）	1（1.5）
合　　　計	288（100.0）	63（100.0）	288（100.0）	63（100.0）	288（100.0）	63（100.0）

②診察の種類及び医師に対する羞恥体験の感情程度

診察の種類及び医師に対する羞恥体験の感情程度について尋ねたところ表3-31の通り，問診場面では保育学生の「やや恥ずかしかった」，母親の「恥ずかしかった」，視診場面では保育学生の「やや恥ずかしかった」，母親の「かなり恥ずかしかった」，触診場面では保育学生の「やや恥ずかしかった」，母親の「非常に恥ずかしかった」が第1位を占めていた。

診察の種類及び医師に対する羞恥体験について非常に恥ずかしかった（4点）から恥ずかしかった（1点）までの4件法による比較をすれば，医師に対する羞恥体験率は，保育学生・母親ともに，触診＞視診＞問診の順であった。
　さらに t 検定をおこなったところ，問診場面（保育学生：$N = 33, \bar{x} = 2.61, \sigma = 1.64$・母親：$N = 10, \bar{x} = 2.5, \sigma = 1.28$・$t = 0.26, df = 41$, n.s.），視診場面（保育学生：$N = 173, \bar{x} = 2.68, \sigma = 1.02$・母親：$N = 24, \bar{x} = 2.58, \sigma = 0.86$・$t = 0.44, df = 195$, n.s.），触診場面（保育学生：$N = 118, \bar{x} = 2.7, \sigma = 1.04$・母親：$N = 19, \bar{x} = 2.95, \sigma = 1.0$・$t = 0.94, df = 135$, n.s.）のいずれの場面ともに保育学生と母親とに差異はなかった。羞恥体験の感情程度に違いは見られなかった。
　全体として，問診・触診・視診のいずれの場面にせよ，保育学生・母親ともに「かなり恥ずかしかった」に近い羞恥体験をしていた。

表3-31　診察の種類及び医師に対する羞恥体験の程度

SA（％）

	問　　診		視　　診		触　　診	
	保育学生	母　親	保育学生	母　親	保育学生	母　親
1. 非常に恥ずかしかった	9(27.3)	3(30.0)	48(27.4)	6(25.0)	37(31.1)	7(36.8)
2. かなり恥ずかしかった	7(21.2)	3(30.0)	45(25.7)	8(33.3)	25(21.0)	6(31.6)
3. やや恥ずかしかった	12(36.4)	0(0.0)	57(32.6)	4(16.7)	40(33.6)	4(21.1)
4. 恥ずかしかった	5(15.2)	4(40.0)	23(13.1)	6(25.0)	16(13.4)	2(10.5)
無　回　答	0(0.0)	0(0.0)	2(1.0)	0(0.0)	1(0.8)	0(0.0)
合　　　　計	33(100.0)	10(100.0)	175(100.0)	24(100.0)	119(100.0)	19(100.0)

③診察の種類及び医師に対する羞恥体験の身体部位

　診察の種類及び医師に対する羞恥体験の身体部位について自由記述で尋ねたところ表3-32の通り，羞恥を抱いた身体部位として，視診の場面では，保育学生の場合「胸（上半身を含む）」（79.4％）が最も多く，以下，「腹部」「臀部」であり，母親の場合，「性器（下半身を含む）」（62.5％）が最も多く，以下，「胸（上半身を含む）」であり，触診場面では，保育学生の場合，「胸（上半身を含む）」（64.7％）が最も多く，以下，「腹部」「臀部」であり，母親の場合，「性器（下半身を含む）」（68.4％）が最も多く，以下，「胸（上半身を含む）」「臀部」であった。

視診や触診のいずれの場面において保育学生や母親ともに，乳房に関わる胸や腹部や臀部などの部位で同じ羞恥傾向が見られた。

表3-32 診察の種類及び医師に対する羞恥体験の身体部位
―自由記述―（％）

	視　　診		触　　診	
	保育学生	母　　親	保育学生	母　　親
1. 胸（上半身を含む）	139(79.4)	6(25.0)	77(64.7)	4(21.1)
2. おなか（腹部）	17(9.7)	1(4.2)	25(21.0)	0(0.0)
3. お尻（臀部）	14(8.0)	2(8.3)	8(6.7)	1(5.3)
4. 性器（下半身を含む）	9(5.1)	15(62.5)	5(4.2)	13(68.4)
5. わ　　き	4(2.3)	0(0.0)	0(0.0)	0(0.0)
6. ふともも（股）	4(2.3)	1(4.2)	1(0.8)	0(0.0)
7. 足	4(2.3)	0(0.0)	3(2.6)	0(0.0)
8. その他（全身も含む）	9(5.1)	1(4.2)	7(5.9)	1(5.3)
無　回　答	26(14.9)	1(4.2)	5(4.2)	2(10.5)
反応総数（人数）	226(175)	27(24)	131(119)	21(19)

表3-32 各項目の内容（自由記述の要約）
1. 胸―視診（胸，上半身，バスト，おっぱい）・触診（胸，胸のあたり，上半身）
2. おなか（腹部）―視診（おなか，お腹の少し下の部分，腹部）・触診（おなか，腹）
3. お尻（臀部）―視診（お尻，肛門，お尻の注射，尾てい骨）・触診（お尻，肛門，尾てい骨）
4. 性器（下半身を含む）―性器，下半身
6. ふともも（股）―ふともも，股
7. 足―足，足の付け根
8. その他（全身も含む）―視診（身体の前，全体，内科検診の時，背中）・触診（全部，背中）

④診察の種類及び医師に対する羞恥体験の理由

　診察の種類及び医師に対する羞恥体験の理由について自由記述で尋ねたところ表3-33の通り，問診の場面では，保育学生の場合，「病気そのものに関すること」「症状の説明」「身体を見られたから」であり，母親の場合，「身体を見られたから」「病気そのものに関すること」が理由であった。視診の場面では，保育学生の場合，「異性の医療者（医師）がいた」「人に見せるところではない」「身体露出（身体や下着）」「自分の身体に自信がない」であり，母親の場合は，「人に見せるところではない」「自分の身体に自信がない」「身体露出（身体や下着）」が理由であった。

　保育学生は，医師が異性であったことが羞恥体験をした理由としているが，

母親の場合は，自己の容姿や自信のなさや局部がさらけだされることを羞恥体験の理由としている。

表3-33 診察の種類及び医師に対する羞恥体験の理由

―自由記述―(%)

	問　　診		視　　診	
	保育学生	母　　親	保育学生	母　　親
1. 病気そのものに関すること	12(36.4)	2(20.0)		
2. 症状の説明	12(36.4)	0(0.0)		
3. 身体を見られたから	5(15.2)	6(60.0)		
4. 身体露出（身体や下着）			21(12.0)	3(12.5)
5. 周囲に人がいたから	1(3.0)	0(0.0)	6(3.4)	1(4.2)
6. 周囲に異性の人がいたから			7(4.0)	0(0.0)
7. 異性の医療者（医師）がいた			61(34.9)	0(0.0)
8. 人に見せるところではない	1(3.0)		22(12.6)	7(29.2)
9. 自分の身体に自信がない			18(10.3)	5(20.8)
10. 性（思春期）			14(8.0)	0(0.0)
11. その他	1(3.0)	1(10.0)	21(12.0)	6(25.0)
無回答	2(6.1)	1(10.0)	5(2.9)	2(8.3)
反応総数（人数）	34(33)	10(10)	175(175)	24(24)

⑤診察の種類及び医師に対する羞恥体験をしないための配慮

診察の種類及び医師に対する羞恥体験をしないための配慮について自由記述で尋ねたところ表3-34の通り，視診場面では，「診察の配慮に関すること」（保育学生61.1%，母親33.3%），「同性の医療者にしてもらうこと」（保育学生

表3-34 診察の種類及び医師に対する羞恥体験への配慮

―自由記述―(%)

	視　　診		触　　診	
	保育学生	母　　親	保育学生	母　　親
1. 診察の配慮に関すること	107(61.1)	8(33.3)	62(52.1)	6(31.6)
2. 同性の医療者にしてもらうこと	20(11.4)	3(12.3)	12(10.1)	2(10.5)
3. 他者（異性）に見られないこと	6(3.4)	0(0.0)	2(1.7)	0(0.0)
4. 仕方がない	12(6.9)	6(25.0)	15(12.6)	6(31.6)
5. わからない	5(2.9)	0(0.0)	4(3.4)	0(0.0)
6. 特にない	4(2.3)	2(8.3)	1(0.8)	1(5.3)
7. その他	0(0.0)	0(0.0)	4(3.4)	0(0.0)
無回答	21(12.0)	5(20.8)	19(16.0)	4(21.1)
反応総数（人数）	175(175)	24(24)	119(119)	19(19)

表3-34 各項目の内容（自由記述の要約）

1. 診察の配慮に関すること—視診（手早くすませる，下着（ブラジャー）や服を脱がさないで診察する，じっと見つめたりいやらしい目で見ない，タオルなどで部分的に隠す，1人が終わってから次の患者を入れる，違う方法でやる，ちょっと声を掛けたり別の話や冗談を言って欲しい，知っている先生なら良い，カーテンなどで仕切る）・触診（手早く済ませる，手袋を使う，あまり触らない，じっと見たりいやらしい目で見ない，毛布や布を掛けて隠す，胸の方ばかり診察しない（聴診器を長時間当てない），真面目に真剣にやって欲しい，くすぐったり痛かったりする感じのしないようにする，声を掛ける，触る場所を変える，乱暴に扱わない）
2. 同性の医療者にしてもらうこと—女の先生だったら良い
3. 他者（異性）に見られないこと—視診（周囲の人を遠ざけて欲しい，目隠しをする）・触診（目隠しをしてもらう，カーテンなどで仕切って人に見られないようにする）
7. その他—太っていなかったら，普通にしてくれれば良い

11.4％, 12.3％）であり，触診場面でも，「診察の配慮に関すること」（保育学生52.1％, 母親31.6％），「同性の医療者にしてもらうこと」（保育学生10.1％, 母親10.5％）であった。

視診・触診場面のいずれともに，診察の配慮や同性の医療者が対応することを求めている。しかし，視診や触診のいずれの場面においても，保育学生と母親ともに，「仕方がない」とあきらめている割合が1割から3割に渡って見られた。

(5) 看護婦との羞恥体験

①診察の種類及び看護婦に対する羞恥体験の有無

患者は，病院で受診した各科の看護婦から症状に関する様々な問診・視診・触診を受けたりする。問診の場面では，一般に「どこが悪いですか」と尋ねられたり，あるいは，見られたり・触られたりする「視診・触診」の場面でも羞恥体験をする。

診察の種類及び看護婦に対する羞恥体験の有無について尋ねたところ表3-35の通り，問診場面では保育学生の4.5％・母親の6.3％で1割弱，視診場面では保育学生の13.9％・母親の11.1％の1割強，触診場面では保育学生の6.6％・母親の9.5％の1割弱の僅かな者しか羞恥体験をしていなかった。保育学生・母親ともに羞恥体験率は，視診＞触診＞問診の順であった。

看護婦に対する羞恥体験率は，問診（$Z = 0.60$, n.s.）・視診（$Z = 0.59$,

表 3-35　診察の種類及び看護婦に対する羞恥体験の有無

SA（%）

	問　　診		視　　診		触　　診	
	保育学生	母　親	保育学生	母　親	保育学生	母　親
1. あ　　る	13（ 4.5）	4（ 6.3）	40（13.9）	7（11.1）	19（ 6.6）	6（ 9.5）
2. な　　い	273（94.8）	58（92.1）	248（86.1）	54（85.7）	267（92.7）	56（88.9）
無　回　答	2（ 0.7）	1（ 1.6）	0（ 0.0）	2（ 3.2）	2（ 0.7）	1（ 1.6）
合　　　計	288（100.0）	63（100.0）	288（100.0）	63（100.0）	288（100.0）	63（100.0）

n.s.）・触診（$Z = 0.81$, n.s.）のいずれとも保育学生と母親とに差異はなかった。羞恥体験が少ないのは，保育学生・母親ともに看護婦に対しては同性ということが羞恥体験率を低くしていると言えよう。

②診察の種類及び看護婦に対する羞恥体験の感情程度

　診察の種類及び看護婦に対する羞恥体験の感情程度について尋ねたところ表3-36の通り，問診場面では保育学生の「恥ずかしかった」，母親の「かなり恥ずかしかった」，視診・触診場面のいずれの保育学生・母親ともに「非常に恥ずかしかった」が第1位を占めていた。

表 3-36　診察の種類及び看護婦に対する羞恥体験の程度

SA（%）

	問　　診		視　　診		触　　診	
	保育学生	母　親	保育学生	母　親	保育学生	母　親
1. 非常に恥ずかしかった	4（30.8）	1（25.0）	16（40.0）	4（57.1）	9（47.4）	4（66.6）
2. かなり恥ずかしかった	0（ 0.0）	2（50.0）	14（35.0）	2（28.6）	3（15.8）	1（16.7）
3. やや恥ずかしかった	3（23.1）	0（ 0.0）	4（10.0）	1（14.3）	5（26.3）	0（ 0.0）
4. 恥ずかしかった	6（46.1）	1（25.0）	6（15.0）	0（ 0.0）	2（10.5）	1（16.7）
無　回　答	0（ 0.0）	0（ 0.0）	0（ 0.0）	0（ 0.0）	0（ 0.0）	0（ 0.0）
合　　　計	13（100.0）	4（100.0）	40（100.0）	7（100.0）	19（100.0）	6（100.0）

　診察の種類及び看護婦に対する羞恥体験について非常に恥ずかしかった（4点）から恥ずかしかった（1点）までの4件法による比較をすれば，医師に対する羞恥体験率は，保育学生・母親ともに，触診＞視診＞問診の順であった。

　さらにt検定をおこなったところ，問診場面（保育学生：$N = 13, \bar{x} = 1.15, \sigma = 1.29$・母親：$N = 4, \bar{x} = 1.18, \sigma = 1.09 \cdot t = 0.79, df = 15$, n.s.），視診場

面（保育学生：$N = 40, \bar{x} = 2.0, \sigma = 1.05$・母親：$N = 7, \bar{x} = 2.25, \sigma = 0.72$・$t = 1.02, df = 45$, n.s.），触診場面（保育学生：$N = 19, \bar{x} = 2.0, \sigma = 1.08$・母親：$N = 6, \bar{x} = 2.33, \sigma = 1.11$・$t = 0.63, df = 23$, n.s.）のいずれの場面ともに保育学生と母親とに差異はなかった。

全体として，問診・触診・視診のいずれの場面にせよ，保育学生・母親ともに「やや恥ずかしかった」に近い羞恥体験をしていた。

③診察の種類及び看護婦に対する羞恥体験の身体部位

診察の種類及び看護婦に対する羞恥体験の身体部位について自由記述で尋ねたところ表3-37の通り，羞恥を抱いた身体部位として，視診の場面では，保育学生の場合，「胸（上半身を含む）」（32.5％）が最も多く，以下，「臀部」「性器（下半身を含む）」であり，母親の場合，「性器（下半身を含む）」（3件）及び「胸（上半身を含む）」「臀部」「腹部」の1件ずつのみが見られた。

触診の場面は，保育学生の場合，「胸（上半身を含む）」（42.1％）が最も多く，以下，「性器（下半身を含む）」「臀部」であり，母親の場合，「性器（下半身を含む）」「ふともも（股）」の2件ずつ及び「臀部」「腹部」の1件ずつが見

表3-37　診察の種類及び看護婦に対する羞恥体験の身体部位

—自由記述—（％）

	視　　　診		触　　　診	
	保育学生	母　親	保育学生	母　親
1. 胸（上半身を含む）	13（32.5）	1（14.3）	8（42.1）	0（ 0.0）
2. お尻（臀部）	11（27.5）	1（14.3）	3（15.8）	1（16.7）
3. 性　器（下半身を含む）	8（20.0）	3（42.9）	4（21.1）	2（33.3）
4. わ　き	2（ 5.0）	0（ 0.0）	0（ 0.0）	0（ 0.0）
5. ふともも（股）	1（ 2.5）	0（ 0.0）	0（ 0.0）	2（33.3）
6. おなか（腹部）	0（ 0.0）	1（14.3）	2（10.5）	1（16.7）
7. 足	2（ 5.0）	0（ 0.0）	2（10.5）	0（ 0.0）
8. その他（全身も含む）	3（ 7.5）	1（14.3）	0（ 0.0）	0（ 0.0）
無　回　答	2（ 5.0）	0（ 0.0）	0（ 0.0）	0（ 0.0）
反応総数（人数）	42（40）	7（7）	19（19）	6（6）

表3-37　各項目の内容（自由記述の要約）
1. 胸（上半身を含む）―視診（胸，上半身）・触診（胸，胸のあたり，上半身）
3. 性器（下半身を含む）―性器，下半身，虫垂炎になった時に毛を剃られた
8. その他（全身も含む）―視診（全ての部分，見られたところ，口の中）・触診（市販している物を自分で使うようにする，気配りばかりしても恥ずかしい）

られただけであった。

保育学生は乳房に関連する胸に，母親は性器に関連する部分に羞恥体験の部位が見られた。

④診察の種類及び看護婦に対する羞恥体験の理由

診察の種類及び看護婦に対する羞恥体験の理由について自由記述で尋ねたところ表3-38の通り，問診の場面では，保育学生の場合，「病気そのものに関すること」「症状の説明」（各6件）であり，母親の場合，「身体を見られたから」（2件），「病気そのものに関すること」「周囲に人がいた」（各1件）であり，視診の場面では，保育学生の場合，「人に見せるところではない」（14件），「一方的に見られているから」（5件）であり，母親の場合，「人に見せるところではない」「自分の身体に自信がない」（各2件）であり，触診の場面では，保育学生の場合，「自分の身体に自信がない」（5件），「人に見せるところではない」「変わった処置や態度をされた」（各4件）であり，母親の場合，「人に見せるところではない」（2件），「自分の身体に自信がない」（1件）のみであった。

表3-38 診察の種類及び看護婦に対する羞恥体験の理由
—自由記述—（%）

	問診		視診		触診	
	保育学生	母親	保育学生	母親	保育学生	母親
1. 病気そのものに関すること	6(46.2)	1(25.0)				
2. 症状の説明	6(46.2)					
3. 身体を見られたから		2(50.0)				
4. 周囲に人（看護婦）がいたから	1(7.7)	1(25.0)	4(10.0)			
5. 一方的に見られているから			5(12.5)	1(14.3)		
6. 人に見せるところではない			14(35.0)	2(28.6)	4(21.1)	2(33.3)
7. 自分の身体に自信がない			4(10.0)	2(28.6)	5(26.3)	1(16.7)
8. 変わった処置や態度をされた			3(7.5)		4(21.1)	
9. なんとなく			3(7.5)		1(5.3)	
10. いやな顔をされたから			1(2.5)			
11. 人に触れるところではない					3(15.8)	
12. その他			1(2.5)	2(28.6)		2(33.3)
無回答			5(12.5)		2(10.5)	1(16.7)
反応総数（人数）	13(13)	4(4)	40(40)	7(7)	19(19)	6(6)

128　第3章　看護場面の羞恥

表3-38　各項目の内容（自由記述の要約）

1. 病気そのものに関すること―風邪などではないから，人に言えない病気にかかったから，傷が治って1週間後にまた同じところを悪くしたから
2. 症状の説明―大きな声で他の患者の前で言ったから，自分のことと言うか悪いところがはっきり言えなかった，自分がどんくさいことをして怪我をしたのでその原因を言うのが恥ずかしかった，自分の症状を言うのがいやだった
3. 身体を見られたから―身体を見られた
4. 周囲に人（看護師）がいたから―尿管を通す時に痛くて何度も足を動かしたために若い看護婦さんが集まってきた，やっぱり看護婦さんでも恥ずかしいものは恥ずかしい，人に見られるのはいやだから，インターンが周りを囲んで実験台になった
5. 一方的に見られているから――方的に見られている，じろじろ見られる，まじまじと見られた気がした
6. 人に見せるところではない―視診（両親などにさえあまり見られたことがなかった，あまり人に見せるようなところではない，人から見られた，人に見せるところでない（浣腸の時））・触診（お尻を見せて浣腸をしてもらうのは恥ずかしい，恥ずかしいところだから，じろじろ見るし時間がかかり過ぎる）
7. 自分の身体に自信がない―視診（毛深くあざがある，その人が細い人だった（はっきり言って私は太い））・触診（自分の姿を想像する，盲腸を切る時お腹に脂肪が付いている，太っていた，自分に自信がない）
8. 変わった処置や態度をされた―視診（だいたいお尻に注射をするなんて知らない年頃（幼稚園か小学校低学年）だったので本当に大声で泣き叫んでしまった，看護婦さんなのに見た途端「失礼しました」と出て行ったためにこちらがよけいに恥ずかしくなった）・触診（麻酔で感覚がなかったけれど，分からないからよけいに恥ずかしかった，自分がもじもじしているとサッサッと手伝われてしまった，心電図をとる時，若い男の人が胸のあちこちにクリームを塗ったから）
10. いやな顔をされたから―盲腸がひどくて動けなくてトイレの用をたしてもらったけれど，看護婦さんが厭そうな顔をした
11. 人に触れるところではない―人に触れたことがあまりない，他人に触られたくない，普通，人に触られない部分だからと思う

　僅かな反応数であるが，それでも問診・視診・触診のそれぞれの場面において，その羞恥体験の理由に違いが見られた。

⑤診察の種類及び看護婦に対する羞恥体験をさせないための配慮

　診察の種類及び看護婦に対する羞恥体験をさせないための配慮について自由記述で尋ねたところ表3-39の通り，視診場面では，「診察の配慮に関すること」（保育学生37.5％，母親42.9％），「他者（異性）に見られないこと」（保育学生15.0％）であり，触診場面でも，「診察の配慮に関すること」（保育学生5件，母親2件），「他者（異性）に見られないこと」（保育学生2件）であった。

視診・触診ともに診察の配慮や同性に対応してもらうことを求めている。しかし，視診や触診のいずれの場面においても，保育学生と母親ともに，「仕方がない」とあきらめている件数も見られた。

表3-39 診察の種類及び看護婦に対する羞恥体験への配慮

—自由記述— (%)

	視　　診		触　　診	
	保育学生	母　　親	保育学生	母　　親
1. 診察の配慮に関すること	15 (37.5)	3 (42.9)	5 (26.3)	2 (33.3)
2. 他者（異性）に見られないこと	6 (15.0)	0 (0.0)	2 (10.5)	0 (0.0)
3. 仕方がない	6 (15.0)	1 (14.3)	3 (15.6)	3 (50.0)
4. 同性の医療者にしてもらうこと	0 (0.0)	0 (0.0)	1 (5.3)	0 (0.0)
5. わからない	1 (2.5)	0 (0.0)	2 (10.5)	0 (0.0)
6. 特にない	2 (5.0)	1 (14.3)	1 (5.3)	0 (0.0)
7. その他	4 (10.0)	2 (28.6)	2 (10.5)	0 (0.0)
無　回　答	6 (15.0)	0 (0.0)	3 (15.8)	1 (16.7)
反応総数（人数）	40 (40)	7 (7)	19 (19)	6 (6)

表3-39 各項目の内容（自由記述の要約）

1. 診察の配慮に関すること―視診（手早く済ませる，もっとやさしい言葉がけをする，明るい笑顔でいて欲しい，下着を着けたまま見てもらう，服を着るまで入ってこない，恥ずかしがっていると気を配って欲しい）・触診（手早く済ませる，話し掛けながらやる，やり方を工夫して欲しい）
2. 他者（異性）に見られないこと―視診（他の人に見られたくない，一人だけで他の人に見せたくない，病気だから仕方がないがあんなに何人もの人が来てやらなくても良いと思う）・触診（他の人に見られないようにして貰う）
4. 同性の医療者にしてもらうこと―17歳の女の子と分かっているのだから看護婦さんにして貰えば良かった
7. その他―市販している物を自分で使うようにする，気配りばかりしても恥ずかしい

(6) 検査による羞恥体験

①検査による羞恥体験の有無

患者は，病院で様々な検査を受ける。その際，どのような羞恥体験をするのであろうか。

検査による羞恥体験の有無について尋ねたところ表3-40の通り，保育学生の51.1％，母親の28.6％で，すなわち保育学生の2人に1人，母親の3人に1人が羞恥体験をしている。検査による羞恥体験率は，保育学生の方が母親よりも有意に高いと言えよう（$Z = 3.23, p < .01$）。

表3-40 検査による羞恥体験の有無

SA（%）

	保育学生	母　親
1. あ　る	147(51.0)	18(28.6)
2. な　い	141(49.0)	44(69.8)
無回答	0(0.0)	1(1.6)
合　計	288(100.0)	63(100.0)

②検査による羞恥体験の内容

検査による羞恥体験の内容を複数回答で尋ねたところ表3-41の通り，保育学生の場合,「心電図」(50.3％)が最も多く，以下,「レントゲン撮影」「検尿」「検便」の順であり，母親の場合,「レントゲン撮影」(33.3％)が最も多く，以下,「心電図」「検尿」「検便」の順であった。

特に羞恥体験をした検査内容をひとつだけあげてもらったところ，保育学生の場合,「心電図」(40.8％)が最も多く，以下,「レントゲン撮影」「検尿」「検便」の順であり，母親の場合,「レントゲン撮影」(44.4％)が最も多く，以下,「検便」「心電図」の順であった。

保育学生・母親ともに，身体の「胸部」や「性器及び性器周辺」に関する検査で羞恥体験をしているようである。

表3-41 検査で羞恥体験をした内容

	―複数反応―（%）		特に羞恥体験をした検査 SA（%）	
	保育学生	母　親	保育学生	母　親
1. 心電図	74(50.3)	4(22.2)	60(40.8)	1(5.6)
2. レントゲン撮影	70(47.6)	6(33.3)	33(22.4)	8(44.4)
3. 検尿	53(36.1)	2(11.1)	27(18.4)	1(5.6)
4. 検便	34(23.3)	2(11.1)	13(8.8)	2(11.1)
5. 超音波	7(4.8)	0(0.0)	1(0.7)	0(0.0)
6. 採血	2(1.4)	0(0.0)	3(2.0)	0(0.0)
7. 視力検査	1(0.7)	0(0.0)	1(0.7)	0(0.0)
8. 乳ガンの検査	0(0.0)	1(5.6)	0(0.0)	1(5.6)
9. 血圧の検査	2(1.4)	0(0.0)	1(0.7)	0(0.0)
10. 子宮の検査	2(1.4)	2(11.1)	0(0.0)	2(11.1)
11. その他	7(4.8)	4(22.2)	7(4.8)	3(16.7)
無回答	0(0.0)	0(0.0)	1(0.7)	0(0.0)
反応総数（人数）	252(147)	21(18)	147(100.0)	18(100.0)

③検査による羞恥体験の理由

検査による羞恥体験の理由について自由記述で尋ねたところ表3-42の通り，保育学生・母親ともに，「身体露出」（保育学生31.3％，母親38.9％）が最も多く，「人の存在・注視」（保育学生12.2％，母親11.1％），「自分の検尿・検便を見られたから」（保育学生11.6％，母親5.6％）であった。これ以外に保育学生の場合，「性」「思いがけない事をされたり，言われたから」「検便のやり直しや自分だけの検査をされたから」「検査のために変わった格好をさせられたりベッドに寝かされたりした」などが見られた。

主として，保育学生・母親ともに身体露出による羞恥が強く見られた。

表3-42 検査で羞恥体験をした理由

―自由記述― (%)

	保育学生	母　親
1. 身体露出	46(31.3)	7(38.9)
2. 人の存在・注視	18(12.2)	2(11.1)
3. 自分の検尿・検便を見られたから	17(11.6)	1(5.6)
4. 性	16(10.9)	0(0.0)
5. 思いがけない事をされたり，言われたから	12(8.2)	0(0.0)
6. うまくやれなかった	9(6.1)	0(0.0)
7. 検便のやり直しや自分だけの検査をされたから	7(4.8)	1(5.6)
8. 検査のために変わった格好やベットに寝かされた	5(3.4)	0(0.0)
9. なんとなく	5(3.4)	0(0.0)
10. 自分の身体に自信がない	1(0.7)	1(5.6)
11. 検尿検便を持っていくところが分からず遠いから	1(0.7)	1(5.6)
12. その他	6(4.1)	3(11.1)
無　回　答	4(2.7)	2(16.7)
反応総数（人数）	147(147)	18(18)

表3-42 各項目の内容（自由記述の要約）
1. 身体露出―胸を見られた，上だけ裸になった，パンツ1枚だけになって台に寝た，たくさんの人に見られた，下着姿になった，超音波の時，子宮なので思いっきり（ギリギリ）パンツをずらした，下半身を見られた，上半身裸でお尻の半分まで出して検査するので，衣服を脱いだ間しばらくじっとしたままでいなければならなかった，身体を見られるのが恥ずかしい
2. 人の存在・注視―見られているような気がして，検査する人が「こちら側を向きなさい」と言ったので皆に注目された，人が見ているから，人が沢山いたから，ベッドの上で心電図をとるとき何人もの先生がいた，じろじろ見られた，他の患者さんのいる所を通らないといけなかった，学校の検査で皆が見ていた，集団だったから，他の生徒から身体を隠せなかった
3. 自分の検尿・検便を見られたから―診察の中にトイレがあって，そこで取ってそのビンを手渡すのがいやだった，自分のものを人に見られる，中学校の時，男と同時に検尿を取るので紙コップを持って廊下に並んで順番を待つのが恥ずかしい，便まで見てもらって悪いなあと思

ったら恥ずかしかった，学校に持って来ないといけない
4. 性―検尿の尿をコップに入れて持っている時，同級生の男の子に会った，男の医師だった，同じ年齢位の男の人がレントゲンの係の人であった，先生が医師としてではなく個人的な目で私を見た，男の人だったから，レントゲン室に入って服を脱いだら，男の人が入って来た，若い男の先生2～3人で上半身に器具を付けられた，レントゲン技師が若い男の人だった
5. 思いがけない事をされたり，言われたから―あんなことをするなんて知らなかった，目が悪いので検査してもらっているのに「こんなのも見えないの？」と笑われた，いじくり回された，盲腸で尿を出してもらうのに管を尿管に入れてもらって恥ずかしかった，意外だった，「あなたは心臓に毛が生えているかも知れない」と言われた，心電図をとった先生から「恋煩いじゃないか」と大勢の前で言われた
7. 検便のやり直しや自分だけの検査をされたから―検査の結果がやり直しと出た，医師と知り合いだったために普通の人より時間がかかった，皆のいる所で上半身裸にされてクリップのようなものを一杯付けられた，手の爪が少し開いただけなのに，大きな部屋に入れられて大きなベッドの上に指一本のせられた
8. 検査のために変わった格好やベッドに寝かされた―上着から靴下まで脱がされて（スカートは履いていた）台の上に寝ころがらされて情けなかった，変な格好をさせられた，衣服を脱いでベタベタ身体に貼られて寝かされた，電気の装置を胸とか腹に付けてそのまま何十分も上半身裸のままで寝かされていた，うまくやれなかった，なかなか出ない，血を抜くだけで貧血を起こした，私だけ検尿がうまくやれなかった，何か緊張して何回もやらされた，レントゲン撮影の時（首を掛ける所），台に背が届かなかった，レントゲン撮影後，服を着替えた時に前後反対に着てしまった，尿を取ってきて下さいと言われたのに尿が出なかった
12. その他―生理の時で看護婦さんに言うとき，臭いがただよう，うんこを取るのが自分だと思うと恥ずかしい，泣きわめいた

④検査による羞恥体験をしないための配慮

　検査による羞恥体験をしないための配慮について自由記述で尋ねたところ表3-43の通り，保育学生・母親ともに「男性の場合は男性が，女性の場合は女性

表3-43　検査による羞恥体験をしないための配慮
―自由記述―（％）

	保育学生	母　親
1. 男性の場合は男性が，女性の場合は女性があたる	89（60.5）	8（44.4）
2. 検査治療者は患者の羞恥心に共鳴してもらう	35（23.8）	4（22.2）
3. 検査治療者は患者に優越感を持たない	13（8.8）	4（22.2）
4. 周囲に人がいないようすること	11（7.5）	1（5.6）
5. 検査の方法・工夫に関すること	11（7.5）	1（5.6）
6. 目隠しをやめ実際の治療を共にしながら協力してもらう	2（1.4）	0（0.0）
7. 検査の説明に関すること	3（2.0）	0（0.0）
8. その他	5（3.4）	4（22.2）
無回答	12（8.2）	0（0.0）
反応総数（人数）	181（147）	22（18）

があたる」(保育学生60.5%, 母親44.4%) が最も多く, 以下, 「検査治療者は患者の羞恥心に共鳴してもらう」「検査治療者は患者に優越感を持たない」などを羞恥体験をしないための配慮として望んでいた。

　検査による羞恥体験への配慮として, 同性同士が当たるとか羞恥への共感や患者に対等に接することを求めている。

⑤検査や処置についての事前の説明の有無

　患者は, 病院で様々な検査や処置について, 事前に分かりやすく説明を受けているのであろうか。

　検査や処置についての事前の説明の有無について尋ねたところ表3-44の通り, 保育学生の38.8%, 母親の77.8%が, 事前に分かりやすい説明があったとしている。検査や処置についての事前の説明率は, 母親の方が, 保育学生よりも有意に高いと言えよう ($Z = 3.15, p < .01$)。成人と青年との対応の違いのせいが考えられる。

表3-44　検査や処置についての事前の説明の有無

SA (%)

	保育学生	母　親
1. あ　　る	57 (38.8)	14 (77.8)
2. な　　い	75 (51.0)	3 (16.7)
無 回 答	15 (10.2)	1 (5.5)
合　　計	147 (100.0)	18 (100.0)

(7) 薬剤・事務関係での羞恥体験

①薬剤・事務関係での羞恥体験の有無

　患者は, 病院で薬の処方箋や薬剤の受け渡し及び診察受付や支払いなどの様々な関わりを薬剤・事務関係でおこなう。その際, どのような羞恥体験をするのであろうか。

　薬剤・事務関係での羞恥体験の有無について尋ねたところ表3-45の通り, 保育学生の4.2%, 母親の3.2%で, 他の医療場面と比較しても羞恥体験率は低い。薬剤・事務関係の羞恥体験率においても, 両者に差異はない ($Z = 0.36$, n.s.)。

表3-45 薬剤・事務関係での羞恥体験の有無

SA（%）

	保育学生	母　　親
1. あ　　る	12（ 4.2）	2（ 3.2）
2. な　　い	267（92.7）	3（ 4.8）
無　回　答	9（ 3.1）	58（92.0）
合　　　計	288（100.0）	63（100.0）

②薬剤・事務関係での羞恥体験の内容

　薬剤・事務関係での羞恥体験の内容について尋ねたところ表3-46の通り，保育学生の場合，「人に知られたくない薬の受け取り」「薬などの説明の聞き直し（訳の分からない質問）」「人の呼出の聞き間違い」「薬の取り間違い」であり，一方，母親の場合は，「字が汚い」「事務員の態度」が羞恥体験の内容であった。主として，薬の受け渡しや薬の説明などに関することが羞恥体験の内容である。

表3-46 薬剤・事務関係での羞恥体験の内容

―自由記述―（%）

	保育学生	母　　親
1. 人に知られたくない薬の受取り	2（16.7）	0（ 0.0）
2. 薬などの説明の聞き直し（訳の分からない質問）	2（16.7）	0（ 0.0）
3. 人の呼出の聞き間違い	1（ 8.3）	0（ 0.0）
4. 薬の取り間違い	1（ 8.3）	0（ 0.0）
5. 支払金の不足	1（ 8.3）	0（ 0.0）
6. 事務員の態度	1（ 8.3）	1（50.0）
7. 字が汚い	0（ 0.0）	1（50.0）
8. そ の 他	3（25.0）	0（ 0.0）
無　回　答	1（ 8.3）	0（ 0.0）
反応総数（人数）	12（12）	2（2）

表3-46 各項目の内容（自由記述の要約）
1. 人に知られたくない薬の受取り―便秘薬を買いに行った
2. 薬などの説明の聞き直し（訳の分からない質問）―訳の分からない質問をした，薬を何時にどの位飲めば良いのか聞き忘れた
3. 人の呼出の聞き間違い―人の名前が呼ばれた時に行ってしまった
4. 薬の取り間違い―間違って人の薬を貰って帰りそうになった
8. その他―遠征の時，秋田まで行って言葉が分からなかった

③薬剤・事務関係での羞恥体験の理由

薬剤・事務関係での羞恥体験の理由について尋ねたところ表3-47の通り，保育学生の場合，「自分の病気が分かるのが恥ずかしい」「間違えたから」「おっちょこちょいと思われたから」「何度も聞き直したから」などであり，一方，母親の場合は，「事務員の態度が相手によって変わったから」「字が汚かったから」が羞恥体験の理由であった。

表3-47 薬剤・事務関係での羞恥体験の理由

―自由記述―（％）

	保育学生	母　親
1. 間違えたから	1(8.3)	0(0.0)
2. おっちょこちょいと思われたから	1(8.3)	0(0.0)
3. 自分の病気が分かるのが恥ずかしい	2(16.7)	0(0.0)
4. 何度も聞き直したから	1(8.3)	0(0.0)
5. 自分の能力・知識がないと見られたから	1(8.3)	0(0.0)
6. 事務員の態度が相手によって変わったから	1(8.3)	1(50.0)
7. じっと見つめられたから	1(8.3)	0(0.0)
8. 字が汚かったから	0(0.0)	1(50.0)
9. お金が足りないと言わねばならなかったから	1(8.3)	0(0.0)
10. その他	2(16.7)	0(0.0)
無回答	1(8.3)	0(0.0)
反応総数（人数）	12(12)	2(2)

羞恥体験の生起は，薬剤・事務関係者とのコミュニケーションに関わることが理由のようであった。

④薬剤・事務関係での羞恥体験をしないための配慮

薬剤・事務関係での羞恥体験をしないための配慮について尋ねたところ表3-48の通り，保育学生の場合，「ぼんやりしない」「そっと渡して欲しい」「ちゃんと書いてあるのを確認する」などであり，母親の場合，「誰でも平等に対応する」が羞恥体験への配慮であった。

保育学生は，自分で自分に注意する配慮が最も適切と考えているようである。

表3-48 薬剤・事務関係での羞恥体験をしない配慮

―自由記述―(%)

	保育学生	母　親
1. ぼんやりしない	1(8.3)	0(0.0)
2. そっと渡して欲しい	1(8.3)	0(0.0)
3. ちゃんと書いてあるのを確認して聞く	1(8.3)	0(0.0)
4. 誰でも平等に対応する	1(8.3)	1(50.0)
5. 相手の言っていることをよく聞く	1(8.3)	0(0.0)
6. 特にない	3(25.0)	0(0.0)
7. そ の 他	3(25.0)	1(50.0)
無 回 答	1(8.3)	0(0.0)
反応総数（人数）	12(12)	2(2)

表3-48 各項目の内容（自由記述の要約）

7. その他―間違って薬を渡して欲しくなかった，誰にも言わずに薬が買えたら良い，相手は気を使ってくれたので，自分の言ったことが恥ずかしくなったが，その時はそれで良かった

(8) 心的外傷（心のしこり）の羞恥体験

①心的外傷の羞恥体験の有無

　私たちは，これまでの発達過程の中で様々な羞恥体験をしてきたことについては，すでに述べてきた通りである。わけても，いつまでも忘れられないような心のしこりとまでなった羞恥体験もある。

　その羞恥体験の有無について尋ねたところ表3-49の通り，保育学生の17.7％，母親の11.1％が心的外傷（心のしこり）としての羞恥体験をしたとしている。羞恥体験率はいずれも低い。羞恥体験率においても，両者に差異はない（$Z = 1.28$, n.s.）。

表3-49 心的外傷（心のしこり）としての羞恥体験の有無

SA(%)

	保育学生	母　親
1. あ　る	51(17.7)	7(11.1)
2. な　い	233(80.9)	50(79.4)
無 回 答	4(1.4)	6(9.5)
合　　計	288(100.0)	63(100.0)

　羞恥体験の割合はいずれも少ないが，心のしこりとしていまだ消えないという羞恥体験者が10人中1～2人いる。

②心的外傷の羞恥体験をした時期

心的外傷（心のしこり）としての羞恥体験の時期を尋ねたところ表3-50の通り，保育学生の場合，「小学校時代」が最も多く，以下「高校時代」「中学校時代」の順であり，母親の場合，「小学校時代」「中学校時代」であった。

表3-50 心的外傷を体験した時期

SA（％）

	保育学生	母 親
1. 幼 児 期	4(7.8)	0(0.0)
2. 小 学 校	20(39.2)	3(42.9)
3. 中 学 校	11(21.6)	2(28.6)
4. 高 校	14(27.5)	0(0.0)
5. 大・短・専門	1(2.0)	0(0.0)
6. そ の 他	0(0.0)	1(14.3)
無 回 答	1(2.0)	1(14.3)
合 計	51(100.0)	7(100.0)

羞恥体験の平均時期を中央値で見てみると，保育学生は12歳頃，母親は13歳頃であった。両者とも思春期の頃であったとしている。

思春期は，自我の目覚めや性意識のために，これらに関する羞恥体験をすると心に残滓するようである。

③心的外傷の羞恥体験をした内容

心的外傷（心のしこり）としての羞恥体験の内容を尋ねたところ表3-51の通り，保育学生の場合，「ぶざまな行為」が最も多く，以下「異性を意識」「身体露出」「身の潔白を疑われた」などであり，母親の場合，「かっこ悪い」「身体測定」「ぶざまな行為」「きまり悪さ」などが見られた。なお，両者ともに「言いたくない（書きたくない）」という反応も見られた。

人前でのぶざまな行為や身体や性に関する羞恥が，「心のしこり」となるようである。

表3-51 心的外傷の羞恥体験をした内容

―自由記述―（％）

	保育学生	母　親
1. ぶざまな行為	12(23.5)	1(14.3)
2. 身体露出	4(7.8)	0(0.0)
3. 身体測定	3(5.9)	1(14.3)
4. 性的行為・接触	2(3.9)	0(0.0)
5. 異性を意識	5(9.8)	0(0.0)
6. 人の存在・注視	3(5.9)	0(0.0)
7. かっこ悪さ	3(5.9)	2(28.6)
8. 思い違い・言い間違い	0(0.0)	0(0.0)
9. きまり悪さ	1(2.0)	1(14.3)
10. 身の潔白を疑われたこと	4(7.8)	0(0.0)
11. 孤立（仲間外れ）	0(0.0)	1(14.3)
12. いじめ（人をいじめること・いじめられたこと）	3(5.9)	0(0.0)
13. 言いたくない（書きたくない）	5(9.8)	1(14.3)
無　回　答	6(11.8)	0(0.0)
反応総数（人数）	51(51)	7(7)

表3-51 各項目の内容（自由記述の要約）

1. ぶざまな行為―バイクに乗って転んで大きなたんこぶが出来た，駅のホームで筆箱を落としてどうしようもなかった，階段から落ちた，うんこをもらした，祖母の家を間違えて他人の家に入ったこと，男の子と喧嘩して階段から落ちた，学校でおもらしをした，授業中にお腹が鳴った，パンツにトイレットの紙が挟まって，尻尾のようにスカートから出ていた（幼児期のこと）
2. 身体露出―階段から落ちた時，スカートがめくれた，歯医者のバイトで白衣の胸のボタンがはずれていてドクターから指摘された，パンツに穴が開いていた，手術をする前後
3. 身体測定―身体測定，心電図の時
4. 性的行為・接触―痴漢にキスされた，電車の中でものすごく露骨な痴漢に会った
5. 異性を意識―好きだった子に告白してしまった時，好きな人を書いた消しゴムをクラス全員に知られた時，好きな人の手紙のこと
6. 人の存在・注視―自分の作文を皆の前で読まれた
7. かっこ悪さ―太いから，ズボンばかり履いていたので男の子によく間違えられた，彼が突然遊びに来て散らかった部屋を見られた
12. いじめ（人をいじめること・いじめられたこと）―人のためと思ってしたことを逆に取られて皆の前で言われたこと，同級生をいじめたこと

4) 考　　察

本調査の結果を概観すると以下の通りである。

(1) 羞恥全般

羞恥体験は保育学生も母親のいずれも高いが，保育学生の方が母親の羞恥体験率よりも高く，羞恥体験の時期は，保育学生の場合「高校時代」で母親は成人後である。羞恥体験の内容は，保育学生及び母親の両者ともに，「道路や駅や廊下や階段で転んだ。電車に乗ろうとしてドアが閉まった。ミゾやマンホールに落ちた」などの「ぶざまな行為」で，羞恥体験の理由として，保育学生・母親ともに「人の存在・注視」が最も多かったが，無回答が2割弱を占めていて，恥ずかしい思いをした理由を書きにくかったようである。羞恥体験の感情程度は，保育学生・母親には差異はなく，羞恥体験場面の自己の自己による配慮としては，保育学生・母親ともに「相手の行動のせい」「相手の存在のせい」など外的原因に帰属している。羞恥体験による身体への影響は，「顔が赤くなる」「胸がどきどきする」という身体への直接的影響が，両者ともに上位を占めている。

(2) 集団検診時の羞恥

学校や職場や市町村などで実施される身体測定・定期健康診断・ガン検診などの様々な集団検診の羞恥体験は，保育学生は母親の2倍の羞恥体験をしていて，集団検診時期は，保育学生では思春期，母親は成人後の集団検診時期に見られる。集団検診時の羞恥体験の内容は，保育学生・母親のいずれともに「身体露出」であり，集団検診時の羞恥体験の感情程度は，保育学生・母親ともに差異はないが，集団検診時に羞恥体験をしないための羞恥への配慮は，検査の仕方の工夫や同性の医療者にしてもらうことである。集団検診・受診・治療（リハビリ等を含む）時の配慮では，両者ともに無回答の割合が多く，自分でなし得ない場面であるという諦観の意識が見られる。

(3) 病院での羞恥

病院での羞恥体験は，保育学生の6割，母親の5割で保育学生の羞恥体験率

が母親より高い。病院での羞恥体験をした科としては，保育学生で身体を見られたり触られたりする内科・外科関係で羞恥を体験する場合が多く，母親では妊娠・出産・婦人病などの産婦人科に関係する羞恥体験をする場合が多い。各科での羞恥体験の内容は，両者ともに身体を見られたり接触を受けたりすることや性器及び性器周辺に関することである。

(4) 医師との羞恥

医師との羞恥体験は，保育学生・母親ともに羞恥体験率は，視診＞触診＞問診の順であり，問診・視診の場面で両者に差異はないが，触診場面では保育学生の方が母親の羞恥体験率よりも高い。青年期の保育学生にとって，医師からじっと見つめられる「視診」は，問診・触診以上に羞恥を抱かせるものとなっている。医師との羞恥体験の感情程度は，保育学生・母親ともに，触診＞視診＞問診の順であったが，感情程度に差異はない。医師との羞恥体験の身体部位は，両者ともに視診や触診のいずれの場面においても，乳房に関わる胸や腹部や臀部などの部位である。医師との羞恥体験の理由は，保育学生では，医師が異性であったことが羞恥体験をした理由としているが，母親の場合は，自己の容姿や自信のなさや局部がさらけだされることを羞恥体験の理由としている。医師との羞恥体験をしないための配慮は，視診・触診場面のいずれともに，診察の配慮や同性の医療者が対応することである。しかし，両者ともに「仕方がない」と諦観している者もいる。

(5) 看護婦との羞恥

看護婦との羞恥体験は，問診・視診・触診のいずれの場面もほとんど見られないばかりか，各場面ともに両者の差異もない。保育学生・母親ともに看護婦に対しては同性ということが羞恥体験率を低くしている。看護婦の羞恥体験の感情程度は，各場面ともに両者の間に差異はない。看護婦との羞恥体験の身体部位は，保育学生では乳房に関連する胸であり，母親では性器に関連する身体部位である。

看護婦との羞恥体験の理由は，問診の場面で「病気そのものに関すること」，視診の場面で「人に見せるところではない」，触診の場面で「自分の身体に自

信がない」で，各場面において羞恥体験の理由に違いがある。看護婦との羞恥体験をしない配慮は，視診・触診ともに診察の配慮や同性の対応であるが，両者ともに「仕方がない」とする諦観者もいる。

(6) 検査での羞恥

病院での様々な検査による羞恥体験は，保育学生の5割，母親の3割弱がいて，保育学生の方が母親よりも高い。検査による羞恥体験の内容は，保育学生・母親ともに，身体の「胸部」や「性器及び性器周辺」である。検査による羞恥体験の理由は，両者ともに身体露出である。検査による羞恥体験をしない配慮は，同性同士があたるとか羞恥への共感や対等に接することである。検査や処置についての事前の説明は，保育学生の4割弱，母親の8割弱にあり，母親の方が，保育学生よりも高い。成人と青年との対応の違いがある。

(7) 薬剤・事務関係での羞恥

薬剤・事務関係での羞恥体験はほとんど見られず，保育学生・母親ともに1割弱しかなく，両者に差異はない。薬剤・事務関係での羞恥体験の内容は，薬の受け渡しや薬の説明などに関することである。薬剤・事務関係での羞恥体験の理由は，薬剤・事務関係者とのコミュニケーションに関わることであり，薬剤・事務関係での羞恥体験をしない配慮は，保育学生は自分で自分に注意することであり，母親は誰でも平等に対応することを求めている。

(8) 心的外傷としての羞恥

心的外傷といういつまでも忘れられないような心のしこりにまでなった羞恥体験は，両者に差異はないが，保育学生の10人中1人，母親の10人中1人の割でいる。心のしこりとしての羞恥体験の時期は，両者ともに，自我の目覚めや性意識が生じる思春期であるようである。心のしこりとしての羞恥体験の内容は，人前でのぶざまな行為や身体や性に関する羞恥が，「心のしこり」となるようである。

本調査結果を概観しながら，医療場面での羞恥体験をいかに捉えていくべきであろうか。特に，患者と医療関係者との対面場面においては，どのような意

識が両者の間で生まれているのであろうか。少なくとも，これまで患者の意識については，患者の立場に立った医療をという標語の割には，あまり重要視されてこなかったのが医療現場であった。

内沼（1983）[100]は，羞恥は相手との関係において親密であろうとする自他合体的志向の意識と無関係であろうとする自他分離的志向の意識とによる相矛盾した関係の場面における「間」意識であると指摘している。内沼の説明を借りれば，患者と医療従事者との関係は，医療場面で出会うまでは相互に見知らない間柄であるから自他分離的関係である。ところが，患者として医療場面に関与することにより，相互に見知り合うことになる。そこに両者の「間」の状況が生まれ，患者は見られる自己を意識する。

人は，一般に自己が他のなにものでもない個別者としての自分自身を意識してはいる。ところが，患者としての「間」の状況の場面では，医療従事者の必要に応じて，自己の身体についての訴えや身体部位の露出を余儀なくされることによって個別者でなくなる。

一方，医療従事者のまなざしに，患者として見るまなざしを越えた一個人として見るまなざしを意識した途端により強烈な羞恥を体験する。患者は顔が赤くなる・胸がどきどきするなどの様々な身体への影響を感じたり，どこかに逃げだしたい心境になる。私たちは，こうして患者になることで様々な医療場面での羞恥を体験する。

医療場面では，患者の生命を守り病気を治す目的で，あらゆる行為がなされる。患者の羞恥意識の有無や程度の違いに関わらず，必要とあらば，応答することや身体部位の露出や体位の要求や接触といった自己開示が求められる。医療従事者以外の者を問診・視診・触診の診療場面に介在させないことは当然であるが，必要以外，医療従事者といえども治療に無関係の者はその場から遠ざかる配慮が必要である。

今日のインフォームド・コンセント（十分な説明に基づく同意）をさらに一歩進める上でも患者の羞恥への配慮は重要な課題である。患者は，基本的には病院とは親しくなりたいとは思っていない。自己の生命の保全のために出向くのである。かつて無関係であった病院に必要に迫られて出向かざるを得ない患者が，病院との親密な関係を保持せざるを得なくなったために，病院との関係

を意識させられ変容させられるのである。すなわち，病院の対応に応じて，自己の羞恥に敏感にならざるを得なくなるのである。これらのことは，特別養護老人ホームや障害・養護などの収容施設のみならず，集団の初発体験による乳幼児時期の意識形成をする幼稚園・保育所などにも範囲が及ぶのは当然である。

5）結果からの提案

各場面における羞恥体験を低減するために，各関係者は，以下の諸点を考慮に入れて気配りする必要がある。

1. 集団検診（入学時・ガン検診など）時の羞恥の低減
   (1) 丁寧に診察するが，患者に時間的負担を感じさせないように手早くする。
   (2) 同性の医療者が検診に従事するようにする。
   (3) 検診の場合に検診者以外の人物を立ち入らせないこと。被検診者のプライバシーを守るためにも被検診者同士を一緒にしたりしない。
   (4) 検診による不安を喚起しないようにする。
   (5) 笑顔とやさしい言葉がけをする。
   (6) 羞恥心が生じやすい場面では，特に相手の羞恥心に共鳴してやること。
   (7) 被検診者に優越感を持たないこと。

2. 医師による羞恥の低減
   (1) 丁寧に診察・治療をおこなうが，患者の負担を軽減するために手早くする。
   (2) 同性の医療者が当たるようにする。
   (3) 患者同士を診察場面で一緒にしないようにする。患者のプライバシーを守る。
   (4) 診断・治療などの説明をしながら不安を軽減させて，安心感を持たせる。
   (5) 患者に優越感を持たない。
   (6) 笑顔とやさしい言葉がけをする。
   (7) 患者の羞恥心に共鳴する。

(8) 診察中の具体的対応としては，例えば……
   a. 患者からの質問があれば，丁寧に出来る限り診断・治療について説明する。
   b. 手早く済ませる。
   c. カーテンなどでしきる。
   d. 毛布やタオルや布などで部分的にも隠してやる。
   e. 下着や服をなるべく脱がさない。
   f. 声をかける。
   g. リラックスした雰囲気をつくる。
   h. じろじろ見ない。
   i. 出来れば長時間聴診器をあてないようにする。
   j. 他の人に見られないようにする。
3. 看護婦による羞恥の低減
  (1) 丁寧にするが，患者の負担を軽減するために手早くする。
  (2) 明るい笑顔とやさしい言葉がけで，患者がなんでも質問しやすい雰囲気にする。
  (3) 患者の望みに応じて，診断・治療に関する説明をして不安感や羞恥心を取り除くようにする。
  (4) 患者に優越感を持たない。
  (5) 患者の羞恥心に共鳴する。
  (6) 診断・治療中の配慮の具体的対応としては，例えば……
    a. 必要ならば付き添って不安や羞恥心を持たないように言葉がけをする。
    b. じろじろ見ない。
    c. 診断・治療介助の工夫をする。
    d. 患者のプライバシーを守るために，他の患者と一緒にならないように配慮する。
4. 検査者による羞恥の低減
  (1) 検査は患者と同性の者が当たるようにする（異性同士の緊張・不安・羞恥心を取り除くために）。

(2) 患者が必要とするならば，検査に支障がない限り，不安感・羞恥心を取り除くために説明する。
(3) 患者のプライバシーを守るために患者同士を一緒にしない。
(4) 検査の目的を明確に説明する。
(5) 患者に優越感を持たない。
(6) 笑顔とやさしい言葉がけをする。
(7) 患者の羞恥心に共鳴する。
(8) 検査の工夫をすること。例えば，……
  a. 必要以外，衣服（下着も含めて）をなるべく脱がさないで済むようにする。
  b. じろじろ見ない。
  c. 羞恥心を軽減するような検査方法を改良・工夫する。
5. 薬剤・事務関係による羞恥の低減
(1) 個人のプライバシー（患者の病気が他の患者に分からないようにする）を守る。
(2) 薬の受け渡し，事務上の手続きで患者を長時間待たせないようにする。
(3) 患者を分け隔てなく，平等に応対する。
(4) 患者の再質問（薬・支払い）があれば，丁寧に説明する。
(5) 来院中に患者に立って待たせるのではなく，いかなる所でも座って待たせるような配慮をする。
(6) 笑顔とやさしい言葉がけをする。
(7) 患者の羞恥心に共鳴する。

謝　辞

　本調査を実施するに際して，協力を惜しまなかった旧・大阪保育学院の1・2年次の保育コースと臨床福祉コースの学生諸姉に深く謝意を表します。

第4章
教育・保育場面の羞恥

　羞恥は，乳幼児段階での人格面や対人関係の形成過程にきわめて大きな影響を及ぼすものではないかという観点から，筆者は実態把握を試みてきた。

　教育・保育場面での乳幼児の羞恥体験は，まさに，その後のPTSD（心的外傷体験）も含めた人格面や対人関係の形成過程に影響する面がある。一方，学生もまた実習で体験する羞恥をいかに低減していくかによって実習への取り組みへの意欲ならびに保育業務への関心を高めることにもなる。その観点から，保育場面や施設場面での羞恥実態を把握してきた（坂口（1988）[56]（1989）[57]（1989）[62]（1990）[64]（1993）[68]（1994）[69]（1995）[70]（1997）[72]（1998）[73]（2003）[80]（2004）[81]）。

　エリクソン（Erikson, E. H., 1959）[12]の自我同一性理論は，幼児前期の自律性対恥・疑惑の段階を設定しているが，これまでの羞恥実態調査から証明する資料を得ることができた。羞恥は幼児の段階から始まっている。坂口（1998）[73]は「幼児を育む親や保育者は，子どもだからといって幼児の羞恥を軽んじてはならない。人格形成や対人関係形成の原初が幼児段階から始まっているので，心や行動を萎縮させてしまうような羞恥をしないような配慮が必要となる。すなわち，恥辱や屈辱の慢性的体験がその後の幼児の行動障害や心の障害となると想定して，羞恥低減の方策を知らなければならない」（p.5）と述べてきた。まさに，大人たちの幼児の羞恥へのきめこまやかな配慮が求められる。

　ここでは，幼稚園・保育所での実習生の羞恥体験や園児達の羞恥実態を取り扱った論文の一部を2編，転載する。

1. 1994年[69]

聖徳保育論叢第7号1994年12月
参加観察による乳幼児の性と年齢における羞恥実態(States of shame in sex and age of baybyhood and infancy at participant observation.)の一部(目的より)

1) 目　的
本調査の目的は，乳幼児の段階での羞恥発生の有無とその内容，及び，その折の配慮（気配り）の仕方をいかに保育者がすれば良いかについて知るところにある。
　保育者の配慮によって，乳幼児の段階での羞恥心を低減することができれば，その後の乳幼児の発達を促進させることになると考えるからである。

2) 方　法
(1) 調査票の構成
　羞恥心に関する調査票作成ならびに羞恥心研究の方向及び展開については，これまで伊吹山太郎[注1]と坂口栄子[注2]との職業的知見を参考としている。本調査も彼らとの討論的知見を背景としている。調査項目は，園児の羞恥心を，(1)羞恥の場面，(2)羞恥場面での人の有無，(3)羞恥の程度，(4)羞恥による身体への影響，(5)羞恥の行動，(6)羞恥の理由，(7)羞恥への配慮，の7点である。

(2) 調査対象
　調査は，1988年9月24日から30日までの保育実習期間（保育所）と同年11月7日から19日（幼稚園）までの教育実習に参加した旧・大阪保育学院の保育コースの2年生118名のみを対象に，羞恥心観察記録用紙（自分用と園児

注1) 京都学園大学名誉教授・元京都大学教授・元関西大学教授・元嵯峨美術短期大学教授
注2) 大阪北通信病院内科病棟勤務看護婦長

用）を配布して，実習終了後，筆者の講義時間に提出する方法で実施した。有効票数は，保育所実習100票（84.7％），幼稚園実習113票（95.8％）であった。保育学生の平均年齢は，保育所実習の場合19.7歳（標準偏差0.67）で，教育実習の場合19.7歳（標準偏差0.72）であった。

なお，実習不参加者や保育所実習で0歳児担当であって羞恥がなかったとする3名，及び幼稚園実習で特になかったとする1名も除かれている。

3）結　果
(1) 観察対象児に見られた羞恥の年齢と性別

表4-1は，教育・保育実習期間に配属されたクラスでの園児の年齢と性別を見たものである。実習生の配属クラスは，実習中，同クラスで実習する園もあれば年齢の違うクラスを幾つも実習させる園もある。同様にクラスごとの園児数も各園ごとに違う。そのために，参加観察対象児数にバラツキがあるので，実験計画法のようにはいかない。あくまで，実態調査としての結果である。

表4-1　観察対象児に見られた羞恥の年齢と性別

SA(％)

	幼稚園対象児			保育所対象児			合　計		総合計
	男児	女児	合計	男児	女児	合計	男児	女児	
1. 1歳	0(0.0)	0(0.0)	0(0.0)	12(11.5)	8(13.6)	20(12.2)	12(5.0)	8(6.2)	20(5.4)
2. 2歳	0(0.0)	0(0.0)	0(0.0)	24(23.1)	13(22.0)	37(22.7)	24(10.1)	13(10.1)	37(10.1)
3. 3歳	11(8.2)	6(8.6)	17(8.3)	23(22.1)	13(22.0)	36(22.1)	34(14.2)	19(14.7)	53(14.4)
4. 4歳	60(44.4)	33(47.1)	93(45.4)	19(18.3)	15(25.4)	34(20.9)	79(33.1)	48(37.2)	127(34.5)
5. 5歳	54(40.0)	27(38.6)	81(39.5)	24(23.1)	10(17.0)	34(20.9)	78(32.6)	37(28.7)	115(31.3)
6. 6歳	10(7.4)	4(5.6)	14(6.8)	2(1.9)	0(0.0)	2(1.2)	12(5.0)	4(3.1)	16(4.3)
合計	135(100.0)	70(100.0)	205(100.0)	104(100.0)	59(100.0)	163(100.0)	239(100.0)	129(100.0)	368(100.0)

1週間の実習中で実習生が羞恥を観察で報告した園児数は，最高8人から最低1人で幼稚園・保育所とも同数であった。羞恥の平均数は，幼稚園で1.80で約2人弱であり，保育所では1.58で，幼稚園の方に多く見られた。

男児・女児の比率は，幼稚園で1.93対1，保育所で1.76対1で，いずれも女児1人に対して男児2人弱の割合で男児の方に多く羞恥が見られた。

羞恥年齢は，幼稚園では3歳から6歳までの平均4.4歳（標準偏差0.74），保育所では1歳から6歳までの平均3.2歳（標準偏差1.35）で，幼稚園児の方が，

保育園児よりも高い年齢で見られた（$t = 11.34$, $df = 366$, $p < .001$）。保育所の方が保育年齢の幅が広いことが反映しているといえる。

(2) 観察対象児に見られた羞恥場面における性と年齢

日常の保育生活場面で園児達は，様々な羞恥を体験する。その羞恥体験場面をまとめたのが，表4-2である。最も多かった羞恥場面は「保育室・室内・廊下」（男児37.2％，女児36.1％）で，以下，男児の場合，「設定保育」「自由保育（自由遊び）」「昼食・おやつ」「運動場・園庭」「排泄（トイレ）」の順であり，女児の場合，「自由保育（自由遊び）」「設定保育」「昼食・おやつ」「運動場・園庭」の順で，男女児とも2・3位の逆転は別としてほぼ同じ順位であった。

表4-2 観察対象児に見られた羞恥の場面における性と年齢

MA(％)

項目	男児							女児							総合計
	1歳	2歳	3歳	4歳	5歳	6歳	合計	1歳	2歳	3歳	4歳	5歳	6歳	合計	
1.保育室・室内・廊下	5(41.7)	14(58.3)	13(38.2)	31(39.2)	24(30.8)	2(16.7)	89(37.2)	2(25.0)	5(38.5)	8(42.1)	16(33.3)	12(32.4)	1(25.0)	44(34.1)	133(36.1)
2.自由保育(自由遊び)	2(16.7)	2(8.3)	3(8.8)	6(7.6)	8(10.3)	2(16.7)	23(9.6)	2(25.0)	2(15.4)	2(10.5)	10(20.8)	10(27.0)	1(25.0)	27(20.9)	50(13.6)
3.設定保育	0(0.0)	0(0.0)	2(5.9)	10(12.7)	17(21.8)	1(8.3)	30(12.6)	1(12.5)	0(0.0)	2(10.5)	9(18.8)	2(5.4)	0(0.0)	14(10.9)	44(12.0)
4.昼食・おやつ	2(16.7)	3(12.5)	1(2.9)	10(12.7)	2(2.6)	0(0.0)	18(7.5)	1(12.5)	2(15.4)	3(15.8)	6(3.1)	1(2.7)	1(25.0)	9(7.0)	27(7.3)
5.運動場・園庭	0(0.0)	3(12.5)	3(8.8)	3(3.8)	8(10.3)	0(0.0)	17(7.1)	0(0.0)	0(0.0)	0(0.0)	4(8.3)	4(10.8)	0(0.0)	9(7.0)	26(7.1)
6.排泄(トイレ)	1(8.3)	1(4.2)	5(14.7)	4(5.1)	1(1.3)	1(8.3)	13(5.4)	1(12.5)	4(30.8)	1(5.3)	1(2.1)	0(0.0)	0(0.0)	7(5.4)	20(5.4)
7.戸外遊び	0(0.0)	0(0.0)	1(2.9)	7(8.9)	2(2.6)	0(0.0)	10(4.2)	0(0.0)	0(0.0)	0(0.0)	2(4.2)	2(5.4)	0(0.0)	4(3.1)	14(3.8)
8.体育館・ホール	0(0.0)	0(0.0)	0(0.0)	3(3.8)	5(6.4)	0(0.0)	8(3.3)	0(0.0)	0(0.0)	1(5.3)	1(2.1)	3(8.1)	0(0.0)	5(3.9)	13(3.5)
9.降園	1(8.3)	0(0.0)	1(2.9)	3(3.8)	1(1.3)	2(16.7)	8(3.3)	0(0.0)	1(7.7)	0(0.0)	1(2.1)	0(0.0)	2(1.6)	4(2.3)	12(2.7)
10.登園	0(0.0)	0(0.0)	0(0.0)	1(1.3)	1(1.3)	1(8.3)	3(1.3)	0(0.0)	0(0.0)	0(0.0)	1(2.1)	1(2.7)	0(0.0)	2(1.6)	5(1.4)
11.園外保育(遠足・泊り)	0(0.0)	0(0.0)	2(5.9)	0(0.0)	1(1.3)	1(8.3)	4(1.7)	0(0.0)	0(0.0)	0(0.0)	0(0.0)	0(0.0)	0(0.0)	0(0.0)	4(1.1)
12.避難訓練	0(0.0)	0(0.0)	0(0.0)	1(1.3)	1(1.3)	0(0.0)	2(0.8)	0(0.0)	0(0.0)	0(0.0)	0(0.0)	0(0.0)	0(0.0)	0(0.0)	2(0.5)
13.生活発表会	0(0.0)	0(0.0)	0(0.0)	1(1.3)	0(0.0)	0(0.0)	1(0.4)	0(0.0)	0(0.0)	0(0.0)	0(0.0)	1(2.7)	0(0.0)	1(0.8)	2(0.5)
14.身体測定・予防接種	0(0.0)	0(0.0)	0(0.0)	0(0.0)	0(0.0)	1(8.3)	1(0.4)	0(0.0)	0(0.0)	0(0.0)	0(0.0)	1(25.0)	1(0.8)	2(0.5)
15.保護者参観	0(0.0)	0(0.0)	0(0.0)	0(0.0)	1(1.3)	0(0.0)	1(0.4)	0(0.0)	1(7.7)	0(0.0)	2(5.4)	0(0.0)	0(0.0)	3(2.3)	5(1.4)
16.その他	1(8.3)	1(4.2)	1(2.9)	0(0.0)	5(6.4)	1(8.3)	9(3.8)	0(0.0)	0(0.0)	2(10.5)	0(0.0)	0(0.0)	0(0.0)	2(1.6)	11(3.0)
合計	12(100.0)	24(100.0)	34(100.0)	79(100.0)	78(100.0)	12(100.0)	239(100.0)	8(100.0)	13(100.0)	19(100.0)	48(100.0)	37(100.0)	4(100.0)	129(100.0)	368(100.0)

男女児ともに3歳から5歳までが大半を占めているが，全ての年齢にわたって「保育室・室内・廊下」の場面が4割前後を占めている。なお，年齢間の比較は，標本数に各年齢によって著しく違いがあるので概観的なことしか言えない。

(3) 観察対象児に見られた羞恥場面での人の有無における性と年齢

園児達が羞恥体験を抱いた場面で，どのような人がその場に介在していたかを示したのが，表4-3である。男女児及び各年齢ともに「先生・実習生・他の園児」（男児75.3%，女児66.7%）らがいた場合が圧倒的に多い。以下，「実習生・他の園児」（同・8.8%，14.7%），「先生・実習生」（同・8.4%，9.3%）が介在した場面であった。

表4-3 観察対象児に見られた羞恥の場面での人の有無における性と年齢
SA(%)

項目	男児							女児							総合計
	1歳	2歳	3歳	4歳	5歳	6歳	合計	1歳	2歳	3歳	4歳	5歳	6歳	合計	
1.先生・実習生・他園児・対象児	6(50.0)	19(79.2)	23(67.6)	69(87.3)	52(66.7)	11(91.7)	180(75.3)	5(62.5)	5(38.5)	12(63.2)	37(77.1)	24(64.9)	3(75.0)	86(66.7)	265(72.0)
2.実習生・他園児・対象児	1(8.3)	3(12.5)	3(8.8)	6(7.6)	8(10.3)	0(0.0)	21(8.8)	0(0.0)	2(15.4)	3(15.8)	7(14.6)	6(16.2)	1(25.0)	19(14.7)	40(10.9)
3.先生・実習生・対象児	3(25.0)	2(8.3)	4(11.8)	2(2.5)	9(11.5)	0(0.0)	20(8.4)	2(25.0)	4(30.8)	2(10.5)	1(2.1)	3(8.1)	0(0.0)	12(9.3)	33(9.0)
4.実習生・対象児	1(8.3)	0(0.0)	4(11.8)	2(2.5)	8(10.3)	1(8.3)	16(6.7)	1(12.5)	2(15.4)	2(10.5)	3(6.3)	3(8.1)	0(0.0)	11(8.5)	27(7.3)
5.保護者・先生(実習生)・対象児	1(8.3)	0(0.0)	0(0.0)	0(0.0)	1(1.3)	0(0.0)	2(0.8)	0(0.0)	0(0.0)	0(0.0)	0(0.0)	1(2.7)	0(0.0)	1(0.8)	3(0.8)
合計	12(100.0)	24(100.0)	34(100.0)	79(100.0)	78(100.0)	12(100.0)	239(100.0)	8(100.0)	13(100.0)	19(100.0)	48(100.0)	37(100.0)	4(100.0)	129(100.0)	368(100.0)

男女児及び各年齢ともに保育場面に多くの人々が介在する場面で羞恥を抱いているようであった。

(4) 観察対象児に見られた羞恥の身体への感情程度における性と年齢

園児達が羞恥体験を抱いた際に，どの程度の羞恥感情を示しているかを実習生の観察評定から推定したのが，表4-4である。

表4-4 観察対象児に見られた羞恥の身体への程度における性と年齢
SA(%)

項目	男児							女児							総合計
	1歳	2歳	3歳	4歳	5歳	6歳	合計	1歳	2歳	3歳	4歳	5歳	6歳	合計	
1.恥ずかしがっている	4(33.3)	5(20.8)	6(17.6)	10(12.7)	13(16.7)	2(16.7)	40(16.7)	2(25.0)	5(38.5)	6(31.6)	12(25.0)	7(18.9)	1(25.0)	33(25.6)	73(19.8)
2.やや恥ずかしがっている	5(41.7)	8(33.3)	7(20.6)	19(24.1)	25(32.1)	1(8.3)	65(27.2)	3(37.5)	3(23.1)	5(26.3)	18(37.5)	11(29.7)	1(25.0)	41(31.8)	106(28.8)
3.かなり恥ずかしがっている	1(8.3)	10(41.7)	13(38.2)	35(44.3)	26(33.3)	3(25.0)	88(36.8)	2(25.0)	4(30.8)	6(31.6)	13(27.1)	13(35.1)	2(50.0)	40(31.0)	128(34.8)
4.非常に恥ずかしがっている	2(16.7)	1(4.2)	8(23.5)	15(19.0)	14(17.9)	6(50.0)	46(19.2)	1(12.5)	1(7.7)	2(10.5)	5(10.4)	6(16.2)	0(0.0)	15(11.6)	61(16.6)
合計	12(100.0)	24(100.0)	34(100.0)	79(100.0)	78(100.0)	12(100.0)	239(100.0)	8(100.0)	13(100.0)	19(100.0)	48(100.0)	37(100.0)	4(100.0)	129(100.0)	368(100.0)

男児では，「かなり恥ずかしがっている」（36.8%）が最も多かったが，女児では，「やや恥ずかしがっている」（31.8%）が最も多く「かなり恥ずかしがっている」（31.0%）が続いた。年齢ごとに1・2位の順位が違ったりしていた。

園児の羞恥体験について非常に恥ずかしがっている（4点）から恥ずかしがっている（1点）までの4件法によるt検定をおこなったところ，男児の方（$N = 239, \bar{x} = 2.59, \sigma = 0.98$）が女児の方（$N = 129, \bar{x} = 2.29, \sigma = 0.97$）よりも羞恥体験の感情程度が高く見られた（$t = 2.79, df = 366, p < .01$）。

(5) 観察対象児に見られた羞恥の身体への影響における性と年齢

園児達が羞恥体験をした際に，羞恥感情がどのように身体に影響して現れたかを実習生の観察評定から推定したのが，表4-5である。

表4-5 観察対象児に見られた羞恥の身体への影響における性と年齢

MA（％）

項 目	男 児							女 児							総合計
	1歳	2歳	3歳	4歳	5歳	6歳	合計	1歳	2歳	3歳	4歳	5歳	6歳	合計	
1.顔が赤くなっている	5(41.6)	15(62.5)	20(58.8)	39(49.4)	34(43.6)	8(66.7)	131(54.8)	3(37.5)	3(23.1)	13(68.4)	25(52.8)	21(56.8)	2(50.0)	67(51.9)	188(51.1)
2.涙が出ている	3(25.0)	3(12.5)	8(23.5)	19(24.1)	20(25.6)	5(41.7)	58(24.3)	2(25.0)	4(30.8)	5(26.3)	18(37.5)	4(10.8)	1(25.0)	34(26.4)	92(25.0)
3.顔がひきつっている	3(25.0)	4(16.7)	6(17.6)	13(16.5)	15(19.2)	4(33.3)	45(18.8)	3(37.5)	1(7.7)	3(15.8)	6(12.5)	8(21.6)	2(50.0)	23(17.8)	68(18.5)
4.身体がかたくなっている	3(25.0)	2(8.3)	2(5.9)	7(8.9)	8(10.3)	2(16.7)	24(10.0)	0(0.0)	2(15.4)	2(10.5)	9(18.8)	7(18.9)	1(25.0)	21(16.3)	45(12.2)
5.どこかに逃げ出す	1(8.3)	0(0.0)	3(8.8)	7(8.9)	8(10.3)	1(8.3)	20(8.4)	1(12.5)	0(0.0)	0(0.0)	1(2.7)	0(0.0)	2(1.6)	22(6.0)	
6.胸がどきどきしている	0(0.0)	1(4.2)	0(0.0)	3(3.8)	6(7.7)	1(8.3)	11(4.6)	0(0.0)	1(7.7)	0(0.0)	1(2.1)	3(8.1)	1(25.0)	6(4.7)	17(4.6)
7.声がふるえている	2(16.7)	0(0.0)	1(2.9)	2(2.5)	7(9.0)	1(8.3)	13(5.4)	0(0.0)	0(0.0)	0(0.0)	1(2.1)	0(0.0)	0(0.0)	1(0.8)	14(3.8)
8.上気している(のぼせている)	0(0.0)	0(0.0)	1(2.9)	3(3.8)	5(6.4)	0(0.0)	9(3.8)	0(0.0)	1(5.3)	0(0.0)	0(0.0)	0(0.0)	0(0.0)	1(0.8)	10(2.7)
9.身体が熱くなっている	1(8.3)	1(4.2)	1(2.9)	0(0.0)	0(0.0)	1(8.3)	4(1.7)	0(0.0)	1(7.7)	0(0.0)	3(6.3)	0(0.0)	0(0.0)	4(3.1)	8(2.2)
10.身体がふるえている	0(0.0)	0(0.0)	0(0.0)	1(1.3)	3(3.8)	0(0.0)	4(1.7)	0(0.0)	1(7.7)	0(0.0)	1(2.1)	1(2.7)	0(0.0)	4(3.1)	8(2.2)
11.頭がボーッとしている	0(0.0)	0(0.0)	0(0.0)	2(2.5)	2(2.6)	1(8.3)	5(2.1)	0(0.0)	1(5.3)	0(0.0)	1(2.7)	0(0.0)	2(1.6)	7(1.9)	
12.冷や汗が出ている	0(0.0)	0(0.0)	0(0.0)	0(0.0)	3(3.8)	0(0.0)	3(1.3)	0(0.0)	0(0.0)	0(0.0)	0(0.0)	0(0.0)	0(0.0)	3(0.8)	
13.足がガクガクしている	0(0.0)	0(0.0)	1(2.9)	0(0.0)	0(0.0)	1(0.4)	0(0.0)	0(0.0)	0(0.0)	0(0.0)	1(0.8)	2(0.5)			
14.その他	1(8.3)	2(8.3)	2(5.9)	4(5.1)	5(6.4)	1(8.3)	15(6.3)	2(25.0)	1(7.7)	1(5.3)	1(2.1)	4(10.8)	0(0.0)	9(7.0)	24(6.5)
無回答	1(8.3)	1(4.2)	0(0.0)	1(1.3)	1(1.3)	0(0.0)	3(1.3)	0(0.0)	0(0.0)	0(0.0)	0(0.0)	0(0.0)	0(0.0)	4(1.1)	
反応総数(人数)	20(12)	29(24)	45(34)	100(79)	117(78)	25(12)	337(239)	11(8)	14(13)	26(19)	66(48)	51(37)	7(4)	175(129)	512(368)

男女児及び各年齢ともに，最も多かったのが「顔が赤くなっている」（男児54.8％，女児51.9％）であり，以下，「涙が出ている」（同・24.3％，26.4％），「顔がひきつっている」（同・18.8％，17.8％），「身体がかたくなっている」（同・10.0％，16.3％）などが同傾向で上位順位であった。男女児それぞれの年齢の年少から年長までにおいて，同じ傾向で羞恥による身体への影響が見られた。

男女児ともに，羞恥体験を様々な身体表現で示していたことが見られる。

(6) 観察対象児に見られた羞恥の行動における性と年齢

園児達が，どのような行動で羞恥を見せたのかを自由記述で実習生に書かせて整理したのが，表4-6である。

表4-6 観察対象児に見られた羞恥への行動における性と年齢

MA(%)

項　目	男児							女児							総合計
	1歳	2歳	3歳	4歳	5歳	6歳	合計	1歳	2歳	3歳	4歳	5歳	6歳	合計	
1. おもらし・排泄	3(25.0)	11(45.8)	13(38.2)	18(22.8)	12(15.4)	1(8.3)	58(24.3)	3(37.5)	5(38.5)	5(26.3)	8(16.7)	6(16.2)	0(0.0)	27(20.9)	85(23.1)
2. 出来ない・失敗した	3(25.0)	4(16.7)	9(26.4)	21(26.6)	14(17.9)	2(16.7)	53(22.2)	1(12.5)	2(15.4)	4(21.1)	16(33.3)	9(24.3)	0(0.0)	32(24.8)	85(23.1)
3. 注意・指摘された	2(16.7)	3(12.7)	1(2.9)	12(15.2)	10(12.8)	3(25.0)	31(13.0)	0(0.0)	0(0.0)	1(5.3)	4(8.3)	6(16.2)	1(25.0)	12(9.3)	43(11.7)
4. 笑われ・冷やかされた	1(8.3)	3(12.7)	1(2.9)	6(7.6)	6(7.7)	0(0.0)	16(6.7)	0(0.0)	2(15.4)	1(5.3)	2(4.2)	2(5.4)	0(0.0)	7(5.4)	24(6.5)
5. 思い違い	0(0.0)	1(4.2)	0(0.0)	4(5.1)	8(10.3)	1(8.3)	14(5.9)	1(12.5)	0(0.0)	1(5.3)	2(4.2)	4(10.8)	0(0.0)	8(6.2)	22(6.0)
6. 性や異性を意識	0(0.0)	3(12.7)	1(2.9)	3(3.8)	5(6.4)	2(16.7)	14(5.9)	0(0.0)	0(0.0)	3(6.3)	3(8.1)	0(0.0)	1(25.0)	7(5.4)	21(5.7)
7. 人と違うことをした	0(0.0)	0(0.0)	4(11.8)	5(6.3)	4(5.1)	3(25.0)	16(6.7)	1(12.5)	0(0.0)	0(0.0)	2(4.2)	0(0.0)	1(25.0)	4(3.1)	20(5.4)
8. 内　気	1(8.3)	2(8.8)	1(1.3)	4(5.1)	0(0.0)	0(0.0)	9(3.8)	1(12.5)	0(0.0)	2(10.5)	5(6.3)	2(5.4)	2(50.0)	10(7.8)	19(5.2)
9. 人の注視・存在	3(25.0)	0(0.0)	0(0.0)	6(7.6)	3(3.8)	0(0.0)	12(5.0)	0(0.0)	1(7.7)	0(0.0)	3(6.3)	2(5.4)	0(0.0)	6(4.7)	18(4.9)
10. 物を取られた・見つからない	0(0.0)	1(4.2)	2(5.9)	3(3.8)	0(0.0)	1(8.3)	7(2.9)	1(12.5)	2(15.4)	2(10.5)	0(0.0)	0(0.0)	0(0.0)	5(3.9)	12(3.3)
11. 退行現象	3(25.0)	1(4.2)	1(2.9)	1(1.3)	2(2.6)	0(0.0)	8(3.3)	0(0.0)	1(7.7)	1(5.3)	0(0.0)	1(2.7)	0(0.0)	3(2.3)	11(3.0)
12. 答えられない・説明できない	0(0.0)	0(0.0)	0(0.0)	0(0.0)	6(7.7)	0(0.0)	6(2.5)	0(0.0)	0(0.0)	0(0.0)	1(2.1)	2(5.4)	0(0.0)	3(2.3)	9(2.4)
13. 食事が遅い・食べられない	0(0.0)	0(0.0)	2(5.9)	2(2.5)	2(2.6)	0(0.0)	6(2.5)	0(0.0)	0(0.0)	1(5.3)	0(0.0)	0(0.0)	0(0.0)	1(0.8)	7(1.9)
14. 勝負に負けた	0(0.0)	0(0.0)	0(0.0)	2(2.5)	2(2.6)	0(0.0)	4(1.7)	0(0.0)	0(0.0)	0(0.0)	2(4.2)	1(2.7)	0(0.0)	3(2.3)	7(1.9)
15. 褒められた	0(0.0)	1(4.2)	0(0.0)	1(1.3)	0(0.0)	0(0.0)	2(0.8)	0(0.0)	0(0.0)	0(0.0)	0(0.0)	1(2.7)	0(0.0)	1(0.8)	3(0.8)
16. その他	1(8.3)	0(0.0)	0(0.0)	0(0.0)	1(1.3)	0(0.0)	2(0.8)	0(0.0)	0(0.0)	1(5.3)	1(2.1)	0(0.0)	0(0.0)	2(1.6)	4(1.1)
反応総数(人数)	17(12)	28(24)	37(34)	85(79)	79(78)	13(12)	258(239)	8(8)	13(13)	19(19)	48(48)	38(37)	5(4)	131(129)	388(368)

表4-6（羞恥の行動）　各項目の内容（自由記述の要約）

1. おもらし・排泄―おもらしをした，もどしてしまう，パンツにウンチをつけていた，ズボンをずらされた，排泄を知られる，トイレのドアが開いていた，鼻汁を出していた，おならをした
2. 出来ない・失敗した―ブランコから落ちそうになる，出来ない・失敗した・間違った，身体測定で服が脱げない，一人で走れなかった，上手に出来なかった，転んだ，ひっくり返った，持って来なかった・忘れ物をした，こぼした，コップを落として割った，ピアニカが吹けない
3. 注意・指摘された―指摘・注意された，叱られた
4. 笑われ・冷やかされた―冷やかされた，笑われる，からかわれる，おちょくられた，バツゲームをさせられた
5. 思い違い―勝手なことをした，思い違い
6. 性や異性を意識―声をかけられる，キスされそうになる，ラブレターを持ってきた，好きな子がばれた，先生（実習生）に抱きしめられた，性器を触る，先生の胸に触る，実習生にプレゼントを渡す時

7. 人と違うことをした—人と違うことをしていた，してはいけないことをした，しなくて良いと言われた
8. 内気—人前で話せない，先生の近くに行けない，友達の輪に入れなかった
9. 人の注視・存在—見つめられた，周囲の視線を気にする，ひさしぶりに会ったので，発表する，人前で踊った，人前で友達に教える，人に作品等見られる，人前で目立つ，知らない人（実習生）が来た，実習生が近くにいるから，リーダーシップを取る
10. 物を取られた・見つからない—自分のものが見つからない，座る椅子がない，友達に物を取られた
11. 退行現象—涙ぐんだ，自分の評価が低かった，赤ちゃん扱いにされた，実習生に甘えてきた
12. 答えられない・説明できない—答えられない・説明できない，話すことを忘れてしまった
13. 食事が遅い・食べられない—食事が遅い，嫌いなものが食べられない
14. 勝負に負けた—勝負に負けた，頑張らなかった
15. 褒められた—褒められた，出来る様になった
16. その他—話を聞いてもらえない，髪が逆立っている，自分の想像力で

　男児で最も多かったのが，「おもらし・排泄」（おもらしをした，もどしてしまう，パンツにウンチをつけていた，ズボンをずらされた，排泄を知られる，など）で（24.3％），2，3位を「出来ない・失敗した（22.2％）」（出来ない・失敗した・間違った，ブランコから落ちそうになる，身体測定で服が脱げない，一人で走ることができなかった，転んだ，ひっくり返った，など），「注意・指摘された（13.0％）」（指摘・注意された，叱られた）が占めていた。

　以下，「笑われ・冷やかされた」（冷やかされた，笑われる，からかわれる，おちょくられた，など），「人と違うことをした」（人と違うことをしていた，してはいけないことをした，しなくて良いと言われた，など），「思い違い」（勝手なことをした，思い違い），「性や異性を意識」（声をかけられる，キスされそうになる，ラブレターを持ってきた，好きな子がばれた，先生（実習生）に抱きしめられた，など），「人の注視・存在」（見つめられた，周囲の視線を気にする，ひさしぶりに会ったので，発表する，人前で踊った，人前で友達に教える，人に作品など見られる，人前で目立つ，など），「内気」（人前で話せない，先生の近くに行けない，友達の輪に入れなかった，など）の順で見られた。

　一方，女児は，「出来ない・失敗した」（24.8％）が最も多くて，以下，「おもらし・排泄」（20.9％），「注意・指摘された」（9.3％），「内気」，「思い違い」，「笑われ・冷やかされた」，「性や異性を意識」，「人の注視・存在」の順位で見られた。

男女児ともに「おもらし・排泄」「出来ない・失敗した」「注意・指摘された」の3項目で，6割弱の割合を占めていた。

年齢では，男女児ともに，3歳までが「おもらし・排泄」が第1位を占めているが，4歳・5歳児になると男女児ともに，第1位と第2位の順位が逆転している。

(7) 観察対象児に見られた羞恥の理由における性と年齢

園児達が，どのような理由で羞恥を抱いたのかを自由記述で実習生に書かせて整理したのが，表4-7である。

表4-7 観察対象児に見られた羞恥の理由における性と年齢

MA(%)

項目	男児							女児							総合計
	1歳	2歳	3歳	4歳	5歳	6歳	合計	1歳	2歳	3歳	4歳	5歳	6歳	合計	
1. 出来ない・失敗した	3(25.0)	7(29.2)	8(23.5)	19(24.1)	19(24.4)	2(16.7)	58(24.3)	0(0.0)	1(7.7)	7(36.8)	14(29.2)	11(29.7)	1(25.0)	34(26.4)	92(25.0)
2. 言われ・注意・指摘された	1(8.3)	1(4.2)	6(17.6)	16(20.3)	14(17.9)	1(8.3)	39(16.4)	1(12.5)	1(7.7)	4(21.1)	6(12.5)	9(24.3)	0(0.0)	21(16.3)	60(16.3)
3. 笑われ・冷やかされた	6(50.0)	5(20.8)	6(17.6)	16(20.3)	12(15.2)	2(16.7)	41(17.2)	0(0.0)	2(15.4)	1(5.3)	7(14.6)	7(18.9)	0(0.0)	17(13.2)	58(15.8)
4. 怒られた	1(8.3)	3(12.5)	4(11.8)	6(7.6)	4(5.1)	1(8.3)	19(7.9)	1(12.5)	1(7.7)	3(5.3)	8(16.7)	1(2.7)	0(0.0)	12(9.3)	31(8.4)
5. 見つめられ・注目される	0(0.0)	2(8.3)	1(2.9)	6(7.6)	6(7.6)	0(0.0)	15(6.3)	1(12.5)	1(7.7)	3(15.8)	5(10.4)	3(8.1)	1(25.0)	14(10.9)	29(7.9)
6. はにかみ・恥じらい	3(25.0)	1(4.2)	2(5.9)	11(13.9)	2(2.5)	0(0.0)	17(7.1)	1(12.5)	3(23.1)	1(5.3)	0(0.0)	2(5.4)	1(25.0)	8(6.2)	25(6.8)
7. 言えない・知られたくない	1(8.3)	2(8.3)	2(5.9)	2(2.5)	7(8.9)	1(8.3)	15(6.3)	2(25.0)	1(7.7)	0(0.0)	4(8.3)	2(5.4)	0(0.0)	9(7.0)	24(6.5)
8. 異性・先生を意識	2(16.7)	2(8.3)	3(8.8)	1(1.3)	7(8.9)	2(16.7)	17(7.1)	0(0.0)	0(0.0)	1(5.3)	1(2.1)	2(5.4)	0(0.0)	4(3.1)	21(5.7)
9. きまりが悪かった	1(8.3)	1(4.3)	1(2.9)	2(2.5)	3(3.8)	1(8.3)	9(3.8)	0(0.0)	0(0.0)	1(5.3)	2(4.2)	3(8.1)	1(25.0)	7(5.4)	16(4.3)
10. 人と違う・同じでなかった	0(0.0)	0(0.0)	2(5.9)	2(2.5)	2(2.5)	1(8.3)	7(2.9)	0(0.0)	2(15.4)	0(0.0)	0(0.0)	0(0.0)	0(0.0)	2(1.6)	9(2.4)
11. その他	1(8.3)	0(0.0)	1(2.9)	0(0.0)	1(1.3)	1(8.3)	4(1.7)	0(0.0)	0(0.0)	0(0.0)	1(2.1)	0(0.0)	0(0.0)	2(1.6)	6(1.6)
無回答	0(0.0)	0(0.0)	0(0.0)	0(0.0)	1(1.3)	0(0.0)	1(0.4)	2(25.0)	0(0.0)	0(0.0)	0(0.0)	0(0.0)	0(0.0)	2(1.6)	3(0.8)
反応総数(人数)	13(12)	24(24)	34(34)	81(79)	78(78)	12(12)	242(239)	8(8)	13(13)	19(19)	48(48)	40(37)	4(4)	132(129)	374(368)

表4-7（羞恥の理由）　各項目の内容（自由記述の要約）

1. 出来ない・失敗した―出来ない・間違って失敗した，勝負に負けた
2. 言われ・注意・指摘された―言われた・注意された・指摘された，予期しないことが起こった，大声で言われた・声をかけられた
3. 笑われ・冷やかされた―皆に笑われ・冷やかされた，涙が出てきた，先生・実習生に笑われた
4. 怒られた―怒られた
5. 見つめられ・注目される―見つめられる・注目される，人前で目立つ，人の視線
6. はにかみ・恥じらい―はにかみ・恥ずかしい，人見知り
7. 言えない・知られたくない―言えなかった，皆に知られたくなかった
8. 異性・先生を意識―自分で渡すことが恥ずかしい，異性の先生を意識した，実習生に声をかけられる，好きという応答は恥ずかしい，意識したから
9. きまりが悪かった―きまりが悪かった，もどしたから

10. 人と違う・同じでなかった―人と違う・同じでなかった，忘れたから
11. その他―相手にされなかった，理解できない，どうしていいのか分からない

　男女児ともに上位3位までは，「出来ない・失敗した」（出来ない・間違って失敗した，勝負に負けた，など）（男児24.3％，女児26.4％），「言われ・注意・指摘された」（言われた・注意された・指摘された，予期しないことが起こった，大声で言われた・声をかけられた，など）（同・16.4％，16.3％），「笑われ・冷やかされた」（皆に笑われ・冷やかされた，涙が出てきた，先生・実習生に笑われた，など）（同・17.2％，13.2％）であった。

　以下，男児では，「怒られた」（怒られた，など），「はにかみ・恥じらい」（はにかみ・恥ずかしい，人見知り），「異性・先生を意識」（自分で渡すことが恥ずかしい，異性の先生を意識した，実習生に声をかけられる，好きという応答は恥ずかしい，など），「見つめられ・注目される」（見つめられる・注目される，人前で目立つ，人の視線，など），「言えない・知られたくない」（言えなかった，皆に知られたくなかった，など）の順で見られた。

　一方，女児では，「見つめられ・注目される」「怒られた」「言えない・知られたくない」「はにかみ・恥じらい」「きまりが悪かった」（きまりが悪かった，もどしたから，など）などの順位で見られた。

　各年齢ごとの羞恥の上位3項目もほぼ同順位で見られた。

(8) 観察対象児に見られた羞恥への配慮における性と年齢

　園児達の羞恥体験をいかにして低減させるかの配慮について自由記述で実習生に書かせて整理したのが，表4-8である。

　男児では，「声をかけ説明する」（（失敗した子に）声をかける，やり方を説明する，など）が最も多く（19.2％），以下，「注意し叱る（12.1％）」（注意する，厳しく叱る，など），「気づいて対処する（10.5％）」（早く気づき対処する，皆が気づかないようにする，隅の方で着替えさせる，など），「言い聞かせけじめをつける」（言い聞かせわからせる，けじめをつける，など），「励まし応援する」（励ます・応援する，自信を持たせる，など），「笑わない・冷やかさない」（笑わない・冷やかさない，など），「指摘したり怒らない」（人前で間違いを指摘しない，人前で怒らない，など），「優しく接する」（優しく接する，慰

表 4-8　観察対象児に見られた羞恥への配慮における性と年齢

MA(%)

項　目	男児							女児							総合計
	1歳	2歳	3歳	4歳	5歳	6歳	合計	1歳	2歳	3歳	4歳	5歳	6歳	合計	
1. 声をかけ説明する	0(0.0)	2(8.3)	8(23.5)	15(19.0)	18(22.8)	3(25.0)	46(19.2)	1(12.5)	1(7.7)	3(15.8)	8(16.7)	9(24.3)	1(25.0)	23(17.8)	69(18.8)
2. 注意し叱る	1(8.3)	5(20.8)	4(11.8)	8(10.1)	11(13.9)	0(0.0)	29(12.1)	4(50.0)	2(15.4)	5(26.3)	8(16.7)	5(13.5)	0(0.0)	24(18.6)	53(14.4)
3. 言い聞かせけじめをつける	0(0.0)	0(0.0)	2(5.9)	10(13.9)	7(8.9)	1(8.3)	20(8.4)	0(0.0)	1(7.7)	2(10.5)	10(20.8)	4(10.8)	0(0.0)	17(13.2)	37(10.1)
4. 気づいて対処する	2(16.7)	2(8.3)	5(14.7)	10(13.9)	6(6.3)	1(8.3)	25(10.5)	1(12.5)	2(15.4)	2(10.5)	4(8.3)	3(8.1)	0(0.0)	12(9.3)	37(10.1)
5. 気遣い見守る	2(16.7)	1(4.2)	1(2.9)	5(6.3)	4(5.1)	1(8.3)	14(5.9)	0(0.0)	1(7.7)	1(5.3)	7(14.6)	4(10.8)	1(25.0)	14(10.9)	28(7.6)
6. 励まし応援する	0(0.0)	1(4.2)	1(2.9)	5(6.3)	11(13.9)	1(8.3)	19(7.9)	0(0.0)	1(7.7)	1(5.3)	2(4.2)	1(2.7)	1(25.0)	6(4.7)	25(6.8)
7. 笑わない・冷やかさない	1(8.3)	2(8.3)	4(11.8)	6(7.6)	5(6.3)	1(8.3)	19(7.9)	0(0.0)	1(7.7)	2(10.5)	2(4.2)	1(2.7)	0(0.0)	6(4.7)	25(6.8)
8. 指摘したり怒らない	0(0.0)	2(8.3)	2(5.9)	5(6.3)	5(6.3)	1(8.3)	15(6.3)	0(0.0)	0(0.0)	2(6.3)	3(8.1)	0(0.0)	0(0.0)	6(4.7)	21(5.7)
9. 雰囲気を作り話を聞く	1(8.3)	3(12.5)	2(5.9)	3(3.8)	3(3.8)	0(0.0)	12(5.0)	0(0.0)	1(7.7)	0(0.0)	2(4.2)	3(8.1)	0(0.0)	6(4.7)	18(4.9)
10. 優しく接する	3(25.0)	1(4.2)	2(5.9)	4(5.1)	3(3.8)	2(16.7)	15(6.3)	1(12.5)	0(0.0)	1(5.3)	0(0.0)	0(0.0)	0(0.0)	2(1.6)	17(4.6)
11. 一緒に遊んだり歌ってやる	0(0.0)	2(8.3)	1(2.9)	4(5.1)	2(2.5)	1(8.3)	10(4.2)	0(0.0)	1(7.7)	2(10.5)	1(2.1)	0(0.0)	0(0.0)	4(3.1)	14(3.8)
12. 仕方がない	1(8.3)	1(4.2)	0(0.0)	1(1.3)	2(2.5)	0(0.0)	5(2.1)	0(0.0)	1(7.7)	0(0.0)	1(2.1)	0(0.0)	1(25.0)	2(1.6)	7(1.9)
無回答	2(16.7)	2(8.3)	2(5.9)	4(5.1)	6(7.6)	0(0.0)	16(6.7)	1(12.5)	2(15.4)	0(0.0)	1(2.1)	4(10.8)	0(0.0)	8(6.2)	24(6.5)
反応総数(人数)	13(12)	24(24)	34(34)	80(79)	82(78)	12(12)	245(239)	8(8)	13(13)	19(19)	49(48)	37(37)	4(4)	130(129)	375(368)

表 4-8 (羞恥の配慮)　各項目の内容 (自由記述の要約)

1. 声をかけ説明する─(失敗した子に) 声をかける，やり方を説明する
2. 注意し叱る─注意する，厳しく叱る
3. 言い聞かせけじめをつける─言い聞かせわからせる，けじめをつける
4. 気づいて対処する─早く気づき対処する，皆が気づかないようにする，隅の方で着替えさせる
5. 気遣い見守る─見守る，子供達に目をやる，気をつけてあげる
6. 励まし応援する─励ます・応援する，自信を持たせる
7. 笑わない・冷やかさない─笑わない・冷やかさない
8. 指摘したり怒らない─人前で間違いを指摘しない，人前で怒らない
9. 雰囲気を作り話を聞く─話がしやすい雰囲気にする，何度も聞いてあげる，話をじっくり聞いてやる
10. 優しく接する─慰める，身体に触れる，優しく接する，愛情表現を認める
11. 一緒に遊んだり歌ってやる──一緒にする (遊ぶ・歌う等)
12. 仕方がない─仕方がない

める，身体に触れる，愛情表現を認める，など) の順で見られた。

　一方，女児では，「注意し叱る」(18.6％) が最も多く，以下，「声をかけ説明する」(17.8％)，「言い聞かせけじめをつける」(13.2％)，「気遣い見守る」(見守る，子供達に目をやる，気をつけてあげる，など)，「気づいて対処する」，などが見られ，「励まし応援する」「笑わない・冷やかさない」「指摘したり怒らない」「雰囲気を作り話を聞く」などが同順位で並んでいた。

　各年齢では，様々なばらつきを見せていた。

4) 考　　察

本調査の結果を概観し考察すると以下の通りである。

(1) 観察対象児に見られた羞恥の年齢と性別

教育・保育実習のいずれともに，実習生の配属クラスは，各園の方針によって，固定クラスとする場合もあれば，各年齢クラスを巡回させて，異年齢の体験実習をさせる園もある。このような理由で，実習生が乳幼児の羞恥体験を観察する場合に，同一基準によってなされることは困難である。ただ，幼稚園・保育所という乳幼児の保育場面の羞恥実態を浮き彫りにする意味においては，充分その目的を満足させた実態調査であった。

幼稚園・保育所ともに羞恥を観察した割合は，平均2人弱であり，男児の方が女児よりも多く生起していた。これは，実習生及び保育者が女性であることと関係していると思える。すでに，幼児の段階から男児は性を意識している証左とも判断できる。羞恥は，幼稚園児も保育所児も男女児ともに4歳が顕著に多く，5歳，3歳の順で見られていた。これは，配属関係との絡みもあって一該に断定できないが，乳幼児の羞恥実態を示すものとして素直に捉えても良い。しかも，5歳児年長組の中で6歳児になる園児がいるが，割合は，観察した段階では少なかった。しかし，加齢とともに羞恥は増加していくと見ることができる。

保育園児において，すでに1歳児（12.2％）・2歳児（22.7％）の段階から羞恥が見られているとの報告であった。1・2歳児の行動を羞恥として実習生が把握した点を疑問視する一面はなくはないが，ここでは率直に受け止め，すでにエリクソン（Erikson, E. H.）が指摘している幼児前期の自律性（autonomy）対 恥・疑惑（shame and doubt）の発達課題を支持する資料的価値を得たと判断したい。

(2) 観察対象児に見られた羞恥場面における性と年齢

日常の保育生活場面で男児が羞恥を体験する場面としては，「保育室・室内・廊下」「設定保育」「自由保育（自由遊び）」「昼食・おやつ」「運動場・園庭」「排泄（トイレ）」の順であり，女児は「保育室・室内・廊下」「自由保育

（自由遊び）」「設定保育」「昼食・おやつ」「運動場・園庭」の順で，2・3位の逆転は別としてほぼ同順位であった。

　「保育室・室内・廊下」の場面が，男女児年齢を問わず羞恥の4割前後を占めている。この場面は，日常の保育生活全般を過ごす場面であり，多くの人々が介在する場面でもあることが羞恥を生起したと考えられる。「自由保育（自由遊び）」「設定保育」の場面も同様な理由によるものである。

(3) 観察対象児に見られた羞恥場面での人の有無における性と年齢

　羞恥体験を抱く場合，その場に人がいるかいないかはきわめて大きい要因をなす。園児の場合も同様である。男女児及び各年齢ごとに「先生・実習生・他の園児」ら，複数の人々が存在する場が圧倒的に多かった。他者の存在や視線は，羞恥をきわだたせてしまうものである。人が介在する場面で羞恥が発生するのであるから，保育者のなお一層の配慮が求められる所以である。

(4) 観察対象児に見られた羞恥の身体への感情程度における性と年齢

　園児達が羞恥体験をした際の羞恥感情の程度は，男女児ともにかなり・ややの程度に集中していた。ただ，羞恥感情は，男児の方が女児の方よりも恥ずかしがっているようである。年齢ごとには若干の順位の散らばりが見られた。理由としては，保育者・実習生が女性であることも関係している。男児の女性に対する性意識の萌芽をここに見ることもできる。

(5) 観察対象児に見られた羞恥の身体への影響における性と年齢

　羞恥体験をした際の身体への影響は，男女児及び各年齢ともに，「顔が赤くなっている」が5割強を占めている。以下，「涙が出ている」「顔がひきつっている」「身体がかたくなっている」「どこかに逃げ出す」など様々な身体への影響を及ぼしているのが観察された。

　この中でも，羞恥感情の表現として赤面が突出して見られる。赤面は，頻繁に発生すると赤面恐怖にとらわれ，人との交流を苦手とさせる要因をなす点がある。羞恥を身体に現した時，保育者の言葉かけや配慮をする契機を与えている指標と受け止めるべきであろう。

(6) 観察対象児に見られた羞恥の行動における性と年齢

　羞恥の行動では，男児は「おもらし・排泄」「出来ない・失敗した」「注意・指摘された」，女児では「出来ない・失敗した」「おもらし・排泄」「注意・指摘された」などが上位を占めていた。

　さらに，「笑われ・冷やかされた」「人と違うことをした」「思い違い」「性や異性を意識」「人の注視・存在」「内気」などの多岐にわたった羞恥を生起させていた。

　この中でも男女児ともにおもらし・排泄の恥ずかしさは，トイレットトレーニングとも関わる内容であり，きわめてデリケートな配慮が求められる。ただ，トイレの風習は，民族によっても色々な違いがある。間仕切の無いトイレもある。人間は，生きるために食べなければならない。食べれば排泄が伴う。この一連の営みを踏まえた上でのトイレットトレーニングをなさないと，フロイトのいう肛門愛期性格との兼ね合いも無視しがたい。また，出来なかったり失敗したりすることによって恥ずかしさを抱くことは，その後の積極的行動を疎外する面もあるので，失敗して元々とか，出来なくても決して恥ずかしくないことだという励ましも大切である。

(7) 観察対象児に見られた羞恥の理由における性と年齢

　羞恥を抱いた理由として，男女児ともに「出来ない・失敗した」「言われ・注意・指摘された」「笑われ・冷やかされた」などが上位3項目であった。

　保育場面で様々な事柄を園児達が行う場合，うまくいかずに出来なかったり失敗したりする。しかも，言われたり注意されたり指摘されたりすると益々，自己の行動を抑制させる要因ともなる。さらに，笑われたり・冷やかされたりするとなお一層の羞恥を抱く理由となる。保育者の配慮が求められる所以である。また，怒られたことが羞恥の理由となっているが，躾の側面から考えると功罪半ばする理由でもある。してはけいないことの指摘から発生する羞恥は，自己の行動を見直す側面も持っている。

　見つめられ注目されるという人の存在・注視による羞恥理由は，元来，複数の存在の有無が羞恥の要因をなしている点を意味している。他に，はにかみ恥

じらいなどの性格に関わる面の羞恥や異性・先生を意識する羞恥などの理由は，性意識との関わりがある。乳幼児達は，すでに出生から性への関心が始まっているというよりも，意識させられていくという側面が大きいと考えるべきであろう。ニューハーフやホモセクシャルや同性愛などの性意識も含めて性全般に対する意識は，思春期の目覚めとも関わるが，すでに乳幼児の段階でその萌芽の原初が開始されている側面も無視しがたい。

(8) 観察対象児に見られた羞恥への配慮における性と年齢

日常生活の様々な場面で誰もが羞恥を体験する。体験した羞恥が，社会生活上で好ましくない行動を抑制させる点で働く場合は，それなりに意味をなすが，単に行動を抑圧されることになるのは，良くないことである。園児達の羞恥体験をいかにして低減させるかの配慮について保育者や親のきめ細かな配慮が求められるのは言うまでもない。

羞恥低減のためには，「声をかけ説明する」「注意し叱る」「言い聞かせけじめをつける」「気づいて対処する」「気遣い見守る」「励まし応援する」「笑わない冷やかさない」「指摘したり怒らない」「雰囲気を作り話を聞く」などの羞恥への配慮が見られる。これらを見ると大半が保育者の言葉かけの重要性を述べているといっても過言ではない。叱るべきことは叱り注意すべきことは注意すべきであるが，その際の叱り方や注意の仕方によって，効果の有無が規定される。すなわち，恥辱をなさしめてはいけないのである。

一方，賞賛や激励によって，恥辱となるものを生かす方法も生じるのである。「モノは言いよう」の例えがあるように，言葉は，人を傷つけることもあれば人を生かしたりもする。いずれも，言葉かけを羞恥低減の主たる配慮としていることがうかがえる。

5) まとめ

これまで，私は羞恥を恥と罪とのヤジロベエの重心としたが，森口兼二(1993)[46]の言う「自尊心とその損傷」(p.7)は，これらの三者関係を包摂する上位概念と解釈できると述べた（坂口, 1993）。彼は，罪は主として善悪の規範との関連に位置し，恥は優劣の基準との関連に位置して体験される結果，自

尊心の損傷が生じると規定している。罪や恥という自尊心を失えば，道徳的人格がなくなるが，自尊心という面倒な制裁の監視があるからこそ，破れそうな自尊心の繕いのために，嘘をついたり，自己弁護を試みたり，復讐心に駆り立てられたり，酒や麻薬を求めたり，自殺に至るような悪の諸相に誘われるのであると説明している。

この点について坂口（1993）[68]は，「自尊心の高さは自己肯定と積極性と自信を行動にもたらすが，自尊心の低さは自己否定と消極性と自信喪失を行動にもたらすとも言える。羞恥が恥辱や屈辱に連動するものであれば，さらに自尊心の低下をもたらすことは言うまでもない。ただ，自己の修練に伴わない実体のない自尊心は，自民族中心主義に傾斜させたり「生きて虜囚の辱めを受けるな」といったいびつな自尊心高揚に連なる危険性もはらんでいるので，自尊心の育成への配慮が大切になる」と指摘した。自尊心を考える場合，その根底に羞恥との兼ね合いを捉えて置く必要性があるのはいうまでもない。

一方，ボローニュの「羞恥の歴史」[10]でも見られたように，羞恥は，その時代の習俗のバロメーターとしての指標であることも事実である。その時代の文化・歴史・社会・物質・環境などのあらゆる状況の所産として，その羞恥の判断が生じる。

「メディア漂流（忠兵衛）」の中で，お立ち台で一世を風靡したディスコ・ジュリアナ東京が閉鎖された原因は，警察がお立ち台を禁止して，客足が遠のいたからである。お立ち台は危険というのが「指導」理由らしいが，半裸で踊る姿がストリップまがいとの判断が根底にあると指摘している（毎日新聞，1994年8月29日朝刊）。これは，突然に，ヘア解禁がなされたこととの連動があるとも考えられるとしている。風俗が乱れることへの警察の指導がお立ち台禁止となったのである。推測だが，一定の枠組みの中に組み込まれていたストリップ劇場などの風俗産業が，ディスコ・ジュリアナ東京を始めとした様々な場面への拡散化に対して，すなわち，裸体の公然化に連動することへの歯止めの交換条件にヘア解禁を許したとも考えられなくもない。また，「ヤンママ」（ヤングママのこと。あるいはかつてヤンキーギャルの彼女達が母親となった人々を総称する言葉）に代表されるように，若くして出産した母親達が，青春をもう一度という思いで，子どもを託児所や夫や家族に託して，自らがお立ち台ギャ

ルに変身することへの風潮が全国に蔓延している矢先の歯止めでもあった。

　裸体の羞恥の低下は，まだ可愛げがある。高橋鐵（1991）[94]は，浮世絵春画について述べているが，「江戸時代には，性を罪悪視，タブー視するような，そんなみみっちい『ワイセツ』観念などなかったのだ，と。それは，奈良・平安時代から，鎌倉，室町，桃山と受けついできた，日本民族の伝統精神だったといえよう」(p.217) と封建時代でも支配者は性をおおらかに取り扱ってきたと指摘している。日本の伝統精神に回帰したと考えれば良い。

　ブルセラショップやコギャルやマゴギャルの行動にも見られるように，今や，裸体に対する羞恥は急速に低下している。今が最も裸体として美しいと思っている自分を表現する場を求めて一部の中学・高校生が走り始めている。それは，拝金主義思想が日本人の行動原理を左右している証左でもある。性の文化が深まったわけではない。性が商品化しただけで，江戸時代よりもはるかに後退したと言えよう。むしろ，大人や社会が見せる建て前と本音の偽善に対する若者のアンチテーゼとしての態度でもある。稼げるうちは稼いで後は善悪の判断停止をすれば良いという今日の大人や社会の行動原理を若者が体得したからである。

　一方，社会的行動としての羞恥の低下は，侵略戦争の認識に限らず，様々な場面で物議を醸している。しかも，一貫性がなく，指摘されれば発言の撤回や勉強不足や謝罪に終始している。恥を知れとはお国言葉の代名詞であったが，もはや，今日の日本は，恥の文化を捨てた日本とした方が良いかも知れない。恥辱や屈辱を与える社会は奴隷社会であるが，自己の意思で行動をコントロールさせる羞恥は，自己を映し出す鏡となって，自己を高める契機ともなる。今こそ，羞恥はまさにその時代を映す鏡であるとの認識で，自己の羞恥及び他者の羞恥をじっくり見つめる時代とも言える。

　実習生の観察報告の通り，乳幼児の段階から羞恥が出現していることが見られた。これは，エリクソンの幼児前期の疑惑対恥の説を実証的に支持し説明したことでもある。出生してから早い段階で，羞恥感情を抱くということは，その羞恥体験が恥辱や屈辱の体験として心理的外傷として心の奥深くに残存しないように保育者や親の配慮が求められる。男児が女児よりも羞恥体験を抱いた理由に保育者や実習生が異性であったことが見られたように，保育者や実習生

が男性であったら反対の結果が見られたとも言える。性意識と羞恥とは切り離されない関係であることは,衆目の一致するところでもある。

いずれにせよ,坂口(1993)[68]が指摘したように,「乳幼児の段階から親や保育者の羞恥への配慮は言うに及ばないが,最近の若者たちの恥辱や屈辱に弱く,罪への希薄化に見られるようなやわな羞恥ではない,磨かれた感性と思いやりに裏打ちされた羞恥を持ちながら,他者の存在・注視にまどわされないで自らの意思による自己の行動原理をもって是々非々にも対処する羞恥の育成こそが求められる時代でもある」(p.12)との考えは,継続中である。

謝　辞

本調査を実施するに際して,協力を惜しまなかった旧・大阪保育学院の2年次(1989年卒)の保育コースの学生諸姉に深く謝意を表します。

2. 1995年[70]

聖徳保育論叢第8号1995年12月
幼稚園・保育所実習場面での実習生の羞恥実態(Ashamed actual situation of student apprentices with kindergarten and nursery school practice scene.)の一部(目的より)

1)目　的

本調査の目的は,幼稚園・保育所実習場面で実習生が実習期間中にどのような羞恥体験をするかを知ることと,その羞恥に対して,自己及び他者からのいかなる配慮があれば羞恥低減をなし得るかの方策を知ることにある。

羞恥低減の方策を知ることは,実習生の実習への不安や萎縮を削減することを可能ならしめ,ひいては,より充実した実習を達成する一助となるからである。

2) 方　　法

(1) 調査票の構成

　羞恥心に関する調査票作成ならびに羞恥心研究の方向及び展開については，これまで一貫して，伊吹山太郎[注1]と坂口栄子[注2]との職業的知見と見識を参考としている。羞恥のわけても恥辱を生じさせない方法をあらゆる社会的場面で提起していくことが，三者の共通した思いである。本調査も彼らとの討論的知見を背景としていることは言うまでもない。

　実習生の羞恥心を知る上で，調査項目は，(1)羞恥の場面，(2)羞恥場面での人の有無，(3)羞恥の程度，(4)羞恥による身体への影響，(5)羞恥の行動，(6)羞恥の理由，(7)羞恥への自己の配慮，(8)羞恥への他者からの配慮，の8点とした。

(2) 調査対象

　調査は，坂口（1993・1994）[68],[69]と同様に，1988年9月24日から30日までの保育実習期間（保育所）と同年11月7日から19日（幼稚園）までの教育実習に参加した旧・大阪保育学院の保育コースの2年生118名のみを対象に，羞恥心観察記録用紙（自分用と園児用）を配布して，実習終了後，筆者の講義時間に提出する方法で実施した。有効票数は，保育所実習100票（84.7％），幼稚園実習113票（95.8％）であった。保育学生の平均年齢は，保育所実習の場合19.7歳（標準偏差0.67）で，教育実習の場合19.7歳（標準偏差0.72）であった。

　また，これまでの一連の実習を体験してきた彼女たちは，幼稚園・保育所実習の最終実習としての集大成をこの実習でなしていくのである。

3) 結　　果

(1) 幼稚園・保育所実習場面での実習生の羞恥の場面

　実習生は，初めての実習で不安と緊張を強く意識しながら，実習期間を過ご

注1）京都学園大学名誉教授・元京都大学教授・元関西大学教授・元嵯峨美術短期大学教授
注2）大阪北通信病院内科病棟勤務看護婦長

していく。これまでにいろいろな実習を体験していても、初めて実習する園であれば、やはり羞恥体験をするものである。実習生が実習期間中に羞恥体験をした場面をまとめたのが、表4-9である。羞恥場面として最も多かったのが「保育室・室内・廊下」（幼稚園場面56.7％、保育所場面65.0％）の場面で、以下、幼稚園場面の場合、「設定保育」「運動場・園庭」「昼食・おやつ」「体育館・ホール」の順であり、保育所場面の場合、「設定保育」「運動場・園庭」「昼食・おやつ」「自由保育（自由遊び）」の順で、幼稚園・保育所のいずれの場面とも、上位4位までは同じ順位であった。

表4-9 幼稚園・保育所実習場面での実習生の羞恥の場面

MA(％)

項　目	幼稚園場面	保育所場面	合　計
1. 保育室・室内・廊下	64（56.7）	65（65.0）	129（60.6）
2. 設定保育	66（58.4）	34（34.0）	100（46.9）
3. 運動場・園庭	20（17.7）	18（18.0）	38（17.8）
4. 昼食・おやつ	13（11.5）	18（18.0）	31（14.6）
5. 自由保育（自由遊び）	7（6.2）	11（11.0）	18（8.4）
6. 体育館・ホール	12（10.6）	4（4.0）	16（7.5）
7. 戸外遊び	6（5.3）	4（4.0）	10（4.7）
8. 降園	6（5.3）	3（3.0）	9（4.2）
9. 園外保育（遠足・泊り）	5（4.4）	3（3.0）	8（3.8）
10. 排泄（トイレ）	2（1.8）	1（1.0）	3（1.4）
11. 登園	1（0.9）	1（1.0）	2（0.9）
12. 身体測定・予防接種	0（0.0）	2（2.0）	2（0.9）
13. 保護者参観	2（1.8）	0（0.0）	2（0.9）
14. 避難訓練	2（1.8）	0（0.0）	2（0.9）
15. 生活発表会	2（1.8）	0（0.0）	2（0.9）
16. その他	2（1.8）	0（0.0）	2（0.9）
反応総数（人数）	210（113）	164（100）	374（213）

ただ、第5・6位に順位の逆転が見られるが、幼稚園では「体育館・ホール」場面が顕著で、保育所は「昼食・おやつ」の場面が見られているのは、幼稚園の教育、保育所の保育という特性が現れている。なお、実習期間中、幼稚園場面では約1.9回、保育所場面では約1.6回の羞恥場面が生起していた。

(2) 幼稚園・保育所実習場面での実習生の羞恥における人の有無

実習生が羞恥体験をした場面で、どのような人がその場に介在していたかを

示したのが，表4-10である。幼稚園場面・保育所場面のいずれとも「先生・実習生・園児達」（幼稚園場面150.4％，保育所場面86.0％）らがいた場合が圧倒的に多い。以下，「実習生・園児達」（同・26.5％，54.0％），「先生・実習生」（同・6.2％，14.0％）が介在した場面であった。

表4-10 幼稚園・保育所実習場面での実習生の羞恥における人の有無

MA(％)

項　目	幼稚園場面	保育所場面	合　計
1. 先生・実習生・園児達	170(150.4)	86(86.0)	256(74.1)
2. 実習生・園児達	30(26.5)	54(54.0)	84(11.1)
3. 先生・実習生	7(6.2)	14(14.0)	21(8.6)
4. 保護者・先生・実習生・対象児	3(2.7)	10(10.0)	13(4.9)
反応総数（人数）	210(113)	164(100)	374(213)

なお，幼稚園場面では，「先生・実習生・園児達」などのほとんどの人が介在する場面で，実習生の一人が約1.5回も羞恥体験をしていた。

(3) 幼稚園・保育所実習場面での実習生の羞恥の程度

実習生が実習期間中に羞恥体験をした際に，どの程度の羞恥感情を示したかを表したのが，表4-11である。

表4-11 幼稚園・保育所実習場面での実習生の羞恥の程度

MA(％)

項　目	幼稚園場面	保育所場面	合　計
1. 恥ずかしかった	54(47.8)	38(38.0)	92(43.2)
2. やや恥ずかしかった	49(43.4)	40(40.0)	89(41.8)
3. かなり恥ずかしかった	69(61.1)	56(56.0)	125(58.7)
4. 非常に恥ずかしかった	38(33.6)	30(30.0)	68(31.9)
反応総数（人数）	210(113)	164(100)	374(213)

幼稚園・保育所場面のいずれとも最も多かったのが，「かなり恥ずかしかった」（幼稚園場面61.1％，保育所場面56.0％）であり，次に，幼稚園場面では「恥ずかしかった」（47.8％），「やや恥ずかしかった」（43.4％）で，保育所場面では「やや恥ずかしかった」（40.0％），「恥ずかしかった」（38.0％）と2・3位の順位が逆転していた。

実習生の羞恥体験について非常に恥ずかしかった（4点）から恥ずかしかっ

た（1点）までの4件法によるt検定をおこなったところ，幼稚園場面（$N = 210, \bar{x} = 2.43, \sigma = 1.06$）と保育所場面（$N = 164, \bar{x} = 2.48, \sigma = 1.08$）とには，羞恥体験の感情程度に差異は見られなかった（$t = 0.39, df = 372$, n.s.）。

(4) 幼稚園・保育所実習場面での実習生の羞恥の身体への影響

実習生が羞恥体験をした際に，羞恥感情がどのように身体に影響して現れたかを示したのが，表4-12である。

表4-12 幼稚園・保育所実習場面での実習生の羞恥の身体への影響

MA（％）

項　　目	幼稚園場面	保育所場面	合　計
1. 顔が赤くなる	128（113.2）	91（91.0）	219（102.8）
2. 顔がひきつる	51（45.1）	44（44.0）	95（44.6）
3. 胸がどきどきする	49（43.4）	37（37.0）	86（40.4）
4. どこかに逃げ出したくなる	38（33.6）	25（25.0）	63（29.6）
5. 身体がかたくなる	14（12.4）	14（14.0）	28（13.1）
6. 涙が出る	14（12.4）	10（10.0）	24（11.3）
7. 声がふるえる	15（13.3）	8（8.0）	23（10.8）
8. 身体が熱くなる	17（15.0）	6（6.0）	23（10.8）
9. 冷や汗が出る	12（10.6）	11（11.0）	23（10.8）
10. 身体がふるえる	13（11.5）	4（4.0）	17（8.0）
11. 上気する（のぼせる・逆上する）	11（9.7）	5（5.0）	16（7.5）
12. 頭がボーッとする	6（5.3）	3（3.0）	9（4.2）
13. 足がガクガクする	3（2.7）	3（3.0）	6（2.8）
14. その他	4（3.5）	3（3.0）	7（3.3）
反応総数（人数）	375（113）	264（100）	639（213）

幼稚園・保育所場面で，最も多かったのが「顔が赤くなる」（幼稚園場面113.2％，保育所場面91.0％）であり，以下，「顔がひきつる」（同・45.1％，44.0％），「胸がどきどきする」（同・43.4％，37.0％），「どこかに逃げ出したくなる」（同・33.6％，25.0％），「身体がかたくなる」（同・12.4％，14.0％）などが同傾向で上位順位を示していた。実習生は，幼稚園・保育所のいずれの場面でも，同じ順位の傾向で羞恥による身体への影響が見られた。同様に，羞恥体験を様々な身体表現で現していることが見られた。

(5) 幼稚園・保育所実習場面での実習生の羞恥の行動

実習生が，実習期間中にどのような羞恥の行動を示したのかを自由記述で書

かせて整理したのが，表4-13である。

表4-13 幼稚園・保育所実習場面での実習生の羞恥の行動

MA(%)

項　　目	幼稚園場面	保育所場面	合　計
1. 間違った	32(28.3)	34(34.0)	66(30.9)
2. 自己表現	37(32.7)	24(24.0)	61(28.6)
3. 出来ない・失敗した	28(24.8)	32(32.0)	60(28.2)
4. ピアノを弾いた	47(41.6)	6(6.0)	53(24.8)
5. 指摘・注意・叱られた	23(20.4)	19(19.0)	42(19.7)
6. ぶざまな行為	13(11.5)	19(19.0)	32(15.0)
7. 子どもへの対応	3(2.7)	11(11.0)	14(6.6)
8. 人の存在・注視	7(6.2)	5(5.0)	12(5.6)
9. クラス・園への挨拶	9(8.0)	2(2.0)	11(5.2)
10. 身体露出	4(3.5)	6(6.0)	10(4.7)
11. 笑われ・からかわれた	5(4.4)	3(3.0)	8(3.8)
12. 言葉づかい	1(0.9)	1(1.0)	2(0.9)
13. その他	1(0.9)	2(2.0)	3(1.4)
反応総数（人数）	210(113　)	164(100　)	374(213　)

表4-13（羞恥の行動）各項目の内容（自由記述の内容）

1. 間違った―間違った
2. 自己表現―絵本・紙芝居を読んだ，設定保育をした時，動物の真似を一人でする時，歌を歌う，反省会で発表した時，（一緒に）踊った，ズボンを引っ張られた
3. 出来ない・失敗した―十分に出来なかった，声がとぎれた／出ない，失敗した，忘れた時，絵が上手でない，（質問など）に答えられなかった，先生と指導が違った
4. ピアノを弾いた―ピアノを弾いた
5. 指摘・注意・叱られた―叱られた，注意された，指摘された
6. ぶざまな行為―話を聞いていなかった，あわてた，眠ってしまった，壊してしまった，夢中になってしまった，こけそうになった／こけた，ぼーっとして参加できなかった，お腹が鳴った，大声で話をしてしまった，食べるのが遅い，鼻水が出てしまった，（大声）悲鳴をあげた
7. 子どもへの対応―園児に手を出しすぎた，私的な事を（子供）に聞いた，子供達が寄ってきた（接する），子供が泣いた，子供に気がつかなかった，人見知りをされた，静かにさせられなかった
8. 人の存在・注視―注目された，顔を（じっくり）見られた，園外を歩く時
9. クラス・園への挨拶―（クラス・園）への挨拶の時
10. 身体露出―衣服を脱がされた，キスされた，トイレを覗かれた，お腹を見られた，お尻をつつく／覗かれた，スカートの中を覗かれた
11. 笑われ・からかわれた―笑われた，自分の真似をされた，からかわれた
12. 言葉づかい―言葉が関西弁になった，言葉につまった
13. その他―準備物を作っている時，褒められた，母が迎えに来た，消火器を持って消す練習をした

幼稚園場面で最も多かったのが「ピアノを弾いた」(41.6％)で，以下，「自己表現（32.7％)」（絵本・紙芝居を読んだ，設定保育をした時，動物の真似を一人でする時，歌を歌う，反省会で発表した時，など），「間違った」(28.3％)，「出来ない・失敗した（24.8％)」（十分に出来なかった，声がとぎれた／出ない，失敗した，忘れた時，絵が上手でない，など），「指摘・注意・叱られた（20.4％)」（叱られた，注意された，指摘された），などの順であった。

保育場面で最も多かったのが「間違った」(34.0％)で，以下，「出来ない・失敗した」(32.0％)，「自己表現」(24.0％)，「指摘・注意・叱られた」(19.0％)，「ぶざまな行為（19.0％)」（話しを聞いていなかった，あわてた，眠ってしまった，壊してしまった，夢中になってしまった，こけそうになった／こけた，など）の順であった。

幼稚園場面で第1位を占めていた「ピアノを弾いた」という羞恥行動が，保育所場面では第7位（6.0％）に過ぎなかった。また，保育所場面では第6位（11.0％）を占めていた「子どもへの対応」（園児に手を出しすぎた，私的な事を（子供）に聞いた，子供達が寄ってきた（接する），子供が泣いた，など）が，幼稚園場面では第11位（2.7％）という下位の順位であった。

(6) 幼稚園・保育所実習場面での実習生の羞恥の理由

実習生が，実習期間中にどのような理由で羞恥を抱いたのかを自由記述で書かせて整理したのが，表4-14である。

幼稚園場面で最も多かったのが，「出来ない・失敗した（44.2％)」（出来なかった，ピアノが弾けない／失敗した，良い評価が得られなかった，上手でなかった，など）で，以下，「間違った（26.5％)」（勘違いをしていた，間違った），「注意・指摘された（25.7％)」（注意された，指摘された），「人の存在・注視（22.1％)」（注目された，ジャージで園外に出ること，保育者が側にいたので），「注意不足（20.4％)」（気づかなかった，忘れていた，配慮が足りなかった），「笑われた」(19.5％)の順であった。保育所場面で最も多かったのが，「間違った」(31.0％)で，以下，「注意・指摘された」(25.0％)，「注意不足」(25.0％)，「出来ない・失敗した」(22.0％)，「人の存在・注視」(20.0％)，「笑われた」(16.0％)の順であった。

表4-14 幼稚園・保育所実習場面での実習生の羞恥の理由

MA(%)

項　目	幼稚園場面	保育所場面	合　計
1. 出来ない・失敗した	50(44.2)	22(22.0)	72(33.8)
2. 間違った	30(26.5)	31(31.0)	61(28.6)
3. 注意・指摘された	29(25.7)	25(25.0)	54(25.4)
4. 注意不足	23(20.4)	25(25.0)	48(22.5)
5. 人の存在・注視	25(22.1)	20(20.0)	45(21.1)
6. 笑われた	22(19.5)	16(16.0)	38(17.8)
7. ぶざまな行為	11(9.7)	6(6.0)	17(8.0)
8. きまりが悪い	10(8.8)	4(4.0)	14(6.6)
9. 呆然自失	2(1.8)	6(6.0)	8(3.8)
10. 緊張した	6(5.3)	1(1.0)	7(3.3)
11. 身体露出	1(0.9)	3(3.0)	4(1.9)
12. 集中してくれない	1(0.9)	3(3.0)	4(1.9)
無 回 答	0(0.0)	2(2.0)	2(0.9)
反応総数（人数）	210(113)	164(100)	374(213)

表4-14（羞恥の理由）各項目の内容（自由記述の内容）
1. 出来ない・失敗した―出来なかった，ピアノが弾けない／失敗した，良い評価が得られなかった，上手でなかった
2. 間違った―勘違いをしていた，間違った
3. 注意・指摘された―注意された，指摘された
4. 注意不足―気づかなかった，忘れていた，配慮が足りなかった
5. 人の存在・注視―注目された，ジャージで園外に出ること，保育者が側にいたので
6. 笑われた―笑われた
7. ぶざまな行為―汚れてしまった，お腹がなった，食べるのが遅い，声がうらがえった／高くなった，こけてしまった，涙がでそうになった，お茶をこぼした
8. きまりが悪い―きまりが悪い
9. 呆然自失―覚えられない，何をどうしていいかわからない
10. 緊張した―集中した，あがってしまった
11. 身体露出―ズボンをずらされパンツが見えそう，下から覗かれた
12. 集中してくれない―集中してくれない

　幼稚園場面で最も多かった「出来ない・失敗した」の項目が，保育所場面では第4位であったのが，幼稚園の教育，保育所の保育という特性が影響しているといえる。

(7) 幼稚園・保育所実習場面での実習生の羞恥を低減するための自分の配慮

　実習生が，実習期間中に生じる羞恥を自分による自身のための配慮によっていかに低減できるかを自由記述で書かせて整理したのが，表4-15である。

表4-15 幼稚園・保育所実習場面での実習生の羞恥を低減するための自分の配慮

MA(%)

項　目	幼稚園場面	保育所場面	合　計
1. 練習をする	46 (40.7)	24 (24.0)	70 (32.9)
2. 気を引き締める	23 (20.4)	36 (36.0)	59 (27.7)
3. 確認する	42 (37.2)	14 (14.0)	56 (26.3)
4. 準備をする	22 (19.5)	18 (18.0)	40 (18.8)
5. 落ち着いてする	24 (21.2)	16 (16.0)	40 (18.8)
6. 間違わない	10 (8.8)	14 (14.0)	24 (11.3)
7. 先生に聞く・尋ねる・観察する	9 (8.0)	15 (15.0)	24 (11.3)
8. 言葉がけをする	9 (8.0)	7 (7.0)	16 (7.5)
9. 気にしない	10 (8.8)	5 (5.0)	15 (7.0)
10. 忘れ物をしない	8 (7.1)	3 (3.0)	11 (5.2)
11. 子供に興味を持たせる	3 (2.7)	3 (3.0)	6 (2.8)
12. 仕方ない	0 (0.0)	5 (5.0)	5 (2.3)
13. その他	4 (3.5)	2 (2.0)	6 (2.8)
無回答	0 (0.0)	2 (2.0)	2 (0.9)
反応総数（人数）	210 (113)	164 (100)	374 (213)

表4-15（自分による羞恥への配慮）各項目の内容（自由記述の内容）

1. 練習をする―練習をする
2. 気を引き締める―気を引き締める，気を付ける，注意する，きびきび行動する，自覚する，冷静に対応，照れない
3. 確認する―日案の確認，顔を確かめてから名前を言う
4. 準備をする―下調べをする，事前に考えておく，工夫する
5. 落ち着いてする―落ち着いてする
6. 間違わない―間違わない
7. 先生に聞く・尋ねる・観察する―先生の行動をしっかり観察する，先生に聞く・尋ねる，先生の話を聞く
8. 言葉がけをする―言葉がけをする，大声で
9. 気にしない―気にしない
10. 忘れ物をしない―忘れ物をしない
11. 子供に興味を持たせる―子供に興味を持たせる
12. 仕方ない―仕方ない
13. その他―早く食事をする，風邪を引かない，こらえておく

　幼稚園場面で最も多かったのが「練習をする」（40.7％）で，以下，「確認する（37.2％）」（日案の確認，顔を確かめてから名前を言う），「落ち着いてする」（21.2％），「気を引き締める（20.4％）」（気を引き締める，気を付ける，注意する，きびきび行動する，自覚する，冷静に対応，照れない，など），「準備をする（19.5％）」（下調べをする，事前に考えておく，工夫する）の順であった。

保育所場面で最も多かったのが,「気を引き締める」(36.0％)で,以下,「練習をする」(24.0％),「準備をする」(18.0％),「落ち着いてする」(16.0％),「先生に聞く・尋ねる・観察する(15.0％)」(先生の行動をしっかり観察する,先生に聞く・尋ねる,先生の話を聞く)の順であった。

保育所場面で最も多かったのが「気を引き締める」であったが,幼稚園場面では第4位と後退していた。「気にしない」という項目の順位はどちらの場面でも低い位置を占めていたが,幼稚園場面の方が保育所場面よりも多い割合を占めていた。

(8) 幼稚園・保育所実習場面での実習生の羞恥を低減するための他者からの配慮

実習生が,実習期間中に生じる羞恥体験に際し,他者の配慮によっていかに羞恥を低減できるかを自由記述で書かせて整理したのが,表4-16である。

表4-16 幼稚園・保育所実習場面での実習生の羞恥を低減するための他者からの配慮

MA(％)

項　目	幼稚園場面	保育所場面	合　計
1. 教えて欲しい	53 (46.9)	37 (37.0)	90 (42.3)
2. 一緒にして欲しい	26 (23.0)	12 (12.0)	38 (17.8)
3. はっきり言って欲しい	18 (15.9)	12 (12.0)	30 (14.1)
4. 見守って欲しい	23 (20.4)	15 (15.0)	28 (13.1)
5. 雰囲気を作って欲しい	10 (8.8)	18 (18.0)	28 (13.1)
6. 気にしない	13 (11.5)	11 (11.0)	24 (11.3)
7. 言葉をかけて欲しい	8 (7.1)	14 (14.0)	22 (10.3)
8. 笑わないで欲しい	16 (14.1)	6 (6.0)	22 (10.3)
9. 自分が気をつける	14 (12.4)	5 (5.0)	19 (8.9)
10. 言わないで欲しい	2 (1.8)	16 (16.0)	18 (8.5)
11. 言うことを聞いて欲しい	14 (12.4)	4 (4.0)	18 (8.5)
12. 笑って欲しい	10 (8.8)	2 (2.0)	15 (7.0)
13. 優しく接して欲しい	2 (1.8)	10 (10.0)	12 (5.6)
14. 仕方ない	0 (0.0)	2 (2.0)	2 (0.9)
無回答	1 (0.9)	0 (0.0)	1 (0.5)
反応総数(人数)	210 (113)	164 (100)	374 (213)

表4-16 (他者による自分の羞恥の配慮) 各項目の内容 (自由記述の内容)
1. 教えて欲しい─教えて欲しい,冷やかさない,事前に説明をしてもらう,補助してもらう,言われたことをする,(先に)助言してもらう
2. 一緒にして欲しい──一緒にする(歌を歌うなど)
3. はっきり言って欲しい─はっきり言ってもらう

4. 見守って欲しい―わかって欲しい，黙っていて欲しい，許して欲しい，隠れて見て欲しい，注目しない
5. 雰囲気を作って欲しい―楽しい雰囲気，静かにして欲しい
6. 気にしない―気にしない
7. 言葉をかけて欲しい―言葉がけ
8. 笑わないで欲しい―笑わないで欲しい
9. 自分が気をつける―自分が気をつけないといけない，納得する，間違わない様にする，観察する，名前を覚える
10. 言わないで欲しい―繰り返し言わない，言わないで欲しい
11. 言うことを聞いて欲しい―言うことを聞いて欲しい，話を聞いて欲しい
12. 笑って欲しい―笑って欲しい
13. 優しく接して欲しい―八つ当たりしないで欲しい，優しくして欲しい，先生と呼んで欲しい
14. 仕方ない―仕方ない

　幼稚園・保育所場面のいずれとも最も多かったのが「教えて欲しい（幼稚園場面46.9％，保育所場面37.0％）」（教えて欲しい，冷やかさない，事前に説明をしてもらう，補助してもらう，など）であったが，以下，幼稚園場面では「一緒にして欲しい（23.0％）」（一緒にする（歌を歌うなど）），「見守って欲しい（20.4％）」（わかって欲しい，黙っていて欲しい，許して欲しい，隠れて見て欲しい，注目しない），「はっきり言って欲しい（15.9％）」（はっきり言ってもらう），「笑わないで欲しい」（14.1％）の順であった。一方，保育所場面では，「雰囲気を作って欲しい（18.0％）」（楽しい雰囲気，静かにして欲しい），「言わないで欲しい（16.0％）」（繰り返し言わない，言わないで欲しい），「見守って欲しい」（15.0％），「言葉をかけて欲しい（14.0％）」（言葉がけ）の順であった。
　幼稚園場面で第2位であった「一緒にいて欲しい」が，保育所場面では第6位であり，保育所場面で第3位であった「言わないで欲しい」が，幼稚園場面では最下位に近い第13位の項目であった。このように幼稚園と保育所とにおいて他者からの配慮にばらつきが見られた。

4）考　察

本調査の結果を概観し考察すると以下の通りである。

(1) 幼稚園・保育所実習場面での実習生の羞恥の場面

実習生は，実習に対して，緊張と不安を感じながら実習に入っている。そのため，実習での失敗や出来ないことに対する不安が強いために，うまく達成できなかったために羞恥感情を強く意識するのも事実である。

実習生は，一連の実習の集大成である今回の幼稚園・保育所のいずれの場面でも羞恥を体験していた。特に，実習生が園児に対して教育・保育という観点から関わる「設定保育」場面や園児と大半の時間を過ごす「保育室・室内・廊下」の場面に顕著に見られていると言えよう。また，「運動場・園庭」という活動の場面や「昼食・おやつ」といった食事行動の場面も，羞恥が生起しやすいとも言える。ただ，幼稚園では「体育館・ホール」の活動場面で保育所場面よりも羞恥が多く見られ，保育所は「昼食・おやつ」の場面で見られているのは，幼稚園の教育，保育所の保育という特性の反映とも言えよう。いずれにしろ，いろいろな場面で羞恥が生起している。

(2) 幼稚園・保育所実習場面での実習生の羞恥における人の有無

実習生が羞恥体験を抱く場面での人の存在・有無は，大きな意味を持つ。幼稚園・保育所場面のいずれとも「先生・実習生・園児達」らが，羞恥体験をする契機となっているのは否めない。幼稚園場面では，先生や他の実習生や園児達が存在する場面で，実習生一人が約1.5回も体験しているのである。その場に多くの人々が存在する場面であればあるほど，羞恥感情が生じると言える。

(3) 幼稚園・保育所実習場面での実習生の羞恥の程度

実習生の羞恥感情の程度は，「やや恥ずかしがっている」程度であり，幼稚園・保育所場面のいずれにおいても顕著な差異は見られなかった。どちらの場面も同様の羞恥感情の程度であるということは，幼稚園も保育所も教育と保育のいずれかの比重の重みの違いがあっても場面としては，ほぼ同じ内容を持つ要素が強いことが影響していると言える。

(4) 幼稚園・保育所実習場面での実習生の羞恥の身体への影響

実習生が羞恥体験を抱いた際に，羞恥感情が身体に影響していろいろな影響を与えるが，実に様々な身体表出がなされている。特に，幼稚園・保育所場面のいずれとも「顔が赤くなる」「顔がひきつる」「胸がどきどきする」「どこかに逃げ出したくなる」「身体がかたくなる」などが同順位で並んでいるのは，幼稚園・保育所の類似した教育・保育内容を示唆しているとも言える。

(5) 幼稚園・保育所実習場面での実習生の羞恥の行動

実習生が実習期間中に示した羞恥行動も自由記述で書かせたが，実に様々なものがあった。内容を分類しただけでも57項目にのぼった。これらの内容をさらに再カテゴリー化して，13項目の内容に収斂させたが，幼稚園場面で最も多かったのが「ピアノを弾いた」であったが，幼稚園実習で園児に弾くピアノは不可欠な実習である。ピアノをうまく弾けるかは，実習生にとって重要な課題である。幼稚園の教育としての役割のためピアノをうまく弾けないことは恥ずかしい思いをするのである。以下の「自己表現」「間違った」「出来ない・失敗した」「指摘・注意・叱られた」などの項目も園児や先生達に示す教育行動の失敗から生じた羞恥行動である。

保育場面で最も多かったのが「間違った」であり，以下の「出来ない・失敗した」「自己表現」「指摘・注意・叱られた」「ぶざまな行為」などの項目も保育中の失敗から来た羞恥行動である。ただ，保育所でのピアノを弾くという行為は，保育の中でそれほどの重要度を示さない保育活動のために，ほとんど羞恥行動となっていないのが，幼稚園と保育所の役割の違いを示す点と言えよう。

(6) 幼稚園・保育所実習場面での実習生の羞恥の理由

実習生が，実習期間中に羞恥を抱いた理由を自由記述で書かせて整理したところ30項目に分類出来，さらに再カテゴリー化して12項目にまとめた。

幼稚園場面で最も多かったのが，「出来ない・失敗した」に見られるように，自己の実力や学力や技能面の不手際さによるものである。そのため「間違った」り「注意・指摘された」りして「人の存在・注視」といった事態に陥って，羞

恥感情を生起したのであった。

保育所場面では，勘違いをしていたとか間違えたなどの「間違った」理由による羞恥感情が顕著に現れ，保育者から「注意・指摘された」り「注意不足」などの配慮の足りなさによる理由が羞恥感情となって現れたと言える。

(7) 幼稚園・保育所実習場面での実習生の羞恥を低減するための自分の配慮

では，実習生が，実習期間中に生じる羞恥を自分による自身のための配慮によっていかに低減できるかであるが，自由記述で書かせて整理して27項目にまとめ，さらに再カテゴリー化して13項目にまとめた。

幼稚園場面で最も多かったのが「練習をする」であったが，これはまさに，設定保育などでの事前準備やピアノの練習を十分することを示している。しかも，日案の確認や園児の顔を確認するように事前準備を促している。また，「落ち着いてする」や「気を引き締めてする」などの心理的配慮を自己に促している。

保育所場面では，気を付ける・注意する・自覚するなどの「気を引き締める」配慮を自己に促すことを最も求めている。また，保育所でも設定保育があるために，「練習をする」「準備をする」などの事前準備の必要性を羞恥感情の低減方法としてあげている。

幼稚園・保育所いずれの実習においても，事前準備や訓練や気構えなどの心理的配慮や保育者の行動を学んだり指示や相談を仰いだりすることを自己に課すことによって羞恥感情を低減する方法をあげている。

(8) 幼稚園・保育所実習場面での実習生の羞恥を低減するための他者からの配慮

次に，実習生が実習期間中に生じる羞恥体験を他者の配慮によっていかに低減できるかを自由記述で書かせて31項目に分類しさらに再カテゴリー化して14項目にまとめた。

幼稚園・保育所場面のいずれとも保育者や指導者に「教えて欲しい」という項目が4割前後を占めている。羞恥低減には，保育者に指導してもらうのが一番であると思っているのである。

以下，幼稚園場面では，「一緒にして欲しい」「見守って欲しい」などの身近

に存在する心理的配慮への訴えや「はっきり言って欲しい」「笑わないで欲しい」などの具体的配慮を求めている。一方，保育所場面では，「雰囲気を作って欲しい」「見守って欲しい」などの心理的配慮や「言わないで欲しい」「言葉をかけて欲しい」などの言語的配慮を求めているという特徴が見られた。

幼稚園・保育所のいずれの場面ともに，保育者とともに日常の教育・保育活動を行う際に，保育者との一体感を求めたり暖かく育んでもらいたい欲求から，羞恥感情を低減できるものであると考えているようである。

5) まとめ

実習生は，いずれの実習場面においても，緊張と不安を色濃く反映しながら実習に臨んでいる。実習が無事終わることを実習生も受け入れる園も望んでいる。実習を無事達成するために，実習準備や実習の心構えの事前指導を担当教師や園側から受けていても，いざ実習が開始されると思う通りにいかないのが実習の実習たる所以である。

実習生の緊張や不安を低減して，実習場面で実習生の可能性をなるべく引き出していけるような配慮が必要である。そのために，実習場面で羞恥の生起を低減することが大事である。園長，保育者，教職員，園児，保護者などあらゆる人々との出会いにおけるその人達の存在やまなざしを受ける実習生にとって，出来ない・知らない・失敗するなどの恥辱感を抱くことを極力避けたい思いが強く自己の気持ちを律する。実力が発揮できなかったり萎縮してしまって，自分がこの仕事に向いてないのではないかという自信喪失を生じさせたり，駄目だという妄想にとらわれたりする場合もある。

羞恥は，実習への注意力や集中心を高めかつ自己の実習を内省させる側面もあるので，適度な羞恥感情の生起は，自己覚醒としての効果もあるが，自信喪失や自己卑下に連動する恥辱感情は極力避ける配慮が必要である。

実習生が幼稚園・保育所実習中のいかなる場面や状態において，どのような羞恥を生起させているかが判明した。また，その羞恥を低減するための自己による配慮や他者からのいかなる配慮があれば良いかという結果も，今後の実習に臨む学生にとって貴重な提言となっている。

坂口は，恥と罪とのヤジロベエの重心をなすのが羞恥であるとし，森口兼二

(1993)[46]のいう「自尊心とその損傷」は，これらの三者関係を包摂する上位概念と解釈できるとした（坂口, 1993）[68]。森口（1993）[46]は罪は主として善悪の規範との関連に位置し，恥は優劣の基準との関連に位置して体験される結果，自尊心の損傷が生じると規定している。「罪や恥という自尊心を失った時，もはや道徳的人格ともいうべきものではなくなると同時に，自尊心という面倒な制裁の監視があるからこそ，破れそうな自尊心の繕いのために，嘘をついたり，自己弁護を試みたり，復讐心に駆り立てられたり，酒や麻薬を求めたり，自殺に至るような悪の諸相に誘われもするのである」(p.7) と，自尊心との関連を説明している。

坂口（1993）[68]は，さらに，「自尊心の高さは自己肯定と積極性と自信を行動にもたらすが，自尊心の低さは自己否定と消極性と自信喪失を行動にもたらすともいえる。羞恥が恥辱や屈辱に連動するものであれば，さらに自尊心の低下をもたらすことはいうまでもない。ただ，自己の修練にともなわない実体のない自尊心は，自民族中心主義に傾斜させたり『生きて虜囚の辱めを受けるな』といったいびつな自尊心高揚に連なる危険性もはらんでいるので，自尊心の育成への配慮が大切になる」(p.12) と指摘した。自尊心の崩壊は，羞恥のわけても恥辱・屈辱との関連の中で連動していくものである。

戦後50年を迎えたわけであるが，戦後の噴飯ものの出来事が一気に吹き出してきた。阪神淡路大震災に見られた日本の防災体制と危機管理の欠如，サリン事件に見られたオウム真理教を代表とする宗教のあり方，HIV薬害訴訟，官官接待，金融界不祥事，占領時代を彷彿とさせた沖縄女子小学生暴行事件に見られた日米安全保障条約に基づく日米地位協定の不平等さ，フランス国の植民地ムルロワ環礁地下核実験及び中華人民共和国による核実験への被爆国日本の毅然たる態度で対処できない実状と核保有国全てへの核廃絶への展望と指針を提起できないでいる今日の日本の現況，戦争責任に付随する従軍慰安婦問題やアジア近隣諸国への大東亜共栄圏としての日本同化政策による傷跡や731部隊の人体実験などの贖罪等々。問題解決の方法をうやむやにして，戦争によってもたらされた加害者と被害者の両面をとらえる対応も遅々として進まないのも当事者及び関連者の自然死を待って収束とする印象を受ける。結果，21世紀への展望の指針を国家も我々個々人も真正面から捉えず，若者の言葉に象徴さ

れる「今が良ければいいじゃ～ん」意識で過ごしているのが実状である。まさに思想としての"ゼニの世界"の爛熟時代である。青木雄二（1995）[4]は，講談社漫画賞を受賞した「ナニワ金融道」や「ゼニの人間学」を通じて，日本経済の実態を事実に基づいて浮かび上がらせ，そこから"風通しの良い社会"を樹立していくことを提起している。

　人は，自己の属する国家や集団や組織を保持するために，自らの信念などを捨てたり摺り合わせたり曲げたりするなどの苦渋の選択をして貢献していく。しかし，古今東西の歴史が見事に証明するように，一時凌ぎのその場限りの糊塗をなし得ても，結果的には守るべき国家や集団や組織を腐敗や堕落や崩壊に導いてしまっている感がする。個々人として誰もが責任ある立場として照射される時，その一人一人は常識ある市民であり家族の一員でありながら，個と集団や組織との狭間で苦悶する場合，百年二百年の展望を持って自己と集団や組織との関連を見据えることは至難の技である。

　ただ，これからは，国家や集団や組織が愛すべき存在であればあるほど，その中での自己に課せられた役割を遂行するのは勿論である。しかし，その役割行動の持つ意味が，恥—羞恥—罪の関連の中で，動揺を感じ恥ずべき行為の一環と認識されるものであれば，それに手を染めない勇気こそ大切にしたい。恥知らずな人々を指導者に仰いだ時，歴史は人々に苦渋と苦難と苦悩の一切をもたらしてきたのであった。ささやかなことでも恥ずべきこととして認識しながらも見過ごしていく個々人の集積の所産が，暗黙の了解に基づく集団無責任意識と連動し，結果，必ずそのつけで，自らの手で自らの首を絞めてしまうという愚を犯してきたのである。

　交通通信網の発達は，世界を一挙に身近にした。インターネットの拡充や情報交換などの活発化は，もはやこれまでの小さな枠組みとしての会社や集団や組織や国家のくびきを外し始めた。かつて，百年は隠し仰せた事柄も，もはや数年の寿命，否，数日どころか一瞬にして白日の下に晒される時代が確実に招来してきている。個は，自己の属する会社や集団や組織や国家や世界全体と連動する一貫性のある常識や知識や行動様式を必要とされていくのがこれからの時代である。

　これまでは，狭小な枠組みの中での忠誠や組織安泰のために湖塗に手を貸す

ことは，生きる知恵であった。確かに，まだ通用している。しかし，爛熟したゼニの世界の現実とゼニの思想を叩き込まれた老若男女の全ては，指導者達の口舌を徐々にではあるがまともに受け止めなくなった。もはや，自己の行動指針が全体を通覧するものであることに，心地よさを感じるしかありえないことを認識し始めた。その際の自己の行動指針を写す鏡として自己の羞恥という物差しを生きるその拠り所の一つとして取り上げることができるということとともに，改めて再認識することを提起するものである。

謝　辞

　本調査を実施するに際して，協力を惜しまなかった旧・大阪保育学院の2年次（1989年卒）の保育コースの学生諸姉に深く謝意を表します。

第5章
施設場面の羞恥

　保育士の資格を取るために，学生は，乳児院や養護施設などの施設に実習に行く。1996年[71]と2005年[82]に施設実習に関する論文を書いたが，その最初の施設実習を扱った論文を転載する。

1. 1996年[71]

施設実習場面での実習生と対象児（者）の羞恥実態（Ashamed experience of student apprentices and subject children(persons) with a facilities practice scene.）の一部（目的より）

1）目　　的
　本調査の目的は，施設実習場面で実習生が実習期間中にどのような羞恥体験をするかを知ることと，その羞恥に対して，自己及び他者からのいかなる配慮があれば羞恥低減をなし得るかの方策を知ることにある。同じく，施設で生活する人々の羞恥実態を解明するとともに併せて羞恥低減の方策を知ることにある。
　施設実習に臨む実習生の羞恥体験及び施設で生活する人々の羞恥実態を知ることが，施設場面での羞恥低減の方策を知り，結果，実習生の施設実習への不安や萎縮を削減し，施設実習をより充実したものになさしめることになるからである。

2) 方　　法
(1) 調査票の構成

羞恥心に関する調査票作成ならびに羞恥心研究の方向及び展開については，これまで一貫して，伊吹山太郎[注1]と坂口栄子[注2]との職業的知見と見識を参考としている。羞恥のわけても恥辱を生じさせない方法をあらゆる社会的場面で提起していくことが，三者の共通した思いである。本調査も彼らとの討論的知見を背景としていることは言うまでもない。

実習生及び対象児（者）の羞恥心を知るうえで，調査項目は，(1)羞恥の場面，(2)羞恥場面での人の有無，(3)羞恥の程度，(4)羞恥による身体への影響，(5)羞恥の行動，(6)羞恥の理由，(7)羞恥への自己の配慮，(8)羞恥への他者からの配慮，の8点とした。

(2) 調査対象

調査は，1988年7月下旬から8月下旬までの間に指定されたそれぞれの施設（実習期間は10日間）の施設実習に参加した旧・大阪保育学院の保育コースと臨床福祉（以下，臨福）コース2年生を対象に，羞恥心観察記録用紙（自分用と施設の対象児（者）用）を配布して，実習終了後，筆者の講義時間に提出する方法で実施した。実習参加者全員の回答を得たが，保育コース学生の121票（平均年齢19.5歳，標準偏差0.73），臨床福祉（以下，臨福）コース学生の36票（平均年齢19.3歳，標準偏差0.46）の合計157票（平均年齢19.4歳，標準偏差0.47）であった。

3) 結果と考察

実習生の羞恥を (1) で扱い，(2) で施設対象児（者）の羞恥を扱った。

(1) 施設実習場面での実習生の羞恥体験
①実習生の配属施設の種別

実習生の配属施設の種別として最も多かったのが，不幸にして保護者を失っ

注1) 京都学園大学名誉教授・元京都大学教授・元関西大学教授・元嵯峨美術短期大学教授
注2) 大阪北通信病院内科病棟勤務看護婦長

たり保護者の手によってどうしても育てられない事情で入所する養護施設（保育コース62.8％，臨福コース72.2％）で，以下，「乳児院」（同・15.7％，27.8％），「精神薄弱児通園施設」「盲児施設」の順であった。ただ，臨福コースの学生は，今回の実習以外の期間で他の施設関連の実習を体験する。

表5-1 実習生の配属施設の種別

SA(%)

項　目	保育コース	臨福コース	合　計
1. 児童養護施設	76(62.8)	26(72.2)	102(65.0)
2. 乳児院	19(15.7)	10(27.8)	29(18.5)
3. 精神薄弱児通園施設	10(8.3)	0(0.0)	10(6.4)
4. 盲児施設	6(5.0)	0(0.0)	6(3.8)
5. 精神薄弱・肢体不自由児通園施設	4(3.3)	0(0.0)	4(2.5)
6. 精神薄弱児施設	4(3.3)	0(0.0)	4(2.5)
7. 虚弱児施設	2(1.7)	0(0.0)	2(1.3)
合　計	121(100.0)	36(100.0)	157(100.0)

(注) 1997年の児童福祉法改正により，精神薄弱は知的障害と改名。虚弱児施設は児童養護施設に統合された。

②施設実習場面での実習生の羞恥場面

実習生が施設実習期間中に羞恥体験をした場面をまとめたのが，表5-2である。羞恥場面として最も多かったのが「皆が集まる場所」（保育コース36.4％，臨福コース30.6％）の場面で，以下，「乳幼児達の場所」（同・32.2％，22.2％），「子供達の起居の場所」（同・31.4％，19.4％），「施設内の種々の場所」「炊

表5-2 施設実習場面での実習生の羞恥の場面

MA(%)

項　目	保育コース	臨福コース	合　計
1. 皆が集まる場所	44(36.4)	11(30.6)	55(35.0)
2. 乳幼児達の場所	39(32.2)	8(22.2)	47(29.9)
3. 子供達の起居の場所	38(31.4)	7(19.4)	45(28.7)
4. 施設内の種々の場所	35(28.9)	7(19.4)	42(26.8)
5. 炊事・洗濯の場所	36(29.8)	6(16.7)	42(26.8)
6. 施設外の場所	25(20.7)	4(11.1)	29(18.5)
7. 園庭・運動場・体育館等の場所	13(10.7)	3(8.3)	16(10.2)
8. 事務・職員関係の場所	14(11.6)	1(2.8)	15(9.6)
9. 応接・会議・園長の場所	11(9.1)	2(5.6)	13(8.3)
10. 教育や学習をする場所	10(8.3)	0(0.0)	10(6.4)
11. 実習生の場所	4(3.3)	3(8.3)	7(4.5)
反応総数（人数）	269(121)	52(36)	321(157)

表 5-2　実習生の羞恥の場面：各項目の内容（自由記述の内容）

1. 皆が集まる場所―集会室・ベテスダホーム，講堂，テレビ室，控え室，食堂，リビング，サンルーム
2. 乳幼児達の場所―保育室，0・1歳児の寝室，乳幼児室，プレイルーム
3. 子供達の起居の場所―子供の部屋・寮の部屋
4. 施設内の種々の場所―玄関，廊下，階段，トイレ，布団部屋，ベランダ，お祈り室，訓練室，ロッカールーム
5. 炊事・洗濯の場所―調理場・厨房，お風呂・浴室，洗面所・水道，洗濯干し場，洗濯室
6. 施設外の場所―海，見学地，公園，民宿・旅館，車中・電車，キャンプ場，施設近く，散歩中，スーパーの中，交換室
7. 園庭・運動場・体育館等の場所―園庭，運動場・体育館，プール
8. 事務・職員関係の場所―事務室，職員室，保母室
9. 応接・会議・園長の場所―シスター室，園長室，応接室，相談室，会議室
10. 教育や学習をする場所―図書室，教室，学習室
11. 実習生の場所―実習生の部屋

事・洗濯の場所」「施設外の場所」「園庭・運動場・体育館等の場所」の順となっていて，この順位は，保育コース学生も臨福コース学生も同順位であった。

実習生は，集会室・食堂・講堂・テレビ室などの皆が集まる場面や保育室・乳幼児室・プレイルームなどの乳幼児達を世話する場面で羞恥体験をしていた。人々が存在して相互コミュニケーションが頻繁に生じる場面が羞恥体験を生起させたと言える。

③施設実習場面での実習生の羞恥における人の有無

実習生が羞恥体験を抱いた場面で，どのような人がその場に介在していたかを示したのが，表 5-3 である。保育コースで最も多かったのが「指導者・対象児（者）・自分」（34.7％）で，以下，「指導者・実習生・対象児（者）・自分」（32.2％），「対象児（者）・自分」（28.9％），「複数の人と自分」，「指導者・自分」の順であったが，臨福コースで最も多かったのが「指導者・実習生・自分」（25.0％）であり，以下，「複数の人と自分」（22.2％），「対象児（者）・自分」（16.7％）の次に「指導者・実習生・対象児（者）・自分」，「指導者・自分」が同順位であった。

保育コースと臨福コースでは，羞恥における人の有無の場面に順位の逆転が見られたが，共通しているのは，いずれも多くの人々が介在する場面であり，人の存在・注視が羞恥を発生する大きな要因をなしていることに異論はない。

表 5-3　施設実習場面での実習生の羞恥における人の有無

MA(%)

項　目	保育コース	臨福コース	合　計
1. 指導者・対象児(者)・自分	42(34.7)	3(8.3)	45(28.7)
2. 指導者・実習生・対象児(者)・自分	39(32.2)	5(13.9)	44(28.0)
3. 対象児(者)・自分	35(28.9)	6(16.7)	41(26.1)
4. 複数の人と自分	28(23.1)	8(22.2)	36(22.9)
5. 指導者・自分	27(22.3)	4(11.1)	31(19.7)
6. 指導者・実習生・自分	20(16.5)	9(25.0)	29(18.5)
7. 実習生・対象児(者)・自分	20(16.5)	5(13.9)	25(15.9)
8. 実習生・自分	15(12.4)	3(8.3)	18(11.5)
9. 自分のみ	7(5.8)	3(8.3)	10(6.4)
反応総数（人数）	233(121)	46(36)	279(157)

④施設実習場面での実習生の羞恥の程度

実習生が施設実習期間中に羞恥体験を抱いた際に，どの程度の羞恥感情を示したかを現したのが，表5-4である。

保育コースで最も多かったのが「かなり恥ずかしかった」（69.4％）で，以下，「恥ずかしかった」（49.6％），「やや恥ずかしかった」（46.3％）の順であったが，臨福コースで最も多かったのが「恥ずかしかった」（38.9％）で，以下，「かなり恥ずかしかった」（33.3％），「やや恥ずかしかった」（30.6％），「恥ずかしかった」と順位の違いが見られた。

実習生の羞恥体験について非常に恥ずかしがっている（4点）から恥ずかしがっている（1点）までの4件法によるt検定をおこなったところ，保育コースと（$N = 233, \bar{x} = 2.39, \sigma = 1.02$）と臨福コース（$N = 46, \bar{x} = 2.35, \sigma = 1.11$）とには，羞恥体験の感情程度に差異は見られなかった（$t = 0.23$, $df = 277$, n.s.）。

表 5-4　施設実習場面での実習生の羞恥の程度

MA(%)

項　目	保育コース	臨福コース	合　計
1. 恥ずかしかった	60(49.6)	14(38.9)	74(47.1)
2. やや恥ずかしかった	56(46.3)	11(30.6)	67(42.7)
3. かなり恥ずかしかった	84(69.4)	12(33.3)	96(61.1)
4. 非常に恥ずかしかった	33(27.3)	9(25.0)	42(26.8)
反応総数（人数）	233(121)	46(36)	279(157)

⑤ 施設実習場面での実習生の羞恥の身体への影響

実習生が羞恥体験をした際に，羞恥感情がどのように身体に影響して現れたかを示したのが，表5-5である。

保育コース・臨福コースともに最も多かったのが「顔が赤くなった」(保育コース110.7%，臨福コース44.4%)であり，以下，保育コースでは，「顔がひきつった」(72.7%)，「どこかに逃げ出したくなった」(36.4%)，「胸がどきどきした」，「冷や汗が出た」，「上気した(のぼせた・逆上した)」であったが，臨福コースでは，「冷や汗が出た」(36.1%)，「身体がかたくなった」(19.4%)，「涙が出てきた」，「声がふるえた」の順であった。

保育・臨福コースともに第2位以下は，身体への影響の出方に違いが見られた。特に，保育コースの学生は，1人当たり3.3種類の身体への影響を訴えているが，臨福コースの学生では，1.6種類の身体への影響を訴えていた。これ

表5-5 施設実習場面での実習生の羞恥の身体への影響

MA(%)

項　目	保育コース	臨福コース	合　計
1. 顔が赤くなった	134 (110.7)	16 (44.4)	150 (95.5)
2. 顔がひきつった	88 (72.7)	2 (5.6)	90 (57.3)
3. どこかに逃げ出したくなった	44 (36.4)	1 (2.8)	45 (28.7)
4. 胸がどきどきした	34 (28.1)	1 (2.8)	35 (22.3)
5. 冷や汗が出た	20 (16.5)	13 (36.1)	33 (21.0)
6. 身体が熱くなった	14 (11.6)	2 (5.6)	16 (10.2)
7. 上気した(のぼせた・逆上した)	15 (12.4)	0 (0.0)	15 (9.6)
8. 身体がかたくなった	7 (5.8)	7 (19.4)	14 (8.9)
9. 涙が出てきた	7 (5.8)	6 (16.7)	13 (8.3)
10. 身体がふるえた	11 (9.1)	2 (5.6)	13 (8.3)
11. 頭がボーッとした	6 (5.0)	1 (2.8)	7 (4.5)
12. 声がふるえた	1 (0.9)	5 (13.9)	6 (3.8)
13. 足がガクガクした	3 (2.5)	0 (0.0)	3 (1.9)
14. 笑いがでた	2 (1.7)	1 (2.8)	3 (1.9)
15. 声が小さくなった	2 (1.7)	0 (0.0)	2 (1.3)
16. その他	4 (3.3)	0 (0.0)	4 (2.5)
17. 特にない	2 (1.7)	0 (0.0)	2 (1.3)
反応総数 (人数)	394 (121)	57 (36)	451 (157)

表5-5 実習生の羞恥の身体への影響：各項目の内容（自由記述の内容）
16. その他—目が点になった，顔を下に向ける，一瞬言葉を失った，照れる

は初めて施設実習を体験する保育コースの学生とこれまで類似の施設実習を体験してきた臨福コースの学生との実習体験の相違によるものと言えよう。いずれにせよ，羞恥に対する身体での表現として，顔が赤くなった・顔がひきつった・冷や汗が出た・身体がかたくなったなどが顕著に見られたと言える。

⑥施設実習場面での実習生の羞恥の行動

実習生が，実習期間中にどのような羞恥の行動を示したのかを自由記述で書かせて整理して，さらに再カテゴリー化してまとめたのが，表5-6である。

保育コースで最も多かったのが「ぶざまな行為（33.9％）」（失敗した，落とした・ひっくり返した，方言が出てしまった，どなった，こけた，部屋の戸を開けた，大声を出した，など）で，以下，「思い違い・言い間違い（30.6％）」（思い違い，言い間違い，間違った，誤解された，など），「指摘・注意された」（29.8％），「人の存在・注視（29.8％）」（歌を歌う，人前で話す（挨拶・自己紹介等），注目・見られた，設定保育の時，反省会の時，園に最初に行った時，など），「無知識・無能力露見（17.4％）」（忘れた，出来なかった，自信がない，わからなかった，手こずった，教えてもらった，など），「笑われた・冷やかされた」の順であった。

表5-6　施設実習場面での実習生の羞恥の行動

MA(%)

項　　目	保育コース	臨福コース	合　計
1. ぶざまな行為	41（33.9）	3（ 8.3）	44（28.0）
2. 指摘・注意された	36（29.8）	8（22.2）	44（28.0）
3. 人の存在・注視	36（29.8）	7（19.4）	43（27.4）
4. 思い違い・言い間違い	37（30.6）	5（13.9）	42（26.8）
5. 無知識・無能力露見	21（17.4）	10（27.8）	31（19.7）
6. 笑われた・冷やかされた	14（11.6）	3（ 8.3）	17（10.8）
7. きまり悪さ	13（10.7）	2（ 5.6）	15（ 9.6）
8. 性	11（ 9.1）	3（ 8.3）	14（ 8.9）
9. 身体露出	10（ 8.3）	2（ 5.6）	12（ 7.6）
10. かっこ悪さ	10（ 8.3）	0（ 0.0）	10（ 6.4）
11. 無視された	3（ 2.5）	3（ 8.3）	6（ 3.8）
12. あがった	1（ 0.8）	0（ 0.0）	1（ 0.6）
反応総数（人数）	233（121）	46（36）	279（157）

表 5-6　実習生の羞恥の行動：各項目の内容（自由記述の内容）

1. ぶざまな行為―失敗した，落とした・ひっくり返した，方言が出てしまった，どなった，こけた，部屋の戸を開けた，大声を出した，遅れた，涙ぐんだ，捜し物が見当たらない，おならをならした，トイレのドアを開けた，頭をぶつけた
3. 人の存在・注視―歌を歌う，人前で話す（挨拶・自己紹介など），注目・見られた，設定保育の時，反省会の時，園に最初に行った時
4. 思い違い・言い間違い―間違った，誤解された
5. 無知識・無能力露見―忘れた，出来なかった，自信がない，わからなかった，手こずった，教えてもらった，実習生が役立ないとわかった時
6. 笑われた・冷やかされた―笑われた，からかわれた
7. きまり悪さ―自分のする事を先生にしてもらう，覚えていなかった，子どもが叫ぶ，泣かした，怒られた，（親・先生）に声をかける，お腹がなった，言葉がけをした時，真似される
8. 性―身体を触られる，ヌード写真を見せられた，エッチな話（言葉）を聞いた，パンツ1枚で目の前を歩いていた
9. 身体露出―入浴，着替えの時，脱がされそうになる
10. かっこ悪さ―あきれて見られた，一緒に遊ぶ，手伝ってもらう，（乳母車）で園外に出た，何度もおかわりをした
11. 無視された―無視された，気付いてもらえない，（挨拶など）返事が返って来ない，答えてもらえなかった

　臨福コースでは「無知識・無能力露見」(27.8％) が最も多く，以下，「指摘・注意された」(22.2％)，「人の存在・注視」(19.4％)，「思い違い・言い間違い」(13.9％) の順であった。

　保育コースでは，「ぶざまな行為」や「思い違い・言い間違い」を羞恥行動としているが，臨福コースでは，「無知識・無能力露見」や「人の存在・注視」を羞恥行動としているのが特徴である。保育コースは，初めての施設実習体験によるものが原因としているが，臨福コースでは，これまでに施設関連実習体験済みということもあって，自己の知識や能力を確認する場面で生起したといえる。

⑦施設実習場面での実習生の羞恥の理由

　実習生が，実習期間中にどのような理由で羞恥を抱いたのかを自由記述で書かせて整理して，さらに再カテゴリー化してまとめたのが，表5-7である。

　保育コースで最も多かったのが，「人の存在・注視 (42.1％)」（注目・見られる，人前で話す（自己紹介など），意識した，声をかけられる・言われる，人の視線，など）で，以下，「無知識・無能力露見 (33.1％)」（うまく出来なか

表 5-7　施設実習場面での実習生の羞恥の理由

MA(%)

項目	保育コース	臨福コース	合計
1. 人の存在・注視	51 (42.1)	10 (27.8)	61 (38.9)
2. 無知識・無能力露見	40 (33.1)	16 (44.4)	56 (35.7)
3. 指摘・注意された	24 (19.8)	2 (5.6)	26 (16.6)
4. きまり悪さ	19 (15.7)	6 (16.7)	25 (15.9)
5. 笑われた・冷やかされた	22 (18.2)	1 (2.8)	23 (14.6)
6. 思い違い・言い間違い	21 (17.4)	1 (2.8)	22 (14.0)
7. ぶざまな行為	15 (12.4)	3 (8.3)	18 (11.5)
8. 身体露出	12 (9.9)	1 (2.8)	13 (8.3)
9. 性	9 (7.4)	1 (2.8)	10 (6.4)
10. かっこ悪さ	8 (6.6)	2 (5.6)	10 (6.4)
11. 自己不全感	6 (5.0)	0 (0.0)	6 (3.8)
12. 無視された	3 (2.5)	1 (2.8)	4 (2.5)
無回答	3 (2.5)	2 (2.8)	5 (3.2)
反応総数（人数）	233 (121)	46 (36)	279 (157)

表 5-7　実習生の羞恥の理由：各項目の内容（自由記述の内容）

1. 人の存在・注視―注目・見られる，人前で話す（自己紹介など），意識した，（声をかけられる）・言われる，人の視線，人前で目立つ
2. 無知識・無能力露見―うまく出来なかった，知らなかったから，失敗した，自信がない，馬鹿にされた，教えてもらったから，自分の未熟さ，一生懸命したのに，慣れていなかった，声が出なかった
4. きまり悪さ―批判を受けた，気付かなかった，怒られた，情けなかった，勘違いされた，お腹がなる
5. 思い違い・言い間違い―間違った，思い違い，言い間違い
6. 笑われた・冷やかされた―笑われた，からかわれた，冷やかされた
7. ぶざまな行為―落とした・ひっくり返した，大声を出した，泣かれたから，こけそう・こけたから，人と違うことをしていた，おっちょこちょい
8. 身体露出―入浴，着替え，裸を見た，名札付きジャージTシャツ姿で外出
9. 性―性，エッチな話だった，身体を触られた
10. かっこ悪さ―一人にしてもらえなかったから，大人げない，不格好だった，真似された
11. 自己不全感―どうしていいのかわからない
12. 無視された―無視された，仲間に入れてもらえない

った，知らなかったから，失敗した，自信がない，馬鹿にされた，教えてもらったから，自分の未熟さ，など)，「指摘・注意された」（19.8％)，「笑われた・冷やかされた」（18.2％)，「思い違い・言い間違い」（17.4％)，「きまり悪さ」（15.7％）の順であった。

　臨福コースで最も多かったのが「無知識・無能力露見」（44.4％）で，以下，

「人の存在・注視」(27.8%),「きまり悪さ」(16.7%),「ぶざまな行為」(落とした・ひっくり返した,大声を出した,泣かれたから,こけそう・こけたから,など)の順であった。

保育コースも臨福コースもいずれとも「人の存在・注視」「無知識・無能力露見」が上位を占めているが,保育コースの羞恥理由では,人の存在・注視であったが,臨福コースでは自己の認識不足や能力不足を感じたことが羞恥の理由となっていた。臨福コースの学生は,これまでの関連施設実習を体験してきたことが身についていないことの露呈を恥じることが羞恥となったと言える。

⑧施設実習場面での実習生の羞恥を低減するための自分の配慮

実習生が,実習期間中に生じる羞恥をいかに自分による自身のための配慮によって低減できるかを自由記述で書かせて整理して,さらに再カテゴリー化し

表5-8 施設実習場面での実習生の羞恥を低減するための自分の配慮

MA(%)

項　目	保育コース	臨福コース	合　計
1. 自分で調査・勉強・準備する	76(62.8)	17(47.2)	93(59.2)
2. 気をつける	20(16.5)	2(5.6)	22(14.0)
3. 言葉がけ	14(11.6)	7(19.4)	21(13.4)
4. 正直に自分を見せる	12(9.9)	2(5.6)	14(8.9)
5. 気にしないようにする	14(11.6)	0(0.0)	14(8.9)
6. 他人(先生など)に聞く	11(9.1)	2(5.6)	13(8.3)
7. 注意する	8(6.6)	3(8.3)	11(7.0)
8. 報告・説明・断り方	10(8.3)	1(2.8)	11(7.0)
9. 落ち着く	10(8.3)	1(2.8)	11(7.0)
10. (笑って)ごまかす	7(5.8)	2(5.6)	9(5.7)
11. 笑顔・スキンシップ	7(5.8)	0(0.0)	7(4.5)
12. 時間をかけて慣れる	4(3.3)	3(8.3)	7(4.5)
13. 一人ずつ観察して接する	5(4.1)	0(0.0)	5(3.2)
14. 雰囲気作りと子供の興味を引く	5(4.1)	0(0.0)	5(3.2)
15. 自信を持って行動する	2(1.7)	1(2.8)	3(1.9)
16. 落ち着いて好き嫌いなく食べる	3(2.5)	0(0.0)	3(1.9)
17. 服に名札をつけない	3(2.5)	0(0.0)	3(1.9)
18. 健康管理をする	1(0.8)	1(2.8)	2(1.3)
19. 着替える	1(0.8)	1(2.8)	2(1.3)
20. その他	6(5.0)	0(0.0)	6(3.8)
21. 仕方がない	7(5.8)	1(2.8)	8(5.1)
22. わからない	2(1.7)	0(0.0)	2(1.3)
無 回 答	5(4.1)	2(5.6)	7(4.5)
反応総数(人数)	233(121)	46(36)	279(157)

表5-8　実習生の羞恥を低減するための自分の配慮：各項目の内容（自由記述の内容）
1. 自分で調査・勉強・準備する―事前に調べる・勉強する，（早く）覚える，基礎知識を身に付ける，性に対する知識を増やす，常識のなさ，計画を立てておく，練習する，家で手伝いをしておく，確認する，事前に考えておく，減量して行くべきだった，自分自身の事を良く知る
2. 気をつける―気をつける，気を引き締める
4. 正直に自分を見せる―正直になる，普段通りにする，あやまる，言い訳をする
5. 気にしないようにする―見ないようにする，知らない顔をする，言い返さない，気にしない，驚かない，開き直る
6. 他人（先生等）に聞く―他人（先生など）に聞く
8. 報告・説明・断り方―断る，（やり方）を説明する，報告をする，間違わないようにする，言い直す
12. 時間をかけて慣れる―慣れる，時間をかける，直す，習慣づけ
14. 雰囲気作りと子供の興味を引く―雰囲気作り，子供の興味を引くようにする
15. 自信を持って行動する―自信を持つ，勇気を出す，自分の思った通りに行動する
16. 落ち着いて好き嫌いなく食べる―落ち着いて食べる，好き嫌いをなくし残さず食べる
18. 健康管理をする―体調を整える，健康管理
20. その他―交代する，簡単なことをさせる，大きな声を出さない，出しゃばらない，手伝ってあげる，後始末をする

てまとめたのが，表5-8である。

　施設実習場面で最も多かったのが，「自分で調査・勉強・準備する（保育コース 62.8％，臨福コース 47.2％）」（事前に調べる・勉強する，（早く）覚える，基礎知識を身に付ける，計画を立てておく，練習する，家で手伝いをしておく，確認する，など）で，以下，保育コースでは，「気をつける（16.5％）」（気をつける，気を引き締める），「言葉がけ」（11.6％），「気にしないようにする」（11.6％），「正直に自分を見せる」などであった。臨福コースでは，「言葉がけ」（19.4％），「注意する」（8.3％），「時間をかけて慣れる（8.3％）」（慣れる，時間をかける，直す，など）であった。

　羞恥を低減させるための自己の自己による配慮としては，保育コース・臨福コースともに「自分で調査・勉強・準備する」という事前の自学自習を含めた施設に関する認識を深めておくことが必要であるとしている。また，言葉がけや気をつけるなどのコミュニケーションの仕方について修得しておくことが大切である。

⑨施設実習場面での実習生の羞恥を低減するための他者からの配慮

実習生が，実習期間中に生じる羞恥を他者の配慮によっていかに低減できるかを自由記述で書かせて整理して，さらに再カテゴリー化してまとめたのが，表5-9である。

施設実習場面で最も多かったのが，「指導の方法（保育コース 39.7 ％，臨福コース 19.4 ％）」（教える，同一指導をする，早く気づき対処する，理由を聞いてあげる，話を聞いてもらう，公平に扱う，優しく指導してもらう，厳しく指摘しない，出来ないと思って許して欲しい，など）で，以下，「やさしく言葉がけをしてもらう」（同・19.0 ％，13.9 ％），「指摘の仕方を工夫してもらう（同・18.2 ％，13.9 ％）」（個人的に指摘する，小さい声で指摘してもらう，大声で指摘しない，言い方を工夫してもらう，など），「リラックスさせる・雰囲

表5-9 施設実習場面での実習生の羞恥を低減するための他者からの配慮

MA(％)

項　目	保育コース	臨福コース	合　計
1. 指導の方法	48 (39.7)	7 (19.4)	55 (35.0)
2. やさしく言葉がけをしてもらう	23 (19.0)	5 (13.9)	38 (24.2)
3. 指摘の仕方を工夫してもらう	22 (18.2)	5 (13.9)	27 (17.2)
4. リラックスさせる・雰囲気作り	16 (13.2)	3 (8.3)	19 (12.1)
5. 見逃す・見て見ぬ振りをする	15 (12.4)	3 (8.3)	18 (11.5)
6. 皆に言いふらさない・聞き流す	13 (10.7)	1 (2.8)	14 (8.9)
7. 早目に指摘する・言う	8 (6.6)	4 (11.1)	12 (7.6)
8. じろじろ見たり・目立たせない	12 (9.9)	0 (0.0)	12 (7.6)
9. 笑わない・冷やかさない	8 (6.6)	3 (8.3)	11 (7.0)
10. 自分で勉強・調査・準備	7 (5.8)	3 (8.3)	10 (6.4)
11. 実習生の立場を考慮してもらう	8 (6.6)	0 (0.0)	8 (5.1)
12. 一緒にする（歌う・踊るなど）	4 (3.3)	2 (5.6)	6 (3.8)
13. 子供からの配慮	6 (5.0)	0 (0.0)	6 (3.8)
14. 実習生の気持ちを理解する	5 (4.1)	0 (0.0)	5 (3.2)
15. 性的な配慮をしてもらう	5 (4.1)	0 (0.0)	5 (3.2)
16. 自分で気を付ける	4 (3.3)	1 (2.8)	5 (3.2)
17. 静かにして聞いてもらう	4 (3.3)	0 (0.0)	4 (2.5)
18. 実習生の名前を覚え・関心を持つ	3 (2.5)	0 (0.0)	3 (1.9)
19. その都度確認する	2 (1.7)	0 (0.0)	2 (1.3)
20. わからない	3 (2.5)	0 (0.0)	3 (1.9)
21. 仕方ない	5 (4.1)	3 (8.3)	8 (5.1)
22. 特にない	2 (1.7)	2 (5.6)	4 (2.5)
無　回　答	10 (8.3)	5 (13.9)	15 (9.6)
反応総数（人数）	233 (121)	47 (36)	280 (157)

表5-9 実習生の羞恥を低減するための他者からの配慮：各項目の内容（自由記述の内容）

1. 指導の方法—教える，同一指導をする，早く気づき対処する，理由を聞いてあげる，話を聞いてもらう，公平に扱う，優しく指導してもらう，厳しく指摘しない，出来ないと思って許して欲しい，報告するのを待つ，一緒に考えてもらう，指導者に側にいて欲しかった，衣類に名前を書いてもらう，いつも通りに実習生にさせる，黙ってやってもらう，楽しい話をしてもらう，評価する・褒める，指摘する言葉を選ぶ
3. 指摘の仕方を工夫してもらう—個人的に指摘する，小さい声で指摘してもらう，大声で指摘しない，言い方を工夫してもらう，何回も問い合わせしない，子供の前では失敗を指摘しない
4. リラックスさせる・雰囲気作り—リラックスさせる・雰囲気作り，冗談ですます，笑ってごまかして欲しい，他の人に聞くように促す，気をつけてもらう，おだやかな表情で接する
5. 見逃す・見て見ぬ振りをする—その場を立ち去る，見逃す・見て見ぬ振りをする
6. 皆に言いふらさない・聞き流す—聞き流す，言わない・口に出さない，皆に言いふらさせない，誰もいない所で言ってもらう，皆に言いふらさない
7. 早目に指摘する・言う—早目に指摘する・言う，はっきり言ってもらう
8. じろじろ見たり・目立たせない—意識しすぎない，じろじろ見ない，目立たせない，じろじろと見ない，無視してもらう
9. 笑わない・冷やかさない—笑わない・冷やかさない，あきれた顔をしない
10. 自分で勉強・調査・準備—勉強する・調べる・準備する
11. 実習生の立場を考慮してもらう—素直に返事をしてもらう，実習生の言うことを寮生は聞く，言うことを聞いてもらう，実習生の立場も考えてもらう，待ってもらう，謝る，礼を言う
12. 一緒にする（歌う・踊る等）——緒にする（歌う・踊るなど），表現してもらう
13. 子供からの配慮—もう少し年上の子であったら，子供がその場にいなければ良い，子供も約束を守る，説明をしてもらう
14. 実習生の気持ちを理解する—理解してやる，気持ちを理解する，自分も同じことをしたと言って
15. 性的な配慮をしてもらう—エッチな話はしない，Tシャツをめくったりしない，胸を触ったりしない，着替え中はドアのノックを，服を触らない
18. 実習生の名前を覚え・関心を持つ—関心を持つ，名前を覚えてもらう

気作り（同・13.2％，8.3％）」（リラックスさせる・雰囲気作り，冗談ですます，笑ってごまかして欲しい，他の人に聞くようにうながす，など），「見逃す・見て見ぬ振りをする（同・12.4％，8.3％）」（その場を立ち去る，見逃す・見て見ぬ振りをする，など），「皆に言いふらさない・聞き流す（同・10.7％，2.8％）」（聞き流す，言わない・口に出さない，皆に言いふらさない，誰もいない所で言ってもらう，など）が上位を占めていた。

保育コースで第8位を占めていた「じろじろ見たり・目立たせない」（9.9％）は，臨福コースでは見られなかった。臨福では，これまでの施設実習体験や講義により施設への心構えが形成されていたために，このような反応が見られたと考える。

羞恥を低減するための配慮としては，指導者の指導方法や指導者からの優しい言葉がけや指導する際の仕方に工夫をして欲しい要望があり，また，緊張感やストレスを生じないようなリラックスした雰囲気を提供して欲しいとの要望が羞恥低減の方法として提案されていた。

(2) 施設実習場面での対象児（者）の羞恥体験
①施設実習場面での対象児（者）の羞恥の場面

実習生が施設実習期間中に出会った対象児（者）の羞恥体験をした場面をまとめたのが，表5-10である。対象児（者）の羞恥場面として最も多かったのが「子供達の起居の場所（保育コース40.5％，臨福コース33.3％）」（子供の部屋・寮の部屋）で，以下，「乳幼児達の場所（同・39.7％，22.2％）」（保育室，0・1歳児の寝室，乳幼児室，プレイルーム），「皆が集まる場所（同・32.2％，19.4％）」（集会室・ベテスダホーム，講堂，食堂），「施設内の種々の場所（同・24.0％，11.1％）」（玄関，廊下，階段，トイレ，ベランダ，和室，サンルーム），「炊事・洗濯の場所」（調理場・厨房，お風呂・浴室，洗面所・水道，など）など，であった。保育コースも臨福コースも同様の順位を示していた。

対象児（者）が頻繁かつ相互に関わる場面で羞恥が生起している。特に，子

表5-10 施設実習場面での対象児（者）の羞恥の場面

MA(％)

項　　目	保育コース	臨福コース	合　計
1. 子供達の起居の場所	49（40.5）	12（33.3）	61（38.9）
2. 乳幼児達の場所	48（39.7）	8（22.2）	56（35.7）
3. 皆が集まる場所	39（32.2）	7（19.4）	46（29.3）
4. 施設内の種々の場所	29（24.0）	4（11.1）	33（21.0）
5. 炊事・洗濯の場所	17（14.0）	5（13.9）	22（14.0）
6. 施設外の場所	10（8.3）	4（11.1）	14（8.9）
7. 園庭・運動場・体育館などの場所	8（6.6）	2（5.6）	10（6.4）
8. 事務・職員関係の場所	7（5.8）	1（2.8）	8（5.1）
9. 教育や学習をする場所	5（4.1）	0（0.0）	5（3.2）
10. 応接・会議・園長の場所	1（0.8）	0（0.0）	1（0.6）
11. 実習生の場所	1（0.8）	0（0.0）	1（0.6）
反応総数（人数）	214(121)	43(36)	257(157)

表5-10　対象児(者)の羞恥の場面：各項目の内容（自由記述の内容）
1. 子供達の起居の場所—子供の部屋・寮の部屋
2. 乳幼児達の場所—保育室，0・1歳児の寝室，乳幼児室，プレイルーム
3. 皆が集まる場所—集会室・ベテスダホーム，講堂，食堂
4. 施設内の種々の場所—玄関，廊下，階段，トイレ，ベランダ，和室，サンルーム
5. 炊事・洗濯の場所—調理場・厨房，お風呂・浴室，洗面所・水道，洗濯干し場，洗濯室
6. 施設外の場所—海，公園，民宿・旅館，車中・電車，キャンプ場，石切神社
7. 園庭・運動場・体育館等の場所—園庭，運動場・体育館，プール
8. 事務・職員関係の場所—事務室，職員室，保母室
9. 教育や学習をする場所—図書室，学習室
10. 応接・会議・園長の場所—応接室
11. 実習生の場所—実習生の部屋

供達が起居する場所や乳幼児達の居る場所などが羞恥発生の場面と捉えることができる。

②施設実習場面での対象児（者）の羞恥における人の有無

対象児（者）が羞恥体験を抱いた場面で，どのような人がその場に介在していかを示したのが，表5-11である。

対象児（者）で最も多かったのが「対象児（者）・自分」（保育コース50.4％，臨福コース50.0％）で，以下，「指導者・対象児（者）・自分」（同・37.2％，33.3％），「指導者・実習生・対象児（者）・自分」（同・33.1％，13.9％），「複数の人と対象児（者）と自分」（同・29.8％，22.2％）であった。対象児（者）に関わった実習生及びその場に指導者もいた場面が羞恥生起の場面であった。直接・間接に関わる人がその場にいたかいなかったかが羞恥との関与を示唆している。

表5-11　施設実習場面での対象児(者)の羞恥における人の有無

MA(%)

項　目	保育コース	臨福コース	合　計
1. 対象児(者)・自分	61(50.4)	18(50.0)	79(50.3)
2. 指導者・対象児(者)・自分	45(37.2)	12(33.3)	57(36.3)
3. 指導者・実習生・対象児(者)・自分	40(33.1)	5(13.9)	45(28.7)
4. 複数の人と対象児(者)と自分	36(29.8)	8(22.2)	44(28.0)
5. 実習生・対象児(者)・自分	32(26.4)	4(11.1)	36(22.9)
反応総数（人数）	214(121)	47(36)	261(157)

③施設実習場面での対象児（者）の羞恥の程度

対象児（者）が施設実習期間中に羞恥体験をした際に，どの程度の羞恥感情を示したかを現したのが，表5-12である。

対象児（者）で最も多かったのが「かなり恥ずかしがっている」（保育コース 62.8％，臨福コース 41.7％）で，以下，「やや恥ずかしがっている」（同・41.3％，36.1％），「恥ずかしがっている」（同・42.1％，25.0％）の順であった。

対象児（者）の羞恥体験を非常に恥ずかしがっている（4点）から恥ずかしがっている（1点）までの4件法による t 検定をおこなったところ，保育コース（$N = 214, \bar{x} = 2.46, \sigma = 1.03$）と臨福コース（$N = 43, \bar{x} = 2.42, \sigma = 0.97$）とには，羞恥体験の感情程度に差異は見られなかった（$t = 0.26, df = 255$, n.s.）。

表5-12　施設実習場面での対象児（者）の羞恥の程度

MA(％)

項　目	保育コース	臨福コース	合　計
1. 恥ずかしがっている	51（42.1）	9（25.0）	60（38.2）
2. やや恥ずかしがっている	50（41.3）	13（36.1）	63（40.1）
3. かなり恥ずかしがっている	76（62.8）	15（41.7）	91（58.0）
4. 非常に恥ずかしがっている	37（30.6）	6（16.7）	43（27.4）
反応総数（人数）	214（121　）	43（36　）	257（157　）

④施設実習場面での対象児（者）の羞恥の身体への影響

対象児（者）が羞恥体験をした際に，羞恥感情がどのように身体に影響して現れたかを示したのが，表5-13である。

対象児（者）で最も多かったのが「顔が赤くなる」（保育コース 90.9％，臨福コース 55.6％）で，以下，「冷や汗が出る」（同・32.2％，13.9％），「身体がふるえる」（同・28.1％，11.1％），「声がふるえる」（同・20.7％，16.7％），「どこかに逃げだしたくなる」（同・9.1％，11.1％），「上気する（のぼせる・逆上する）」（同・9.1％，11.1％）の順であった。

対象児（者）が羞恥を抱いた際に，顔が赤くなる・冷や汗が出る・身体がふるえる・声がふるえるなどの身体への影響が見られていた。特に，保育コースの学生が報告した対象児（者）の羞恥の身体への影響として，「その他（19.8％）」（必死に言い訳する，何も話せなくなる，ただじっとしてしまう，うつむいていた，保育者の方にしがみつく，あわてて直す，呆然とした，少し

緊張した，おどおどする，落ち着きがなくなる，たたいている，など）に分類した内容に様々な種類の反応が見られた。また，保育コースの学生による対象児（者）の1人当たり2.3種類の身体への影響と臨福コースの学生による対象児（者）の1.5種類の身体への影響の差異に若干の数量的差異が見られたが，対象児（者）の羞恥への身体的影響の観察は同傾向の反応が見られた。

表5-13　施設実習場面での対象児（者）の羞恥の身体への影響

MA(%)

項　　目	保育コース	臨福コース	合　計
1. 顔が赤くなる	110(90.9)	20(55.6)	130(82.8)
2. 冷や汗が出る	39(32.2)	5(13.9)	44(28.0)
3. 身体がふるえる	34(28.1)	4(11.1)	38(24.2)
4. 声がふるえる	25(20.7)	6(16.7)	31(19.7)
5. どこかに逃げ出したくなる	11(9.1)	4(11.1)	15(9.6)
6. 上気する（のぼせる・逆上する）	11(9.1)	4(11.1)	15(9.6)
7. 身体がかたくなる	10(8.3)	1(2.8)	11(7.0)
8. 顔がひきつっている	3(2.5)	4(11.1)	7(4.5)
9. 身体が熱くなる	5(4.1)	1(2.8)	6(3.8)
10. 胸がどきどきする	2(1.7)	0(0.0)	2(1.3)
11. 頭がボーッとする	2(1.7)	0(0.0)	2(1.3)
12. 涙が出ている	1(0.8)	0(0.0)	1(0.6)
13. 足ががくがくする	0(0.0)	0(0.0)	0(0.0)
14. そ の 他	24(19.8)	4(11.1)	28(17.8)
反応総数（人数）	277(121)	53(36)	330(157)

表5-13　対象児（者）の羞恥の身体への影響：各項目の内容（自由記述の内容）

14. その他―必死に言い訳する，何も話せなくなる，ただじっとしてしまう，うつむいていた，保育者の方にしがみつく，あわてて直す，呆然とした，わざと違うことをした，少し緊張した，おどおどする，落ち着きがなくなる，たたいている，苦笑いをしている，我慢して顔に出さない，ドアの陰に隠れていた，身体が縮こまった，何がなんだか理解できなかった，抱きつく，私の後ろに隠れた，照れ臭そう

⑤施設実習場面での対象児（者）の羞恥の行動

対象児（者）が，どのような羞恥の行動を示したのかを自由記述で書かせて整理して，さらに再カテゴリー化してまとめたのが，表5-14である。

保育コースで最も多かったのが「おもらしをした」（33.9％）で，以下，「身体露出（29.8％）」（着脱，入浴，性器が見えた，（トイレ・浴室）のドアを開けた，パンツを脱がされた，下着が見えた，風呂を覗かれた，など），「ぶざまな行為（22.3％）」（（湖で）おぼれた，嘔吐，ボールがぶつかった，おならを

表 5-14 施設実習場面での対象児(者)の羞恥の行動

MA(%)

項　目	保育コース	臨福コース	合　計
1. おもらしをした	41(33.9)	6(16.7)	47(29.9)
2. 身体露出	36(29.8)	5(13.9)	41(26.1)
3. ぶざまな行為	27(22.3)	7(19.4)	34(21.7)
4. 人の存在・注視	21(17.4)	2(5.6)	23(14.6)
5. 笑われ・からかわれた	14(11.6)	4(11.1)	18(11.5)
6. 叱られた・叩かれた・殴られた	15(12.4)	3(8.3)	18(11.5)
7. 無知識・無能力露見	13(10.7)	3(8.3)	16(10.2)
8. 退行現象	10(8.3)	5(13.9)	15(9.6)
9. 間違った・失敗した	13(10.7)	1(2.8)	14(8.9)
10. 指摘・注意された	9(7.4)	4(11.1)	13(8.3)
11. 性	4(3.3)	1(2.8)	5(3.2)
12. きまり悪さ	4(3.3)	1(2.8)	5(3.2)
13. 泣いた・涙ぐんだ	2(1.7)	1(2.8)	3(1.9)
14. 人見知り	3(2.5)	0(0.0)	3(1.9)
15. いやがった	1(0.8)	0(0.0)	1(0.6)
16. 友達の輪に入れなかった	1(0.8)	0(0.0)	1(0.6)
無回答	0(0.0)	0(0.0)	0(0.0)
反応総数 (人数)	214(121)	43(36)	257(157)

表 5-14 対象児(者)の羞恥の行動：各項目の内容（自由記述の内容）

2. 身体露出―着脱，入浴，性器が見えた，(トイレ・浴室)のドアを開けた，パンツを脱がされた，下着が見えた，風呂を覗かれた
3. ぶざまな行為―(湖で)おぼれた，嘔吐，ボールがぶっかった，おならをならした，嘘がばれた，椅子から落ちた，お皿をひっくり返した・こぼした，鼻水が出た，階段・机等から落ちた，転んだ，鼻くそをほじった，はぐれた
4. 人の存在・注視―人前で挨拶をした，人前で話せない（自己紹介），人前で発表する，踊った，声をかけられた・声援された，(みんなで)写真を撮る，向かい合っていた，歌を歌う
6. 叱られた・叩かれた・殴られた―叱られた，叩かれた・殴られた，正座させられた時
7. 無知識・無能力露見―(ゲーム等)理解できない，忘れた，出来ない，ピアノが弾けなかった
8. 退行現象―おねしょをした，実習生に甘えてきた，指吸い，一緒に寝た
11. 性―排泄を見られた，マンガの本にラブシーンが出ていた，キスをした，(実習生)のお尻をさわる，洗濯物を見られる
12. きまり悪さ―実習生に手紙（メモ）を渡す時，実習生の部屋に入った，食べさせてもらった，両親が迎えに来た
13. 泣いた・涙ぐんだ―涙ぐんだ，泣いた

ならした，嘘がばれた，椅子から落ちた，お皿をひっくり返した・こぼした，など），「人の存在・注視（17.4％）」（人前で挨拶をした，人前で話せない（自己紹介），人前で発表する，踊った，声をかけられた・声援された，など），

「叱られた・叩かれた・殴られた」(12.4％),「笑われ・からかわれた」(11.6％),「無知識・無能力露見 (10.7％)」((ゲームなど) 理解できない, 忘れた, 出来ない, ピアノが弾けなかった),「間違った・失敗した」(10.7％),「退行現象 (8.3％)」(おねしょをした, 実習生に甘えてきた, 指吸い, 一緒に寝た, など) など, が上位を占めていた。

臨福コースで最も多かったのが「ぶざまな行為」(19.4％) で, 以下,「おもらしをした」(16.7％),「身体露出」(13.9％),「退行現象」(13.9％),「笑われ・からかわれた」(11.1％),「指摘・注意された」(11.1％) など, であった。

対象児 (者) にとって, おもらしをしたことやぶざまな行為を見られる恥ずかしさや身体露出や人の存在・注視による他者の存在や視線による恥ずかしさなどが上位を占める羞恥感情であった。また, 笑われ・からかわれたや叱られた・叩かれた・殴られたなどに見られる直接的な恥辱感によるものが見られた。保育コースと臨福コースともに同様の対象児 (者) への羞恥行動の観察結果が見られた。

⑥施設実習場面での対象児 (者) の羞恥の理由

対象児 (者) が, どのような羞恥の行動を示したのかを自由記述で書かせて整理して, さらに再カテゴリー化してまとめたのが, 表5-15である。

羞恥の理由で最も多かったのが「人の存在・注視 (保育コース59.5％, 臨福コース30.6％)」(他の人がいた・見られた, みんなに知られた, 人前で目立つ (発表・発言・踊る), 声をかけた, 注目される, 写真を撮られる) で, 以下, 保育コースでは「笑われた・冷やかされた (27.3％)」(笑われた, 冷やかされた, からかわれた),「叱られた・泣いた (21.5％)」(泣いた, 叱られた, 責められた),「注意・指摘・言われた」(20.7％),「出来ない・失敗した (17.4％)」(出来ない, 失敗した, 答えられなかった) などで, 臨福コースでは,「注意・指摘・言われた」(27.8％),「叱られた・泣いた」(19.4％),「出来ない・失敗した」(13.9％),「笑われた・冷やかされた」(11.1％), などが上位を占めていた。

羞恥の理由として実習生らは, その場に人が存在したり他者の視線があったことや, 笑われたり冷やかされたりの恥ずかしさや, あるいは, 注意や指摘や言われたり叱られたり泣いたり出来なかったり失敗したことが, 対象児 (者) の観察結果による羞恥生起の理由として捉えていた。

表 5-15　施設実習場面での対象児（者）の羞恥の理由

MA(%)

項　　目	保育コース	臨福コース	合　計
1. 人の存在・注視	72（59.5）	11（30.6）	83（52.9）
2. 笑われた・冷やかされた	33（27.3）	4（11.1）	37（23.6）
3. 注意・指摘・言われた	25（20.7）	10（27.8）	35（22.3）
4. 叱られた・泣いた	26（21.5）	7（19.4）	33（21.0）
5. 出来ない・失敗した	21（17.4）	5（13.9）	26（16.6）
6. 意識したから	9（7.4）	0（0.0）	9（5.7）
7. 照れ臭い	6（5.0）	2（5.6）	8（5.1）
8. 間違った	7（5.8）	1（2.8）	8（5.1）
9. きまり悪さ	5（4.1）	2（5.6）	7（4.5）
10. 慣れていない	4（3.3）	0（0.0）	4（2.5）
11. 言えなかった・わからない	3（2.5）	0（0.0）	3（1.9）
12. 人見知り	2（1.7）	1（2.8）	3（1.9）
13. 忘れていた	1（0.8）	0（0.0）	1（0.6）
14. キスされた	1（0.8）	0（0.0）	1（0.6）
無回答	3（2.5）	0（0.0）	3（1.9）
反応総数（人数）	218（121）	43（36）	261（157）

表 5-15　対象児（者）の羞恥の理由：各項目の内容（自由記述の内容）
1. 人の存在・注視―他の人がいた・見られた，みんなに知られた，人前で目立つ（発表・発言・踊る），声をかけた，注目される，写真を撮られる
2. 笑われた・冷やかされた―笑われた，冷やかされた，からかわれた
4. 出来ない・失敗した―出来ない，失敗した，答えられなかった
5. 叱られた・泣いた―泣いた，叱られた，責められた
8. 間違った―間違った，人と違うから
9. きまり悪さ―きまりが悪い（入浴時）
11. 言えなかった・わからない―言えなかった，どうしていいのかわからない

⑦施設実習場面での羞恥を低減するための対象児（者）への配慮

　羞恥を低減するための対象児（者）への配慮を自由記述で書かせて整理して，さらに再カテゴリー化してまとめたのが，表 5-16 である。

　対象児（者）への配慮として最も多かったのが，保育コースでは，「早く気付き対処する（33.1％）」（早く気付き対処する，事前に対処（気をつける）），以下，「言葉がけ」（31.4％），「見て見ぬ振りをする（17.4％）」（注目しない，見て見ぬ振り（知らないふり），覗いたりしない，声をかけない），「笑わない・冷やかさない（16.5％）」（冷やかさない，笑わない，からかわない），「注意する・叱る」（14.9％），「接しやすくする（積極的・優しく）」（14.9％），な

どであった。

表5-16 施設実習場面での羞恥を低減するための対象児(者)への配慮

MA(%)

項　　目	保育コース	臨福コース	合　計
1. 言葉がけ	38(31.4)	10(27.8)	48(30.6)
2. 早く気づき対処する	40(33.1)	5(13.9)	45(28.7)
3. 見て見ぬ振りをする	21(17.4)	3(8.3)	24(15.3)
4. 笑わない・冷やかさない	20(16.5)	3(8.3)	23(14.6)
5. 注意する・叱る	18(14.9)	4(11.1)	22(14.0)
6. 接しやすくする(積極的・優しく)	18(14.9)	3(8.3)	21(13.4)
7. 教えてあげる・知らせる	14(11.6)	5(13.9)	19(12.1)
8. 人前で間違いを指摘・注意しない	9(7.4)	2(5.6)	11(7.0)
9. 楽しい雰囲気にする	6(5.0)	1(2.8)	7(4.5)
10. 叱らない・せめない・かばう	5(4.1)	2(5.6)	7(4.5)
11. 一緒にする(遊ぶ・歌う等)	7(5.8)	0(0.0)	7(4.5)
12. 励ます・応援する	4(3.3)	0(0.0)	4(2.5)
13. 子供の気持ちになる	3(2.5)	1(2.8)	4(2.5)
14. 笑ってすませる	2(1.7)	2(5.6)	4(2.5)
15. 逃げた子を追わず来るまで待つ	1(0.8)	0(0.0)	1(0.6)
16. どうすることもできない	1(0.8)	0(0.0)	1(0.6)
17. 特にない	0(0.0)	1(2.8)	1(0.6)
無　回　答	7(5.8)	1(2.8)	8(5.1)
反応総数（人数）	214(121)	43(36)	257(157)

表5-16 対象児(者)の羞恥を低減するための配慮：各項目の内容（自由記述の内容）
2. 早く気づき対処する―早く気づき対処する，事前に対処（気をつける）
3. 見て見ぬ振りをする―注目しない，見て見ぬ振り（知らないふり），覗いたりしない，声をかけない
4. 笑わない・冷やかさない―冷やかさない，笑わない，からかわない
6. 接しやすくする（積極的・優しく）―接しやすくする（積極的・優しく），抱き寄せるなど身体に触れる，手を引いてあげる，キスをみんなにした
7. 教えてあげる・知らせる―教えてあげる，事前に知らせる
8. 人前で間違いを指摘・注意しない―皆に気づかないようにする，人前で間違いを指摘・注意しない
9. 楽しい雰囲気にする―楽しい雰囲気にする，緊張を和らげる，気を使わせない
10. 叱らない・せめない・かばう―かばう，失敗を責めない，見せしめにしてはいけない，慰める，叱らない
11. 一緒にする（遊ぶ・歌う等）―全員で考える，一緒にする（遊ぶ・歌うなど）
12. 励ます・応援する―励ます・応援する
13. 子供の気持ちになる―子供の気持ちになる，愛情表現を認める，話しを聞いてあげる
14. 笑ってすませる―笑ってすませる，笑いかける
15. 逃げた子を追わず来るまで待つ―逃げた子を追わず来るまで待つ

臨福コースで最も多かったのが「言葉がけ」(27.8％) で，以下，「早く気付き対処する」(13.9％)，「教えてあげる・知らせる」(13.9％)，「注意する・叱る」(11.1％)，などが上位を占めていた。

羞恥を低減させるためには，対象児（者）への言葉がけであり，羞恥が生起しないように早く気づいて対処してあげたり，見て見ぬ振りをしたり笑ったり冷やかしたりしないように配慮することを提言していた。また，教えたり接しやすい雰囲気作りをしたり，場合によっては注意したり叱ることで羞恥を低減する方法もあるとしていた。

4）まとめ

実習生は，それぞれの施設の特有性に応じた通園ないしは宿泊のいずれかの形態で施設実習を体験した。実習は，本来，緊張と不安を伴うものである。実習が無事平穏に終了することは，実習生のみならず受け入れる施設側及び送り出す学校側も同様な心境である。

実習生が施設実習を通じて施設への理解と認識を深めるとともに，緊張や不安を低減しかつ実習生の積極性や可能性を導引する配慮が求められる。

そのためには，施設実習場面で生起する実習生の羞恥の低減をはかることが大切である。施設長及び施設従事者ならびに対象児（者）を含む施設関連者の全ての人々との出会いは，実習生にとって施設実習を通じて自己の人間観・福祉観・人生観などあらゆる視点を再考する機会を得る場でもある。

実習生は施設実習場面で自己の非力を感じることが多い。基本的生活習慣に関わるような事柄から対象児（者）の勉学を見てあげたり指導に関わることなどの出来ない・知らない・失敗するなどによって派生する羞恥による恥辱感を抱くことを極力避けたい思いが働く。そのために，自信喪失を抱いたり施設への理解をゆがめてしまうことはあってはならない。

坂口（1995）[70] は，「羞恥は，実習への注意力や集中心を高めかつ自己の実習を内省させる側面もあるので，適度な羞恥感情の生起は，自己覚醒としての効果もあるが，自信喪失や自己卑下に連動する恥辱感情は極力避ける配慮が必要である」(p.16) と指摘した。施設側の実習生への配慮が望まれる。

一方，施設児（者）達も生活のあらゆる場面の羞恥感情を生起していること

が，実習生の報告で判明した。対象児（者）にとって施設は生活の場そのものであり，選択の余地のない変えることの出来ない存在の場でもある。羞恥は今日何も起こらなかったから明日も起こらないという保障もない。施設側は，対象児（者）の羞恥に配慮するとともに，対象児（者）同士の関係においても，相手の人権やプライバシーや存在を大切にし合う姿勢が望まれる。羞恥は，人間の尊厳をはかるモノサシとしての意味を持つ。そのために，日頃から羞恥への配慮が施設での生活のあらゆる場面で具体的にどのようになされているかを知るとともに施設で生活する全ての人々に羞恥への理解と認識を深めてもらうことが肝要である。

　彩福祉グループと厚生省高官との癒着による贈収賄事件に端を発した施設開設や施設拡充に伴う補助金の配分による問題が表面化してきた。障害者を食い物にした福祉産業への告発や一連の福祉現場の見直しが開始された。例えば，シリーズ「福祉を食う」[35]（毎日新聞：1996年12月）に見られるように優良企業として表彰された経営者や理事長が従業員（障害者）の給与を横領したり暴力での虐待や死亡に至っても本人及び家族が泣き寝入りしたりしている実態が紹介され始めた。

　施設現場の職員は，施設の不十分な設備と最低限の人数によるマンパワー不足と低賃金と低福利厚生の中で，自らの使命感のみに依拠した形で誠実に対応しようと努力しているのが実態である。しかし，人はパンのみにて生きるにあらずとは言え，貧すれば鈍するの譬えの如く，心身ともに豊かさの中で初めて，他者への思いやりや優しさが実行されるのである。対象児（者）が，対象児（者）同士が，実習生が，笑われたり・冷やかされたり・失敗したりするなどの恥辱体験が発生するのも施設の人的・物的条件の整備の不十分さが原因であるとすれば，まさに，ゆゆしき事態である。

　実習生の報告の中で漏れ聞こえてくる施設現場を見知るにつけ，羞恥への配慮の重要性を改めて強く実感する。さらに，学生が実習を通じて施設への理解を深め将来において地域共同体の一員となった暁において施設への支援と共生の土台をなす実践の1人となるためにも施設実習の持つ意味と意義は重要である。

謝　辞

　本調査を実施するに際して，協力を惜しまなかった旧・大阪保育学院の 2 年次（1989 年卒）の保育と臨床福祉コースの学生諸姉に深く謝意を表します。

第6章
介護場面の羞恥

　超高齢社会に突入した我が国は，介護保険制度を確立するとともに，介護福祉士を養成して，高齢者への対応をするようになった。高齢者も生を終えるその瞬間まで，人間としての尊厳を保っていく配慮が必要である。羞恥心を抱かせることなく，自らの生を全うさせていく配慮が必要である。このような観点から，これまで，高齢者による介護場面での羞恥低減のあり方についても指摘してきた（坂口（1999）[74]（2000）[75]（2001）[77]（2002）[78]）。

　この中で，最初に取り扱った論文の一部を2編，転載する。

1. 1999年[74]

介護実習場面における特別養護老人ホーム入所者の羞恥実態（Ashamed experience of people who are admitted special nursing home for the aged at a care practice scene.）の一部（目的より）

1）目　　的
　本調査の目的は，介護実習及び特養実習に参加した実習生が特別養護老人ホームに入所している高齢者の羞恥体験がいかなるものであるかを知るところにある。高齢者にとって終の棲家としているホームでいかなる羞恥を体験しているかを知ることは，高齢者への人権配慮を高めるのみならず，高齢者の羞恥をいかにしたら低減できるのかの方策を知ることにもなる。

2) 方　　法

(1) 調査票の構成

　調査票は，研究の根幹をなすものである。羞恥心に関する調査票作成ならびに羞恥心研究の方向及び展開については，これまでも指摘したように伊吹山太郎[注1]と坂口栄子[注2]との職業的知見を参考に作成されたものである。介護場面においては(1)羞恥の場所（場面），(2)羞恥（場面）での人の有無，(3)羞恥の程度，(4)羞恥による身体への影響，(5)羞恥の行動，(6)羞恥の理由，(7)羞恥への配慮，の7点を対象とした。

(2) 調査対象

　調査は，1997年7月14日から8月2日までの介護実習に参加した大阪教育福祉専門学校の介護コース1年生（実習期間は2週間）と1997年6月9日から6月14日までと1998年6月9日から6月14日までに特養実習（特別養護老人ホーム実習の略）に参加した臨床福祉コースの平成8年度入学2年生と平成9年度入学2年生を対象とした。特別養護老人ホームへの配属数は，介護コース13ヶ所，臨床福祉コース48ヶ所（1997年25ヶ所，1998年23ヶ所）の延べ61ヶ所である。実習に行く学生の実習施設の大半が，重複した施設である。羞恥心観察記録（自分用と特別養護老人ホーム入所者用）を配布して，実習終了後，筆者に提出する方法で実施した。筆者の提出に対する不手際のために，介護コース参加実習生44名中30名（平均年齢18.9歳，標準偏差1.49），臨床福祉コース参加実習生平成8年度生51名中34名（平均年齢20.0歳，標準偏差1.85）・平成9年度生44中29名（平均年齢20.3歳，標準偏差1.78）しか回収できなかった（臨床福祉コース延べ人数95名中63名，平均年齢20.1歳，標準偏差1.57）。合計93名（平均年齢19.8歳，標準偏差1.64）であった。これ以外に，介護福祉1年生の3名と臨床福祉2年生（平成8年度4名・平成9年度3名）の7名は，いずれも羞恥は見られなかったと回答していたので，分析から削除した。

注1) 京都学園大学名誉教授・元京都大学教授・元関西大学教授・元嵯峨美術短期大学教授
注2) 大阪逓信病院産婦人科病棟勤務看護婦長

3）結果と考察
(1) 介護実習場面における特別養護老人ホーム入所者の羞恥の延べ人数

実習生が入所者の羞恥体験を報告した男女の延べ人数は表6-1の通りである。この人数は，配属施設が介護コースと臨床福祉コースともに同一施設であるものが大半を占めているために，同一人を観察した結果が含まれている。さらに，介護コースに比較して，臨床福祉コースの学生が多く実習に行ったことと2年にわたるものであったために，このような数値配分となった。そのために，資料そのものは，厳格なものとは言えない。あくまで，状況把握として捉えたい。さらに，最低65歳から最高91歳までの実年齢が表記してあったが，入所者の年齢について推測で書かれたものが多く，60代，70代，70才位，80才位，などの表記や空白が目立っていたため，年齢区分の分析は除外した。

表6-1 介護実習場面における特別養護老人ホーム入所者の羞恥の程度

SA（％）

	介護コース	臨床福祉コース	合　計
男性入所者	23（33.3）	45（31.3）	68（31.9）
女性入所者	46（66.7）	99（68.7）	145（68.1）
合　　計	69（32.4）	144（67.6）	213（100.0）

(2) 介護実習場面における特別養護老人ホーム入所者の羞恥の場所（場面）

介護実習及び特養実習先の入所者が，羞恥を体験したのがどのような場所（場面）であったかを自由記述で実習生に書かせて整理したのが，表6-2である。

介護コースで最も多かったのが「おむつ交換」（23.2％）で，以下，「浴室」「トイレ」「入所者の居室」「ベッド」「食堂」の順であったが，臨床福祉コースで最も多かったのが「浴室」（31.9％）で，以下，「おむつ交換」「入所者の居室」「トイレ」「ベッド」「食堂」の順であった。

男性入所者も女性入所者も共に最も多かったのが「浴室」（男性入所者32.4％，女性入所者26.8％），「おむつ交換」であったが，以下女性入所者は「トイレ」「入所者の居室」「ベッド」「食堂」の順であったが，男性入所者は，第3・4位と第5・6位に順位の逆転が見られた。

「浴室」や「脱衣場」では，入浴による裸体や衣服の着脱に伴う身体裸体に

表6-2 介護実習場面における特別養護老人ホーム入所者の羞恥の場所（場面）

SA（%）

	介護コース			臨床福祉コース			合　　計		総合計
	男性入所者	女性入所者	合　　計	男性入所者	女性入所者	合　　計	男性入所者	女性入所者	
1. 浴　　室	7(30.4)	8(17.4)	15(21.7)	15(33.3)	31(31.3)	46(31.9)	22(32.4)	39(26.8)	61(28.6)
2. おむつ交換	6(26.1)	10(21.7)	16(23.2)	10(22.2)	22(22.2)	32(22.2)	16(23.5)	32(22.1)	48(22.5)
3. トイレ	2(8.7)	6(13.0)	8(11.6)	4(8.9)	9(9.1)	13(9.0)	6(8.8)	15(10.3)	21(9.9)
4. 入所者の居室	3(13.0)	3(6.5)	6(8.7)	4(8.9)	10(10.1)	14(9.7)	7(10.3)	13(9.0)	20(9.4)
5. ベッド	1(4.3)	4(8.7)	5(7.2)	2(4.4)	4(4.1)	6(4.2)	3(4.4)	8(5.5)	11(5.2)
6. 食　　堂	2(8.7)	3(6.5)	5(7.2)	2(4.4)	3(3.0)	5(3.5)	4(5.9)	6(4.1)	10(4.7)
7. 廊　　下	1(4.3)	2(4.3)	3(4.3)	2(4.4)	2(2.0)	4(2.8)	3(4.4)	4(2.8)	7(3.3)
8. 脱衣場	0(0.0)	1(2.2)	1(1.4)	1(2.2)	3(3.0)	4(2.8)	1(1.5)	4(2.8)	5(2.3)
9. 教室(カラオケ・書道など)	0(0.0)	2(4.3)	2(2.9)	1(2.2)	2(2.0)	3(2.1)	1(1.5)	4(2.8)	5(2.3)
10. プレイルーム	0(0.0)	2(4.3)	2(2.9)	1(2.2)	1(1.0)	2(1.4)	1(1.5)	3(2.1)	4(1.9)
11. デイサービス	0(0.0)	1(2.2)	1(1.4)	1(2.2)	1(1.0)	2(1.4)	1(1.5)	2(1.4)	3(1.4)
12. 集会室	0(0.0)	0(0.0)	0(0.0)	0(0.0)	3(3.0)	3(2.1)	0(0.0)	3(2.1)	3(1.4)
13. リハビリ室	1(4.3)	0(0.0)	1(1.4)	0(0.0)	2(2.0)	2(1.4)	1(1.5)	2(1.4)	3(1.4)
14. ホール	0(0.0)	0(0.0)	0(0.0)	1(2.2)	0(0.0)	1(0.7)	1(1.5)	0(0.0)	1(0.7)	2(0.9)
15. 洗面所	0(0.0)	0(0.0)	0(0.0)	0(0.0)	2(2.0)	2(1.4)	0(0.0)	2(1.4)	2(0.9)
16. 施設近隣	0(0.0)	1(2.2)	1(1.4)	0(0.0)	1(1.0)	1(0.7)	0(0.0)	2(1.4)	2(0.9)
17. デイルーム	0(0.0)	0(0.0)	0(0.0)	0(0.0)	2(2.0)	2(1.4)	0(0.0)	2(1.4)	2(0.9)
18. 寮母室	0(0.0)	0(0.0)	0(0.0)	1(2.2)	0(0.0)	1(0.7)	1(1.5)	0(0.0)	1(0.5)
19. 談話室	0(0.0)	0(0.0)	0(0.0)	1(2.2)	0(0.0)	1(0.7)	1(0.7)	1(0.5)
無回答	0(0.0)	0(0.0)	0(0.0)	0(0.0)	2(2.0)	2(1.4)	0(0.0)	2(1.4)	2(0.9)
合　　計	23(100.0)	46(100.0)	69(100.0)	45(100.0)	99(100.0)	144(100.0)	68(100.0)	145(100.0)	213(100.0)

よる恥じらいが見られる。「入所者の居室」や「ベッド」は，「おむつ交換」や衣服の着脱に伴う羞恥が含まれているのである。身体の不自由による衣服の着脱のみならず，尿や便のコントロール喪失による失禁などぶざまな姿をさらしてしまう場面が，おむつ交換であったり自己の居室であったり浴室であったりしているのである。

(3) 介護実習場面における特別養護老人ホーム入所者の羞恥の場面での人の有無

　介護実習及び特養実習先の入所者が，羞恥を抱いた場所（場面）でどのような人がいたかを示したのが，表6-3である。

　介護コースも臨床福祉コースも共に最も多かったのが「対象者・自分」（介護コース43.5%，臨床福祉コース47.9%）で，以下，「指導者・対象者・自分」「指導者・実習生・対象者・自分」「複数の人・対象者・自分」の順であった。

表6-3 介護実習場面における特別養護老人ホーム入所者の羞恥の場面での人の有無

SA(%)

	介護コース			臨床福祉コース			合　　計		総合計
	男性入所者	女性入所者	合　計	男性入所者	女性入所者	合　計	男性入所者	女性入所者	
1. 対象者・自分	12(52.2)	18(39.1)	30(43.5)	20(44.4)	49(49.5)	69(47.9)	32(47.1)	67(46.2)	99(46.5)
2. 指導者・対象者・自分	5(21.7)	14(30.4)	19(27.5)	13(28.9)	28(28.3)	41(28.5)	18(26.5)	42(29.0)	60(28.2)
3. 指導者・実習生・対象者・自分	3(13.0)	7(15.2)	10(14.5)	6(13.3)	11(11.1)	17(11.8)	9(13.2)	18(12.4)	27(12.7)
4. 複数の人・対象者・自分	2(8.7)	6(13.0)	8(11.6)	4(8.9)	5(5.1)	9(6.3)	6(8.8)	11(7.6)	17(8.0)
5. 実習生・対象者・自分	1(4.3)	1(2.2)	2(2.9)	2(4.4)	5(5.1)	7(4.9)	3(4.4)	6(4.1)	9(4.2)
無　回　答	0(0.0)	0(0.0)	0(0.0)	0(0.0)	1(1.0)	1(0.7)	0(0.0)	1(0.7)	1(0.5)
合　　　計	23(100.0)	46(100.0)	69(100.0)	45(100.0)	99(100.0)	144(100.0)	68(100.0)	145(100.0)	213(100.0)

　男性入所者も女性入所者も共に最も多かったのが「対象者・自分」（男性入所者47.1％，女性入所者46.2％）で，以下，同様に，「指導者・対象者・自分」「指導者・実習生・対象者・自分」「複数の人・対象者・自分」の順であった。

　介護する対象者との直接的な対面場面で最も羞恥が発生していた。以下，指導者が介在したり，さらに他の実習生も介在する場面で羞恥が発生している。このように，入所者にとって，一対一の対面場面で羞恥を生起させているので，実習生の入所者への気遣いが求められる所以である。

(4) 介護実習場面における特別養護老人ホーム入所者の羞恥の感情程度

　介護実習及び特養実習先の入所者が，どの程度の羞恥感情を抱いていたかを実習生の観察評定から推定したのが，表6-4である。

　最も多かったのは，「恥ずかしがっている」（介護コース46.4％，臨床福祉

表6-4 介護実習場面における特別養護老人ホーム入所者の羞恥の程度

SA(%)

	介護コース			臨床福祉コース			合　　計		総合計
	男性入所者	女性入所者	合　計	男性入所者	女性入所者	合　計	男性入所者	女性入所者	
1. 恥ずかしがっている	10(43.5)	22(47.8)	32(46.4)	24(53.3)	34(34.3)	58(40.3)	34(50.0)	56(38.6)	90(42.3)
2. やや恥ずかしがっている	6(26.1)	9(19.6)	15(21.7)	10(22.2)	22(22.2)	32(22.2)	16(23.5)	31(21.4)	47(22.1)
3. かなり恥ずかしがっている	4(17.4)	8(17.4)	12(17.4)	8(17.8)	25(25.3)	33(22.9)	12(17.6)	33(22.8)	45(21.1)
4. 非常に恥ずかしがっている	3(13.0)	7(15.2)	10(14.5)	3(6.7)	17(17.2)	20(13.9)	6(8.8)	24(16.6)	30(14.1)
無　回　答	0(0.0)	0(0.0)	0(0.0)	0(0.0)	1(1.0)	1(0.7)	0(0.0)	1(0.7)	1(0.5)
合　　　計	23(100.0)	46(100.0)	69(100.0)	45(100.0)	99(100.0)	144(100.0)	68(100.0)	145(100.0)	213(100.0)

コース40.3％）で，以下，介護コースでは，「やや恥ずかしがっている」「かなり恥ずかしがっている」「非常に恥ずかしがっている」の順であったが，臨床福祉コースでは，「かなり恥ずかしがっている」「やや恥ずかしがっている」「非常に恥ずかしがっている」の順であった。臨床福祉コースでは，第2位と第3位で1件の有無で順位の逆転が見られた。

男性入所者も女性入所者も共に最も多かったのが「恥ずかしがっている」（男性入所者50.0％，女性入所者38.6％）で，以下，男性入所者は，「やや恥ずかしがっている」「かなり恥ずかしがっている」「非常に恥ずかしがっている」の順であったが，女性入所者では，「かなり恥ずかしがっている」「やや恥ずかしがっている」と順位の逆転が見られた。

入所者の羞恥体験について非常に恥ずかしがっている（4点）から恥ずかしがっている（1点）までの4件法によるt検定をおこなったところ，介護コース（$N = 69, \bar{x} = 2.30, \sigma = 1.80$）と臨床福祉コース（$N = 143, \bar{x} = 2.10, \sigma = 1.09$）との間には羞恥感情に差異は見られなかった（$t = 0.84, df = 210$, n.s.）が，女性入所者（$N = 144, \bar{x} = 2.32, \sigma = 1.48$）の方が男性入所者（$N = 68, \bar{x} = 1.85, \sigma = 1.00$）よりも羞恥感情が高い傾向が見られた（$t = 2.67, df = 210, p < 0.1$）。

入所者の羞恥体験の感情の程度は，介護コースの5割弱と臨床福祉コースの4割強と男性入所者の5割が「恥ずかしがっている」という感情程度を占めていたので，強い恥ずかしさは感じなかったと言える。ただ，女性入所者の場合，「恥ずかしがっている」が4割弱を占めているにもかかわらず「やや」と「かなり」が同割合を占めていたために恥ずかしさの程度が高い傾向を示した。

入所者は，日々の暮らしの中で恥ずかしさを感じているのである。施設が永久の住まいともなっている入所者が，様々な場面で恥ずかしい感情を抱いているという実態を認識しておくことが大切である。

(5) 介護実習場面における特別養護老人ホーム入所者の羞恥の身体への影響

介護実習及び特養実習先の入所者が，羞恥を抱いた際にどのように身体に影響して現れたかを自由記述で実習生に観察評定させて書かせて整理したのが，表6-5である。

最も多かったのが「顔が赤くなっている」（介護コース29.0％，臨床福祉コース28.5％）で，以下，「身体がかたくなっている」「涙が出ている（泣きたそう）」の順であった。これ以外に，介護コースでは，「冷や汗が出ている」「どこかに逃げ出そうとする」「声がふるえている」「胸がどきどきしている」などが見られ，臨床福祉コースでも，「どこかに逃げ出そうとする」「足ががく

表6-5 介護実習場面における特別養護老人ホーム入所者の羞恥の身体への影響

SA(％)

	介護コース			臨床福祉コース			合計			総合計
	男性入所者	女性入所者	合計	男性入所者	女性入所者	合計	男性入所者	女性入所者	合計	
1. 顔が赤くなっている	8(34.8)	12(26.1)	20(29.0)	14(31.1)	27(27.3)	41(28.5)	22(32.4)	39(26.9)		61(28.7)
2. 身体がかたくなっている	6(26.1)	10(21.7)	16(23.2)	11(24.4)	18(18.2)	29(20.1)	17(25.0)	28(19.3)		45(21.1)
3. 涙が出ている(泣きたそう)	3(13.0)	4(8.7)	7(10.1)	9(20.0)	15(15.2)	24(16.7)	12(17.6)	19(13.1)		31(14.6)
4. どこかに逃げ出そうとする	2(8.7)	2(4.3)	4(5.8)	5(11.1)	10(10.1)	15(10.4)	7(8.8)	12(8.3)		19(8.9)
5. 足ががくがくしている	0(0.0)	1(2.2)	1(1.4)	2(4.4)	5(5.1)	7(4.9)	2(2.9)	6(4.1)		8(3.8)
6. 冷や汗が出ている	2(8.7)	3(6.5)	5(7.2)	1(2.2)	2(2.0)	3(2.1)	3(4.4)	5(3.4)		8(3.8)
7. 声がふるえている	1(4.3)	2(4.3)	3(4.3)	1(2.2)	2(2.0)	3(2.1)	2(2.9)	4(2.8)		6(2.8)
8. 胸がどきどきしている	0(0.0)	2(4.3)	2(2.9)	1(2.2)	2(2.0)	3(2.1)	1(1.5)	4(2.8)		5(2.3)
9. 身体が熱くなっている	0(0.0)	1(2.2)	1(1.4)	0(0.0)	1(1.0)	1(0.7)	0(0.0)	2(1.4)		2(0.9)
10. 頭がボーッとしている	0(0.0)	1(2.2)	1(1.4)	0(0.0)	1(1.0)	1(0.7)	0(0.0)	2(1.4)		2(0.9)
11. 言葉が怒っていた	1(4.3)	0(0.0)	1(1.4)	0(0.0)	1(1.0)	1(0.7)	1(1.5)	1(0.7)		2(0.9)
12. 身体を隠そうとする	0(0.0)	0(0.0)	0(0.0)	0(0.0)	2(2.0)	2(1.4)	0(0.0)	2(1.4)		2(0.9)
13. 恥ずかしい理由を何度も言う	0(0.0)	1(2.2)	1(1.4)	0(0.0)	1(1.0)	1(0.7)	0(0.0)	2(1.4)		2(0.9)
14. 身体がふるえている	0(0.0)	1(2.2)	1(1.4)	0(0.0)	1(1.0)	1(0.7)	0(0.0)	2(1.4)		2(0.9)
15. 少し照れていた	0(0.0)	0(0.0)	0(0.0)	0(0.0)	1(1.0)	1(0.7)	0(0.0)	1(0.7)		1(0.5)
16. 困っていた	0(0.0)	1(2.2)	1(1.4)	0(0.0)	0(0.0)	0(0.0)	0(0.0)	1(0.7)		1(0.5)
17. もじもじする	0(0.0)	0(0.0)	0(0.0)	0(0.0)	2(2.0)	2(1.4)	0(0.0)	2(1.4)		2(0.9)
18. 顔を伏せる	0(0.0)	0(0.0)	0(0.0)	0(0.0)	2(2.0)	2(1.4)	0(0.0)	2(1.4)		2(0.9)
19. 目をそらされる	0(0.0)	0(0.0)	0(0.0)	0(0.0)	2(2.0)	2(1.4)	0(0.0)	2(1.4)		2(0.9)
20. 泣きそうな表情になる	0(0.0)	0(0.0)	0(0.0)	0(0.0)	1(1.0)	1(0.7)	0(0.0)	1(0.7)		1(0.5)
21. 何度も謝る	0(0.0)	0(0.0)	0(0.0)	0(0.0)	1(1.0)	1(0.7)	0(0.0)	1(0.7)		1(0.5)
22. 無口になる	0(0.0)	0(0.0)	0(0.0)	0(0.0)	2(2.0)	2(1.4)	0(0.0)	2(1.4)		2(0.9)
23. 足を閉じようとする	0(0.0)	0(0.0)	0(0.0)	0(0.0)	1(1.0)	1(0.7)	0(0.0)	1(0.7)		1(0.5)
24. 不思議そうだった	0(0.0)	1(2.2)	1(1.4)	0(0.0)	0(0.0)	0(0.0)	0(0.0)	1(0.7)		1(0.5)
25. 特になし	0(0.0)	1(2.2)	1(1.4)	0(0.0)	0(0.0)	0(0.0)	0(0.0)	1(0.7)		1(0.5)
無回答	0(0.0)	2(4.3)	2(2.9)	1(2.2)	4(4.0)	5(3.5)	1(1.5)	6(4.1)		7(3.3)
合計	23(100.0)	46(100.0)	69(100.0)	45(100.0)	99(100.0)	144(100.0)	68(100.0)	145(100.0)		213(100.0)

表6-5（身体への影響）各項目の内容（自由記述の内容）
12. 身体を隠そうとする―服で身体を隠す，身体を隠そうとする
13. 恥ずかしい理由を何度も言う―恥ずかしい理由を何度も言う，恥ずかしいと口に出す

がくしている」の次に,「冷や汗が出ている」「声がふるえている」「胸がどきどきしている」などが同順位で見られた。

　男性入所者も女性入所者も共に最も多かったのが「顔が赤くなっている」(男性入所者32.4％,女性入所者26.9％)で,以下,「身体がかたくなっている」「涙がでている(泣きたそう)」「どこかに逃げ出そうとする」の順であった。これ以外に,女性入所者では,「足ががくがくしている」「冷や汗が出ている」「声がふるえている」「胸がどきどきしている」などが同順位で見られ,男性入所者は,「冷や汗が出ている」の次に「足ががくがくしている」「声がふるえている」が同順位で見られた。

　顔が赤くなっているや身体がかたくなっているや涙が出ているなどは,そばで見合ったり触れ合ったりする中で見知ることのできる身体表現の中でも顕著に見られるものである。これ以外にも実習生は,入所者の羞恥の身体への影響について,実に様々な羞恥を報告している。顔を伏せられたり目をそらされたり恥ずかしい理由を何度も言ったりもじもじしたり衣服で身体を隠したりなど高齢者の様々な生き方が投影された羞恥への身体表現が見られる。ゆえにきめ細やかな気遣いを通じて,対応していくことが必要である。

(6) 介護実習場面における特別養護老人ホーム入所者の羞恥の行動

　介護実習及び特養実習先の入所者が,どのような羞恥の行動を抱いたかを自由記述で実習生に書かせて整理したのが,表6-6である。

　介護コースで最も多かったのが,「おむつ交換」(23.2％)で,以下,「排尿の失敗(排泄の処理)」「着替え」「お風呂に入る時(入浴介助)」の順であった。臨床福祉コースで最も多かったのが,「お風呂に入る時(入浴介助)」(30.0％)で,以下,「おむつ交換」「排尿の失敗(排泄の処理)」「人に見られる」「着替え」の順であった。介護コースで最も多かった「おむつ交換」は,臨床福祉コースでは,第2位であり,臨床福祉コースで最も多かった「お風呂に入る時(入浴介助)」は,介護コースでは第4位であった。

　男性入所者で最も多かったのが「お風呂に入る時(入浴介助)」(27.9％)で,以下,「おむつ交換」「排尿の失敗(排泄の処理)」で「着替え」「人に見られる」が同順位であった。女性入所者で最も多かったのが「おむつ交換」(22.1％)

表6-6 介護実習場面における特別養護老人ホーム入所者の羞恥の行動

SA(%)

	介護コース			臨床福祉コース			合　　計			総合計
	男性入所者	女性入所者	合　計	男性入所者	女性入所者	合　計	男性入所者	女性入所者		
1. お風呂に入る時（入浴介助）	3(13.0)	4(8.7)	7(10.1)	16(35.6)	27(27.3)	43(30.0)	19(27.9)	31(21.4)		50(23.5)
2. おむつ交換	6(26.1)	10(21.7)	16(23.2)	10(22.2)	22(22.2)	32(22.2)	16(23.5)	32(22.1)		48(22.5)
3. 排尿の失敗（排泄の処理）	5(21.7)	9(19.6)	14(20.3)	7(15.6)	12(12.1)	19(13.2)	12(17.6)	21(14.5)		33(15.5)
4. 着替え	4(17.4)	7(15.2)	11(16.0)	2(4.4)	6(6.1)	8(5.6)	6(8.8)	13(9.0)		19(8.9)
5. 人に見られる	2(8.7)	2(4.3)	4(5.8)	4(8.9)	9(9.1)	13(9.0)	6(8.8)	11(7.6)		17(8.0)
6. 思うように出来なかった	2(8.7)	3(6.5)	5(7.2)	1(2.2)	4(4.0)	5(3.5)	3(4.4)	7(4.8)		10(4.7)
7. 忘れた	1(4.3)	1(2.2)	2(2.9)	3(3.0)	3(2.1)	1(1.5)	4(2.8)		5(2.3)	
8. ご飯を食べさせてもらう	0(0.0)	0(0.0)	0(0.0)	4(4.0)	4(2.8)	0(0.0)	4(2.8)		4(1.9)	
9. 異性による介助	0(0.0)	0(0.0)	0(0.0)	4(8.9)	4(2.8)	4(5.9)	0(0.0)		4(1.9)	
10. こける・すべる	0(0.0)	2(4.3)	2(2.9)	1(0.7)	0(0.0)	3(2.1)		3(1.4)		
11. 時間がかかった	0(0.0)	1(2.2)	1(1.4)	1(0.7)	0(0.0)	2(1.4)		2(0.9)		
12. 人に聞かれた	0(0.0)	1(2.2)	1(1.4)	1(0.7)	0(0.0)	2(1.4)		2(0.9)		
13. 注意された	0(0.0)	1(2.2)	1(1.4)	1(0.7)	0(0.0)	1(0.7)		1(0.5)		
14. 入れ歯が落ちた	0(0.0)	1(2.2)	1(1.4)	1(0.7)	0(0.0)	1(0.7)		1(0.5)		
15. ぶつかった	0(0.0)	1(2.2)	1(1.4)	1(0.7)	0(0.0)	1(0.7)		1(0.5)		
16. 怒られた	0(0.0)	1(2.2)	1(1.4)	1(0.7)	0(0.0)	1(0.7)		1(0.5)		
17. 浣腸	0(0.0)	0(0.0)	0(0.0)	1(0.7)	0(0.0)	1(0.7)		1(0.5)		
18. こぼす	0(0.0)	0(0.0)	0(0.0)	1(0.7)	0(0.0)	1(0.7)		1(0.5)		
19. おならをした	0(0.0)	0(0.0)	0(0.0)	1(0.7)	0(0.0)	1(0.7)		1(0.5)		
20. 褒められた	0(0.0)	0(0.0)	0(0.0)	1(0.7)	0(0.0)	1(0.7)		1(0.5)		
21. マット交換	0(0.0)	0(0.0)	0(0.0)	1(0.7)	0(0.0)	1(0.7)		1(0.5)		
22. 間違った	0(0.0)	0(0.0)	0(0.0)	1(0.7)	0(0.0)	1(0.7)		1(0.5)		
無回答	0(0.0)	2(4.3)	2(2.9)	1(2.2)	3(3.0)	4(2.8)	1(1.5)	5(3.4)		6(2.8)
合　計	23(100.0)	46(100.0)	69(100.0)	45(100.0)	99(100.0)	144(100.0)	68(100.0)	145(100.0)		213(100.0)

表6-6 （羞恥の行動）各項目の内容（自由記述の内容）
6. 思うように出来なかった―ゲーム・踊り・カラオケ・縫い物・書道などができない
8. ご飯を食べさせてもらう―ご飯を食べさせてもらう，うまく食べられない

で，以下，「お風呂に入る時（入浴介助）」「排尿の失敗（排泄の処理）」「着替え」「人に見られる」の順であった。

全体を通覧すれば，「お風呂に入る時」や「おむつ交換」や「排尿の失敗（排泄の処理）」や「着替え」や「人に見られる」や「思うように出来なかった」などが上位を占めている。これらは，身体露出や大小便に関係する人間の生理的欲求をセルフコントロールできなかったぶざまな行動が見られている。特に高齢者にとって，自己の身体さえも自由に動かしたりセルフコントロールがで

(7) 介護実習場面における特別養護老人ホーム入所者の羞恥の理由

介護実習及び特養実習先の入所者が，どのような羞恥の理由を抱いたかを自由記述で実習生に書かせて整理したのが，表6-7である。

介護コースで最も多かったのが「入浴の時身体を見られ洗われた」(16.0％)で，以下，「陰部・お尻を見られた」「人に知られた」「人に見られた」「排泄のコントロールが自分で出来ない」「出来なかった」の順であった。臨床福祉コースで最も多かったのが「人に見られた」(25.0％)で，以下，「人にしてもら

表6-7 介護実習場面における特別養護老人ホーム入所者の羞恥の理由

SA(％)

	介護コース			臨床福祉コース			合　計			総合計
	男性入所者	女性入所者	合　計	男性入所者	女性入所者	合　計	男性入所者	女性入所者	合　計	
1. 人に見られた	2(8.7)	5(10.9)	7(10.1)	13(28.9)	23(23.2)	36(25.0)	15(22.1)	28(19.3)	43(20.2)	
2. 陰部・お尻を見られた	4(17.4)	5(10.9)	9(13.0)	8(17.8)	12(12.1)	20(13.9)	12(17.6)	17(11.7)	29(13.6)	
3. 入浴の時身体を見られ洗われた	5(21.7)	6(13.0)	11(16.0)	6(13.3)	11(11.1)	17(11.8)	11(16.2)	17(11.7)	28(13.1)	
4. 人にしてもらう	0(0.0)	1(2.2)	1(1.4)	8(17.8)	13(13.1)	21(14.6)	8(11.8)	14(9.7)	22(10.3)	
5. 異性に介助	4(17.4)	0(0.0)	4(5.8)	3(6.7)	8(8.1)	11(7.6)	7(10.3)	8(5.5)	15(7.0)	
6. 排泄のコントロールが自分で出来ない	3(13.0)	4(8.7)	7(10.1)	2(4.4)	4(4.0)	6(4.2)	5(7.4)	8(5.5)	13(6.1)	
7. 出来なかった	2(8.7)	4(8.7)	6(8.7)	2(4.4)	4(4.0)	6(4.2)	4(5.9)	8(5.5)	12(5.6)	
8. 人に知られた	2(8.7)	6(13.0)	8(11.6)	0(0.0)	3(3.0)	3(2.1)	2(2.9)	9(6.2)	11(5.2)	
9. 迷惑をかけた・申し訳ない	0(0.0)	1(2.2)	1(1.4)	0(0.0)	5(5.1)	5(3.5)	0(0.0)	6(4.1)	6(2.8)	
10. 異性に見られた	1(4.3)	1(2.2)	2(2.9)	0(0.0)	4(4.0)	4(2.8)	1(1.5)	5(3.4)	6(2.8)	
11. 時間がかかった	0(0.0)	3(6.5)	3(4.3)	0(0.0)	2(2.0)	2(1.4)	0(0.0)	5(3.4)	5(2.3)	
12. 声をかけられた	0(0.0)	1(2.2)	1(1.4)	0(0.0)	3(3.0)	3(2.1)	0(0.0)	4(2.8)	4(1.9)	
13. 怒られた	0(0.0)	1(2.2)	1(1.4)	0(0.0)	2(2.0)	2(1.4)	0(0.0)	3(2.1)	3(1.4)	
14. 下着が汚れていた	0(0.0)	1(2.2)	1(1.4)	0(0.0)	1(1.0)	1(0.7)	0(0.0)	2(1.4)	2(0.9)	
15. 間違ったから	0(0.0)	1(2.2)	1(1.4)	0(0.0)	1(1.0)	1(0.7)	0(0.0)	2(1.4)	2(0.9)	
16. 笑ってごまかそうとしたから	0(0.0)	1(2.2)	1(1.4)	0(0.0)	0(0.0)	0(0.0)	0(0.0)	1(0.7)	1(0.5)	
17. 物忘れがひどい	0(0.0)	1(2.2)	1(1.4)	0(0.0)	0(0.0)	0(0.0)	0(0.0)	1(0.7)	1(0.5)	
18. 黙っていた	0(0.0)	1(2.2)	1(1.4)	0(0.0)	0(0.0)	0(0.0)	0(0.0)	1(0.7)	1(0.5)	
19. 隠れていた	0(0.0)	1(2.2)	1(1.4)	0(0.0)	0(0.0)	0(0.0)	0(0.0)	1(0.7)	1(0.5)	
20. 言い訳をする	0(0.0)	1(2.2)	1(1.4)	0(0.0)	0(0.0)	0(0.0)	0(0.0)	1(0.7)	1(0.5)	
21. 褒められた	0(0.0)	1(2.2)	1(1.4)	0(0.0)	0(0.0)	0(0.0)	0(0.0)	1(0.7)	1(0.5)	
無回答	0(0.0)	3(6.5)	3(4.3)	1(2.2)	2(2.0)	3(2.1)	1(1.5)	5(3.4)	6(2.8)	
合　計	23(100.0)	46(100.0)	69(100.0)	45(100.0)	99(100.0)	144(100.0)	68(100.0)	145(100.0)	213(100.0)	

表6-7（羞恥の理由）各項目の内容（自由記述の内容）
7. 出来なかった―縫い物・編み物などが出来なかった

う」「陰部・お尻を見られた」「入浴の時身体を見られ洗われた」「異性に介助」「排泄のコントロールが自分で出来ない」「出来なかった」の順であった。

　男性入所者も女性入所者も共に最も多かったのが「人に見られた」(男性入所者22.1％，女性入所者19.3％）で，以下，「陰部・お尻を見られた」「入浴の時身体を見られ洗われた」「人にしてもらう」「異性に介助」「排泄のコントロールが自分で出来ない」「出来なかった」「異性に見られた」の順であったが，女性入所者の場合，「陰部・お尻を見られた」「入浴の時身体を見られ洗われた」が同順位で，「人にしてもらう」「人に知られた」の次に，「異性に介助」「排泄のコントロールが自分で出来ない」「出来なかった」がそれぞれ同順位を占めていた。

　全体を通覧すれば，「人に見られた」や「陰部・お尻を見られた」や「入浴の時身体を見られ洗われた」や「人にしてもらう」や「異性に介助」「排泄のコントロールが自分で出来ない」「出来なかった」「人に知られた」の順であった。自己の身体部位の性器や臀部を見られたり異性に介助を受けたり，自己の身体のセルフコントロールが出来ないいらだちによるものが，羞恥の理由として上位に列挙されていた。

(8) 介護実習場面における特別養護老人ホーム入所者の羞恥への配慮

　介護実習及び特養実習先の入所者が，羞恥体験をした際にどのような配慮をすれば羞恥が低減されるかを自由記述で実習生に書かせて整理したのが，表6-8である。

　介護コースで最も多かったのが「声をかける」(26.1％)で，以下，「すばやく行動を行う・する」「露出を防ぐか少なくする」「説明する」「理解する」「気兼ねや不安を軽くする」が同順位であった。臨床福祉コースで最も多かったのが「声をかける」(27.8％)で，以下，「すばやく行動を行う・する」「露出を防ぐか少なくする」「見えないようにする」の次に，「理解する」「同性同士にする」「落ち着いてあせらずにする」「一緒にする」が同順位で続いていた。

　男性入所者も女性入所者も共に最も多かったのが「声をかける」(男性入所者33.8％，女性入所者24.1％)，第2位が「すばやく行動を行う・する」で，以下，男性入所者は，「露出を防ぐか少なくする」「見えないようにする」「理

表6-8 介護実習場面における特別養護老人ホーム入所者の羞恥への配慮

SA(%)

	介護コース			臨床福祉コース			合　　計			総合計
	男性入所者	女性入所者	合　計	男性入所者	女性入所者	合　計	男性入所者	女性入所者		
1. 声をかける	7(30.4)	11(23.9)	18(26.1)	16(35.6)	24(24.2)	40(27.8)	23(33.8)	35(24.1)		58(27.2)
2. すばやく行動を行う・する	4(17.4)	9(19.6)	13(18.8)	10(22.2)	19(19.2)	29(20.1)	14(20.6)	28(19.2)		45(21.1)
3. 露出を防ぐか少なくする	3(13.0)	3(6.5)	6(8.7)	8(17.8)	5(5.1)	13(9.0)	11(16.2)	8(5.5)		19(8.9)
4. 見えないようにする	2(8.7)	1(2.2)	3(4.3)	5(11.1)	7(7.1)	12(8.3)	7(10.3)	8(5.5)		15(7.0)
5. 説明する	1(4.3)	4(8.7)	5(7.2)	1(2.2)	2(2.0)	3(2.1)	2(2.9)	6(4.1)		8(3.8)
6. 理解する	1(4.3)	3(6.5)	4(5.8)	2(4.4)	2(2.0)	4(2.8)	3(4.4)	5(3.4)		8(3.8)
7. 気兼ねや不安を軽くする	1(4.3)	3(6.5)	4(5.8)	0(0.0)	3(3.0)	3(2.1)	1(1.5)	6(4.1)		7(3.3)
8. 同性同士にする	0(0.0)	2(4.3)	2(2.9)	1(2.2)	3(3.0)	4(2.8)	1(1.5)	5(3.4)		6(2.8)
9. 落ち着いてあせらずにする	1(4.3)	0(0.0)	1(1.4)	0(0.0)	4(4.0)	4(2.8)	1(1.5)	4(2.8)		5(2.3)
10. 一緒にする	0(0.0)	1(2.2)	1(1.4)	0(0.0)	4(4.0)	4(2.8)	0(0.0)	5(3.4)		5(2.3)
11. 自分で出来ることはする	0(0.0)	0(0.0)	0(0.0)	0(0.0)	3(3.0)	3(2.1)	0(0.0)	4(2.8)		4(1.9)
12. 人にわからないようにする	0(0.0)	0(0.0)	0(0.0)	0(0.0)	3(3.0)	3(2.1)	0(0.0)	4(2.8)		4(1.9)
13. 意見を尊重	0(0.0)	0(0.0)	0(0.0)	0(0.0)	2(2.0)	2(1.4)	0(0.0)	3(2.1)		3(1.4)
14. 手伝う	0(0.0)	0(0.0)	0(0.0)	0(0.0)	2(2.0)	2(1.4)	0(0.0)	3(2.1)		3(1.4)
15. 笑顔で接する	0(0.0)	0(0.0)	0(0.0)	0(0.0)	2(2.0)	2(1.4)	0(0.0)	3(2.1)		3(1.4)
16. 時間をかける	1(4.3)	1(2.2)	2(2.9)	0(0.0)	0(0.0)	0(0.0)	1(1.5)	1(0.7)		2(0.9)
17. 何も言わない	0(0.0)	1(2.2)	1(1.4)	0(0.0)	1(1.0)	1(0.7)	0(0.0)	2(1.4)		2(0.9)
18. 信頼・人間関係をつくる	0(0.0)	0(0.0)	0(0.0)	0(0.0)	2(2.0)	2(1.4)	0(0.0)	2(1.4)		2(0.9)
19. 意識しない	0(0.0)	0(0.0)	0(0.0)	0(0.0)	2(2.0)	2(1.4)	0(0.0)	2(1.4)		2(0.9)
20. 観察する	0(0.0)	1(2.2)	1(1.4)	0(0.0)	0(0.0)	0(0.0)	0(0.0)	1(0.7)		1(0.5)
21. 満足感を味わわせる	0(0.0)	0(0.0)	0(0.0)	1(2.2)	1(1.0)	2(1.4)	1(1.5)	1(0.7)		2(0.9)
22. 話を合わせる	1(4.3)	0(0.0)	1(1.4)	0(0.0)	0(0.0)	0(0.0)	1(1.5)	0(0.0)		1(0.5)
23. 褒める	0(0.0)	0(0.0)	0(0.0)	0(0.0)	1(1.0)	1(0.7)	0(0.0)	1(0.7)		1(0.5)
24. 介助技術を身につける	0(0.0)	0(0.0)	0(0.0)	0(0.0)	1(1.0)	1(0.7)	0(0.0)	1(0.7)		1(0.5)
25. ペースを合わせる	0(0.0)	0(0.0)	0(0.0)	0(0.0)	1(1.0)	1(0.7)	0(0.0)	1(0.7)		1(0.5)
無回答	1(4.3)	3(6.5)	4(5.8)	2(4.4)	3(3.0)	5(3.5)	3(4.4)	6(4.1)		9(4.2)
合　　計	23(100.0)	46(100.0)	69(100.0)	45(100.0)	99(100.0)	144(100.0)	68(100.0)	145(100.0)		213(100.0)

解する」「説明する」の順であったが，女性入所者は「露出を防ぐか少なくする」「見えないようにする」と「説明する」「気兼ねや不安を軽くする」が，それぞれ同順位を示していた。

　全体を通覧すれば，「声をかける」や「すばやく行動を行う・する」や「露出を防ぐか少なくする」や「見えないようにする」や「説明する」や「理解する」や「同性同士にする」や「気兼ねや不安を軽くする」などが上位に見られた。男性介護職員が衣服の着脱や入浴場面で介在することがあったりして，女性入所者にとって羞恥を感じてしまうようである。

声をかけたりして緊張感をほぐしたり素早い行動で対処したり身体露出を最小限度に留めたり見えないようにする配慮が必要だとしている。さらに，説明をしたり理解を求めたり身体接触に関することは同性同士で対応をしたり気兼ねや不安を感じないような羞恥への配慮が求められとしている。

4）まとめ

　介護実習場面及び特養実習場面に参加した学生達は，特別養護老人ホームに入所している高齢者のさまざまな羞恥実態を報告してくれた。

　高齢者にとって終の棲家としているホームは，まさに，居住空間としての自分の家でありプライバシーを求める場でもある。たとえ，多人数の集団による生活を余儀なくされているとは言え，私としての存在の場である。何ものにもかえがたい一個の存在の場なのである。

　確かに，身体の不自由さや痴呆の進行の程度に応じて，介護者の全面的な介護によってしか何一つ自らの欲求を満たすことができないのも事実であろう。だからといって，対処の仕方がこの程度で良いとか，ほどほどで良いなどとぞんざいに取り扱われてはならない。死に行く者不要な者としての烙印を押される所以はなにもない。生きとし生けるものの全ては，その生が尽きるまで，自己の尊厳を大切に配慮された人的・物的環境が提供されてしかるべきである。

　高齢者が，今日，いかに大切に取り扱われているかを見知ることは，後に続く者にとっても自らの人生をいかに大切に配慮されるかの試金石でもある。

　人は老いていくとともに感覚器官の老化や記憶の衰えや運動神経の衰えなどが顕現してくるのも事実である。だからといって，感性や苦痛や不安や苦悩が老化とともに減少傾向を示すとは言えない。あの名古屋の長寿のきんさん・ぎんさんだって病院に数日入院した際に死ぬのは怖いと述べていた。素直に言ってくれているように，人は死ぬ瞬間まで，乳幼児や子どもと同様に程度の差はあれ苦痛や不安や苦悩は一緒なのである。ただ，違いは，齢を重ねただけの老人の重厚さが反映されたために穏やかに処しているのである。中には醜態をさらす老人もいるが，それはそれでその人の人生史がまさに証明されているのである。

　高齢者の羞恥は，高齢者の生き様が投影された羞恥を物語っていると言える。

かつて，特別養護老人ホーム入所者の女性が，茶髪をした若き実習生の介護を嫌ったことがあったと聞いた。推測の域を出ないが，敗戦後の日本は，敗戦国のどこでも見られるように生きるための日々の糧を得なければならなかった。茫然自失とした男どもを頼りにできない女性の最終手段は，売春でしかない。今の援助交際と昔の彼女たちの生きるための売春への気概は月とスッポンである。乳飲み子を親を夫を兄弟姉妹をあるいは自分を飢えさせないための苦肉の手段のひとつである。

しかし，ほんのちょっと前までは，「生きて虜囚の辱めを受けず」のスローガンで，サイパンや沖縄では子どもを抱えて投身自決をはかった幾多の婦女子がいたのである。他者は運良くかろうじて生き延びて来たのである。生きるためには仕方のない選択とは言え，白昼堂々と売春を誇りを持ってやれるものではない。どこかで，自分を誤魔化す方法として，日本人ではなくなるための厚化粧をしたり金髪のカツラをかぶるしかない。あるいは，進駐軍に媚びを売るために，遠く米国に残してきたガールフレンドの代理妻として，似通った金髪にして振る舞った人もいたのである。パンパンと蔑みながらそのおこぼれを戴いて生きてきた人達は，決して少なくはないと推測される。

老人が，今日の若者の茶髪を見た瞬間，負けた者の辛さや苦悩や怨念を込めて，あの日あの時の光景を走馬燈のように想起するのも当然である。茶髪の若い女性に身体を触れることを忌避した入所者の老いた女性の気持ちを知るには，聞かない限りわからないし語ってもくれないであろう。辱めの恥を受けた人々にとって墓場まで持って行くしかない悲しい想い出は，戦後54年を経たとは言え今なお多くの人々の心に残っているのである。

学歴詐称や結婚歴詐称の疑惑で今日を騒がしている野村サッチー問題も上昇志向のなせるわざとはいえ，敗戦国日本の心身とも貧しく成り果てたなかで這い上がってきた今日の日本の裏面史としての負の象徴を物語ってくれているのである。

入所者は，お風呂に入ったりおむつ交換をしたり排尿の失敗（排泄の処理）をしたり着替えたりする際に羞恥を感じている。場所は，浴室や入所者の居室やベッドやトイレなどで羞恥が生起している。身体不自由なるが故に入浴介助やおむつ交換などがなされるのであるが，在りし日の自らの自由意志でなしえ

た様々な行動も誰かに依存せざるを得ない現実に高齢者の尊厳は微塵にも砕かれているのである。

　誰が好き好んで，下半身の世話をしてもらうことを望むであろうか。済みません・ごめんなさいではあまりにも自らの卑屈さを感じるが故にせめてもの感謝として有り難うと答えているのである。勿論，心から感謝している人もいる。ただ，自らの身体を他者にすっかり依存して全面介助にゆだねるまでには，気丈な高齢者にとって，自らの身体の限界を受け入れるまでの心の葛藤はいかばかりであろうかと推察する。

　どうしようもない現実を受け入れるまでには，穏やかに受容する人もあれば醜悪なる抵抗を示していく人もあれば実に多種多様であろう。介護する側は，いつかくる道と明日の自分を想定しながら自らの姿を投影し，介護される側は迎えた道を受容して自らの心身の持つ可能性を最後まで活躍させる生き方を見せてもらいたいものである。

　その両者の思いを相互に認識する一場面として，入所者の羞恥場面を相互がどのように捉え対応していくかによって，両者の心身ともによる理解と受け入れがなされることになるのである。

謝　辞

　本調査を実施するに際して，協力を惜しまなかった大阪教育福祉専門学校の介護コース1年次（1998年度卒）と臨床福祉コース2年次（1997・1998年度卒）の学生諸姉に深く謝意を表します。

2.　2000年[75]

介護実習場面における実習生の羞恥実態（Ashamed experience of a student apprentice at a care practice scene.）の一部（目的より）

1）目　的

　本調査の目的は，介護実習及び特養実習に参加した実習生が，特別養護老人ホームで，いかなる羞恥体験をしたかを知るところにある。介護実習場面での

羞恥体験を把握し低減の方法を知ることにより，実習への理解及び実習のさらなる充実をはかるところにある。

2）方　　法
（1）調査票の構成
　羞恥心に関する調査票作成ならびに羞恥心研究の方向及び展開については，これまでも指摘したように伊吹山太郎[注1]と坂口栄子[注2]との職業的知見を参考に作成されたものである。介護場面においては（1）羞恥の場所（場面），（2）羞恥（場面）での人の有無，（3）羞恥の程度，（4）羞恥による身体への影響，（5）羞恥の行動，（6）羞恥の理由，（7）羞恥への自己の配慮，（8）羞恥への他者からの配慮，の8点を対象とした。

（2）調査対象
　特別養護老人ホーム入所者の羞恥実態を報告（坂口（1999）[74]）したが，本論は，その実習生用である。調査対象を採録する。調査は，1997年7月14日から8月2日までの介護実習に参加した大阪教育福祉専門学校の介護コース1年生（実習期間は2週間）と1997年6月9日から6月14日までと1998年6月9日から6月14日までに特養実習（特別養護老人ホーム実習の略）に参加した臨床福祉コースの平成8年度入学2年生と平成9年度入学2年生を対象とした。特別養護老人ホームへの配属数は，介護コース13ヶ所，臨床福祉コース48ヶ所（1997年25ヶ所，1998年23ヶ所）の延べ61ヶ所である。学生が実習に行く実習施設の大半が，重複した施設である。羞恥心観察記録（自分用と特別養護老人ホーム入所者用）を配布して，実習終了後，筆者に提出する方法で実施した。筆者の提出に対する不手際のために，介護コース参加実習生44名中30名（平均年齢18.9歳，標準偏差1.49），臨床福祉コース参加実習生平成8年度生51名中34名（平均年齢20.0歳，標準偏差1.85）・平成9年度生44名中29名（平均年齢20.3歳，標準偏差1.78）しか回収できなかった（臨床福祉コース延べ人数95名中63名，平均年齢20.1歳，標準偏差1.57）。合計93名（平

注1）京都学園大学名誉教授・元京都大学教授・元関西大学教授・元嵯峨美術短期大学教授
注2）大阪北逓信病院産婦人科病棟勤務看護婦長

均年齢19.8歳，標準偏差1.64)であった。これ以外に，介護福祉1年生の3名と臨床福祉2年生(平成8年度4名・平成9年度3名)の7名は，いずれも羞恥体験はしなかったと回答していたので，分析から削除した。

3) 結果と考察
(1) 介護実習場面における実習生の羞恥体験数
　実習生が介護実習場面で羞恥を体験した件数は，介護コースの実習生では述べ110件で一人平均3.7回である。臨床福祉コースの実習生では述べ108件で一人平均1.7回である。明らかに介護コースの実習生が臨床福祉コースよりも2倍強の羞恥体験を多くしているが，これは，介護コースの実習日数が多いために羞恥体験をすることが多くなった結果によるものである。

(2) 介護実習場面における実習生の羞恥の場所(場面)
　介護実習場面で，実習生が羞恥を体験したのがどのような場所(場面)であったかを自由記述で実習生に書かせて整理したのが，表6-9である。
　介護コースの実習生も臨床福祉コースの実習生も共に最も多かったのが「入所者の居室」(介護コース93.3％，臨床福祉コース49.2％)で，第2位が「浴室」(介護コース66.7％，臨床福祉コース34.9％)であった。
　以下，介護コースの実習生は「廊下」「食堂」が同順位で次に，「講堂」「プレイルーム」の順であったが，臨床福祉コースの実習生では「食堂」「廊下」の順で，「デイルーム」「オムツ交換・汚物処理室」「ホール」「ベッド」が同順位であった。介護コースの実習生で第5位を占めていた「講堂」での羞恥体験が，臨床福祉コースの実習生では，全く羞恥が発生していなかった。講堂で高齢者との関与をする場面が全くなかったと推測される。
　「入所者の居室」や「浴室」では，高齢者に直接に対面して身体介護や入浴介護がなされるが，その際に高齢者の裸体を見たり身体に触れたりして恥じらいが生じている。廊下では，高齢者の移動介助に伴う羞恥や食堂では食事介助に伴う実習生の対応のまずさが羞恥となって生起したと考えられる。

表 6-9 介護実習場面における実習生の羞恥の場面

MA(%)

	介護コース	臨床福祉コース	合　計
1. 入所者の居室	28(93.3)	31(49.2)	59(63.4)
2. 浴　室	20(66.7)	22(34.9)	42(45.2)
3. 廊　下	14(46.7)	10(15.9)	25(26.9)
4. 食　堂	14(46.7)	16(25.4)	30(32.3)
5. 講　堂	11(36.7)	0(0.0)	11(11.8)
6. デイルーム	3(10.0)	4(6.3)	7(7.5)
7. オムツ交換・汚物処理室	2(6.7)	4(6.3)	6(6.5)
8. トイレ	2(6.7)	3(4.8)	5(5.4)
9. ホール	2(6.7)	4(6.3)	6(6.5)
10. プレイルーム	4(13.3)	1(1.6)	5(5.4)
11. ベッド	0(0.0)	4(6.3)	4(4.3)
12. 2階フロア	1(3.3)	1(1.6)	2(2.2)
13. 寮母室	1(3.3)	1(1.6)	2(2.2)
14. 脱衣場	0(0.0)	2(3.2)	2(2.2)
15. 集会室	2(6.7)	0(0.0)	2(2.2)
16. 玄関・ロビー	1(3.3)	1(1.6)	2(2.2)
17. 階　段	0(0.0)	1(1.6)	1(1.1)
18. 事務室	1(3.3)	0(0.0)	1(1.1)
19. 職員室	1(3.3)	0(0.0)	1(1.1)
20. 施設長室	1(3.3)	0(0.0)	1(1.1)
21. 会議室	1(3.3)	0(0.0)	1(1.1)
22. 洗濯室	1(3.3)	0(0.0)	1(1.1)
23. 車の昇降場	0(0.0)	1(1.6)	1(1.1)
24. 送迎車	0(0.0)	1(1.6)	1(1.1)
25. 施設内	0(0.0)	1(1.6)	1(1.1)
無回答	0(0.0)	0(0.0)	0(0.0)
総反応数（人数）	110(30)	108(63)	218(93)

表 6-9（場面）各項目の内容（自由記述の内容）
1. 入所者の居室―入所者の居室，部屋
6. デイルーム―デイサービスの部屋，デイルーム
9. ホール―デイホール，ホール
10. プレイルーム―プレイルーム，テレビ室
16. 玄関・ロビー―玄関，ロビー

(3) 介護実習場面における実習生の羞恥の場面での人の有無

　介護実習場面で，実習生が羞恥を体験した場所（場面）でどのような人がいたかを示したのが，表 6-10 である。
　介護コースの実習生も臨床福祉コースの実習生も共に最も多かったのが「対

表6-10 介護実習場面における実習生の羞恥の場面での人の有無

MA(%)

	介護コース	臨床福祉コース	合　計
1. 対象者・自分	29(96.7)	35(55.6)	64(68.8)
2. 指導者・対象者・自分	21(70.0)	34(54.0)	55(59.1)
3. 指導者・実習生・対象者・自分	27(90.0)	11(17.5)	38(40.9)
4. 複数の人・自分	11(36.7)	7(11.1)	18(19.4)
5. 自分のみ	9(30.0)	5(8.0)	14(15.1)
6. 指導者・自分	8(26.7)	6(9.5)	14(15.1)
7. 指導者・実習生・自分	4(13.3)	2(3.2)	6(6.5)
8. 実習生・対象者・自分	1(3.3)	5(8.0)	6(6.5)
9. 実習生・自分	0(0.0)	2(3.2)	2(2.2)
無回答	0(0.0)	1(1.6)	1(1.1)
総反応数（人数）	110(30)	108(63)	218(93)

象者・自分」（介護コース96.7％，臨床福祉コース55.6％）で，以下，臨床福祉コースの実習生では，「指導者・対象者・自分」「指導者・実習生・対象者・自分」「複数の人・自分」の順であったが，介護コースの実習生では，第2位と第3位の順位が逆転していて「指導者・実習生・対象者・自分」「指導者・対象者・自分」「複数の人・自分」の順であった。

　実習生は介護する高齢者との直接的な対面場面で最も羞恥を抱いていた。同様に指導者がその場に介在したり他の実習生も介在する場面で羞恥を抱いているし，複数の人がいる場面でも羞恥を抱いていた。実習生としての自己の対応を高齢者や指導者や同じ実習生に見られていることや存在していることが，羞恥に連動しているようである。

(4) 介護実習場面における実習生の羞恥の感情程度

　介護実習場面で，実習生がどの程度の羞恥感情を抱いていたかを自己評定したのが，表6-11である。

　最も多かったのは，「恥ずかしかった」（介護コース150.0％，臨床福祉コース54.0％）で，以下，臨床福祉コースの実習生では，「やや恥ずかしかった」「かなり恥ずかしかった」「非常に恥ずかしかった」の順であったが，介護コースの実習生では，第2位と第3位の順位が逆転していて，「かなり恥ずかしかった」「やや恥ずかしかった」「非常に恥ずかしかった」の順であった。

表6-11 介護実習場面における実習生の羞恥の程度

MA(%)

	介護コース	臨床福祉コース	合　計
1. 恥ずかしかった	45（150.0）	34（54.0）	79（84.9）
2. やや恥ずかしかった	24（ 80.0）	29（46.0）	53（57.0）
3. かなり恥ずかしかった	25（ 83.3）	26（41.3）	51（54.8）
4. 非常に恥ずかしかった	14（ 46.7）	18（28.6）	32（34.4）
無　回　答	2（ 6.7）	1（ 1.6）	3（ 3.2）
総反応数（人数）	110（30）	108（63）	218（93）

　実習生の羞恥体験について非常に恥ずかしかった（4点）から恥ずかしかった（1点）までの4件法によるt検定をおこなったところ，介護コースの実習生（$N = 108, \bar{x} = 2.07, \sigma = 1.08$）と臨床福祉コースの実習生（$N = 107, \bar{x} = 2.26, \sigma = 1.08$）との間には羞恥感情に差異は見られなかった（$t = 1.26, df = 213$, n.s.）。

　実習生の羞恥体験の感情の程度は，件数ごとに比較してみると臨床福祉コースの実習生は，恥ずかしさの程度が強くなるほど減少傾向を示しているが，介護コースの実習生では，1件の差で第2位と第3位が逆転しているものの同様に減少傾向を示している。

　いずれにしろ，実習生は，高齢者との介護を通じて羞恥体験しているのは言うまでもない。この羞恥によって，実習への意欲を低下させたり自信を喪失させたりしないことが大切である。

(5) 介護実習場面における実習生の羞恥の身体への影響

　介護実習場面で実習生が，羞恥を抱いた際にどのように身体に影響して現れたかを自由記述で実習生に書かせて整理したのが，表6-12である。

　最も多かったのが「顔が赤くなる」（介護コース136.7％，臨床福祉コース61.9％）で，以下，「胸がどきどきする」「顔がひきつる」「どこかに逃げ出したくなる」「身体がかたくなる」「冷や汗が出る」の順であった。これ以外に，介護コースの実習生では，「涙が出る」「身体が熱くなる」の次に，「上気する（のぼせる・逆上する）」「声がふるえる」が同順位で見られたが，臨床福祉コースの実習生では，「身体が熱くなる」「上気する（のぼせる・逆上する）」と「涙が出る」「頭がボーッとする」などがそれぞれ同順位で見られた。

表6-12 介護実習場面における実習生の羞恥の身体への影響

MA(%)

	介護コース	臨床福祉コース	合　計
1. 顔が赤くなる	41 (136.7)	39 (61.9)	80 (86.0)
2. 胸がどきどきする	20 (66.7)	18 (28.6)	38 (40.9)
3. 顔がひきつる	10 (33.3)	14 (22.2)	24 (25.8)
4. どこかに逃げ出したくなる	8 (26.7)	8 (12.7)	16 (17.2)
5. 身体がかたくなる	7 (23.3)	6 (9.5)	13 (14.0)
6. 冷や汗が出る	6 (20.0)	4 (6.3)	10 (10.8)
7. 身体が熱くなる	4 (13.3)	3 (4.8)	7 (7.5)
8. 涙が出る	5 (16.7)	2 (3.2)	7 (7.5)
9. 上気する(のぼせる・逆上する)	2 (6.7)	3 (4.8)	5 (5.4)
10. 頭がボーッとする	1 (3.3)	2 (3.2)	3 (3.2)
11. 声がふるえる	2 (6.7)	1 (1.6)	3 (3.2)
12. 足がががくがくする	0 (0.0)	1 (1.6)	1 (1.1)
13. 身体がふるえる	0 (0.0)	1 (1.6)	1 (1.1)
14. 意味がわからない	1 (3.3)	0 (0.0)	1 (1.1)
15. あれ？って気分	1 (3.3)	0 (0.0)	1 (1.1)
16. 気分が悪くなる	0 (0.0)	1 (1.6)	1 (1.1)
17. 手がふるえた	0 (0.0)	1 (1.6)	1 (1.1)
18. 照れ笑いをした	0 (0.0)	1 (1.6)	1 (1.1)
19. 目のやり場がなくなる	0 (0.0)	1 (1.6)	1 (1.1)
20. とまどった	0 (0.0)	1 (1.6)	1 (1.1)
無回答	2 (6.7)	1 (1.6)	3 (3.2)
総反応数（人数）	110 (30)	108 (63)	218 (93)

　羞恥感情を抱いた際実習生は，顔が赤くなったり胸がどきどきしたり顔がひきつったり身体がかたくなったり冷や汗をかいたりなどの身体による羞恥表現を示したり，その場から逃げ出したくなる仕草も示しているのである。このように，身体表現で示される羞恥感情を見知った周囲の者には，相応の羞恥低減への対処を望むものである。

(6) 介護実習場面における実習生の羞恥の行動

　介護実習場面で実習生が，どのような行動をとったとき羞恥を抱いたかを自由記述で実習生に書かせて整理したのが，表6-13である。

　介護コースの実習生で最も多かったのが，「（上手に）できなかった」（106.7％）で，以下，「失敗した」「一人で皆の前でする」「とまどった」「セクハラに関すること」の次に，「知らなかった・わからなかった」「未熟」「おど

228　第6章　介護場面の羞恥

表6-13　介護実習場面における実習生の羞恥の行動

MA(%)

	介護コース	臨床福祉コース	合　計
1. （上手に）出来なかった	32(106.7)	14(22.2)	46(49.5)
2. 失敗した	11(36.7)	12(19.0)	23(24.7)
3. 一人で皆の前でする	10(33.3)	11(17.5)	21(22.6)
4. 身体（裸）を見た	2(6.7)	18(28.6)	20(21.5)
5. 間違った	3(10.0)	16(25.4)	19(20.4)
6. 知らなかった・わからなかった	5(16.7)	10(15.9)	15(16.1)
7. セクハラに関すること	6(20.0)	3(4.8)	9(9.7)
8. 身体を洗う	2(6.7)	7(11.1)	9(9.7)
9. 未　熟	5(16.7)	3(4.8)	8(8.6)
10. とまどった	8(26.7)	0(0.0)	8(8.6)
11. 時間がかかった	2(6.7)	5(8.0)	7(7.5)
12. おどおどした	5(16.7)	0(0.0)	5(5.4)
13. 把握できなかった	3(10.0)	1(1.6)	4(4.3)
14. けられたり怒られた	3(10.0)	0(0.0)	3(3.2)
15. 見つめられた	2(6.7)	1(1.6)	3(3.2)
16. 忘れた	2(6.7)	0(0.0)	2(2.2)
17. 雑になった	1(3.3)	1(1.6)	2(2.2)
18. 沈　黙	2(6.7)	0(0.0)	2(2.2)
19. 笑われた・からかわれた	0(0.0)	2(3.2)	2(2.2)
20. あせった	1(3.3)	0(0.0)	1(1.1)
21. 泣いた	1(3.3)	0(0.0)	1(1.1)
22. 独り言を言っていた	1(3.3)	0(0.0)	1(1.1)
23. 変な顔をされた	1(3.3)	0(0.0)	1(1.1)
24. 顔（名前）を覚えてくれなかった	1(3.3)	0(0.0)	1(1.1)
25. 浣腸するところを見た	0(0.0)	1(1.6)	1(1.1)
26. おむつ交換	0(0.0)	1(1.6)	1(1.1)
無回答	1(3.3)	2(3.2)	3(3.2)
総反応数（人数）	110(30)	108(63)	218(93)

表6-13（羞恥の行動）各項目の内容（自由記述の内容）

6. 知らなかった・わからなかった―知らなかった，わからなかった
7. セクハラに関すること―身体がふれた・さわられた，いたずらをされた，エッチな話をされた
14. けられ・怒られた―けられた，怒られた
19. 笑われた・からかわれた―からかわれた，笑われた

おどした」がそれぞれ同順位であった。臨床福祉コースの実習生で最も多かったのが，「身体（裸）を見た」（28.6％）で，「間違った」「（上手に）できなかった」「失敗した」「一人で皆の前でする」「知らなかった・わからなかった」「身体を洗う」の順であった。

　介護コースの実習生と臨床福祉コースの実習生との間で羞恥行動に差異が見

られる。介護コースの実習生は，上手に出来なかった・失敗した・一人で皆の前でするなど，介護に関する自己の技能的資質などを問われる場面で羞恥を生起させていた。直接，高齢者に触れる介護者にとって，技術的巧緻は介護者としての評価を決定させるものである。高齢者に対応する晴れ舞台でうまくやれないことは，実習生といえども学んできた手前，羞恥を強く抱くのである。

　一方，臨床福祉コースの実習生は，高齢者の身体（裸体）を見てしまった・身体を洗うなどの高齢者の身体に関する受け入れに対するとまどいが羞恥を生起させている。さらに，間違えた・上手に出来なかった・失敗したなどの身体介護への技術的下手さに対する羞恥を抱いている。

　介護コースで6件，臨床福祉コースで3件が，セクハラに関する羞恥を上げている。身体介護場面で異性の高齢者から，身体を触られたり性的な内容のことを言われたり聞かされたりしているようである。セクハラは，高齢者それぞれの性に関する生き方が投影している。セクハラへの学習と対処の仕方を学ぶ必要が実習生にある。

(7) 介護実習場面における実習生の羞恥の理由

　介護実習場面で実習生が，どのような理由で羞恥を抱いたかを自由記述で書かせて整理したのが，表6-14である。

　介護コースの実習生で最も多かったのが「出来なかった」(50.0％)で，以下，「わからなかった」「人前でする」が同順位で，「失敗した」「未熟」の次に，「あせった」「とまどった」「時間がかかった」などがそれぞれ同順位であった。臨床福祉コースの実習生で最も多かったのが「身体を見る」(33.3％)で，以下，「わからなかった」の次に，「出来なかった」「異性のため」と「間違った」「知らなかった」がそれぞれ同順位であった。

　介護コースの実習生では，出来なかった・わからなかった・失敗したことなどの介護者となる技能的資質を実習生といえども展開できなかったことによる羞恥理由でありさらに人前で技能を見せることへの羞恥理由であった。

　臨床福祉コースの実習生では，高齢者の身体を見る・異性であるという性的な関連にともなう羞恥理由とわからなかった・できなかった・間違ったなどの高齢者への対処方法の未熟さからくる羞恥理由であった。

セクハラを羞恥理由にあげているものが介護コースで3件，臨床福祉コースで1件あった。羞恥理由にセクハラを俎上している限り，セクハラへの対処を考えることが必要である。そのために，高齢者全般の性状況及び個々の性意識や性態度を把握する学習が望まれる。

表6-14 介護実習場面における実習生の羞恥の理由

MA（%）

	介護コース	臨床福祉コース	合　計
1. 出来なかった	15(50.0)	9(14.3)	24(25.8)
2. わからなかった	11(36.7)	12(19.0)	23(24.7)
3. 身体を見る	1(3.3)	21(33.3)	22(23.7)
4. 間違った	6(20.0)	8(12.7)	14(15.1)
5. 人前でする	11(36.7)	3(4.8)	14(15.1)
6. 時間がかかった	7(23.3)	5(8.0)	12(12.9)
7. 失敗した	9(30.0)	2(3.2)	11(11.8)
8. 未　熟	8(26.7)	1(1.6)	9(9.7)
9. 異性のため	0(0.0)	9(14.3)	9(9.7)
10. 知らなかった	0(0.0)	8(12.7)	8(8.6)
11. あせった	7(23.3)	1(1.6)	8(8.6)
12. とまどった	7(23.3)	1(1.6)	8(8.6)
13. 笑われた	4(13.3)	3(4.8)	7(7.5)
14. (入浴中)身体を洗う・拭く	1(3.3)	4(6.3)	5(5.4)
15. 気付かなかった	3(10.0)	2(3.2)	5(5.4)
16. 下　手	4(13.3)	1(1.6)	5(5.4)
17. セクハラをされたから	3(10.0)	1(1.6)	4(4.3)
18. 理解できなかった	1(3.3)	3(4.8)	4(4.3)
19. 手伝ってしまった	2(6.7)	1(1.6)	3(3.2)
20. 注意された	0(0.0)	3(4.8)	3(3.2)
21. 落ちそう	2(6.7)	0(0.0)	2(2.2)
22. 照れた	1(3.3)	1(1.6)	2(2.2)
23. 迷惑をかけた	1(3.3)	1(1.6)	2(2.2)
24. 忘れていた	1(3.3)	1(1.6)	2(2.2)
25. 怒られた	0(0.0)	2(3.2)	2(2.2)
26. 覚えられなかった	1(3.3)	0(0.0)	1(1.1)
27. からかわれた	0(3.3)	1(1.6)	1(1.1)
28. 倒れた	1(0.0)	0(0.0)	1(1.1)
29. 誤解された	1(0.0)	0(0.0)	1(1.1)
30. 意欲がない	0(0.0)	1(1.6)	1(1.1)
無　回　答	2(6.7)	3(4.8)	5(5.4)
総反応数（人数）	110(30)	108(63)	218(93)

表6-14（羞恥の理由）各項目の内容（自由記述の内容）
2. わからなかった―わからなかった，答えられなかった
10. 知らなかった―知らなかった，知識がなかった・勉強不足
17. セクハラをされたから―身体をさわられた，エッチな話を聞いた

表6-15 介護実習場面における実習生の羞恥を低減するための自分の配慮

MA(%)

	介護コース	臨床福祉コース	合　計
1. 勉強する	11 (36.7)	15 (23.8)	26 (28.0)
2. 聞　く	13 (43.3)	9 (14.3)	22 (23.7)
3. あせらず・落ち着いてやる	12 (40.0)	8 (12.7)	20 (21.5)
4. 素早くする	2 (6.7)	12 (19.0)	14 (15.1)
5. 声をかける	6 (20.0)	6 (9.5)	12 (12.9)
6. きちんとする	7 (23.3)	3 (4.8)	10 (10.8)
7. 慣れる	3 (10.0)	7 (11.1)	10 (10.8)
8. 考える	7 (23.3)	2 (3.2)	9 (9.7)
9. 練習する	3 (10.0)	4 (6.3)	7 (7.5)
10. 話して説明する	6 (20.0)	1 (1.6)	7 (7.5)
11. よく見る・観察する	4 (13.3)	2 (3.2)	6 (6.5)
12. 努力する	3 (10.0)	3 (4.8)	6 (6.5)
13. 勇気を出す	3 (10.0)	2 (3.2)	5 (5.4)
14. 把握する	4 (13.3)	1 (1.6)	5 (5.4)
15. 笑　顔	4 (13.3)	1 (1.6)	5 (5.4)
16. 気にせずくよくしない	0 (0.0)	5 (1.6)	5 (5.4)
17. 上手にする・上手になる	3 (10.0)	1 (1.6)	4 (4.3)
18. 注意する	3 (10.0)	1 (1.6)	4 (4.3)
19. 積極的に行動する	2 (6.7)	1 (1.6)	3 (3.2)
20. 時間をかけてゆっくりやる	1 (3.3)	2 (3.2)	3 (3.2)
21. 見ない・見せない	1 (3.3)	2 (3.2)	3 (3.2)
22. 顔に出さない・表わさない	0 (0.0)	3 (4.8)	3 (3.2)
23. 自信を持つ	1 (3.3)	2 (3.2)	3 (3.2)
24. 冷静になる	0 (0.0)	3 (4.8)	3 (3.2)
25. 気持ちを切り替える	0 (0.0)	2 (3.2)	2 (2.2)
26. しっかりする	2 (6.7)	0 (0.0)	2 (2.2)
27. 素直に認める	1 (3.3)	1 (1.6)	2 (2.2)
28. 出来ないことははっきり言う	1 (3.3)	1 (1.6)	2 (2.2)
29. 余裕を持つ	1 (3.3)	1 (1.6)	2 (2.2)
30. 気付く	2 (6.7)	0 (0.0)	2 (2.2)
31. 責任を持つ	0 (0.0)	1 (1.6)	1 (1.1)
32. な　い	0 (0.3)	1 (1.6)	1 (1.1)
33. 謝　る	0 (0.0)	1 (1.6)	1 (1.1)
34. 相手の気持ちを受け入れる	1 (3.3)	0 (0.0)	1 (1.1)
無 回 答	3 (10.1)	4 (6.3)	7 (7.5)
総反応数（人数）	110 (30)	108 (63)	218 (93)

表6-15（自分による羞恥への配慮）各項目の内容（自由記述の内容）
1. 勉強する―勉強する，名前や介助を覚える
3. あせらず・落ち着いてやる―あせらず・落ち着く，リラックスする
10. 話して説明する―話す，説明する
12. 努力する―努力する，頑張る
16. 気にせずくよくよしない―気にしない，くよくよしない，意識しない
18. 注意する―注意する，気付く
20. 時間をかけてゆっくりやる―時間をかける，ゆっくりする

(8) 介護実習場面における実習生の羞恥を低減させるための自分の配慮

介護実習場面で実習生が，羞恥を抱いた際に自分でどのような配慮をすれば羞恥が低減するかを自由記述で書かせて整理したのが，表6-15である。

介護コースの実習生で最も多かったのが「聞く」（43.3％）で，以下，「あせらず・落ち着いてやる」「勉強する」の次に，「きちんとする」「考える」と「声をかける」「話して説明する」がそれぞれ同順位であった。臨床福祉コースの実習生で最も多かったのが「勉強する」（23.8％）で，以下，「素早くする」「聞く」「あせらず・落ち着いてやる」「慣れる」「声をかける」「気にせずくよくよしない」などの順であった。

介護コースの実習生は，指導者に自ら聞くことを第一とし，あせらず・落ち着いてやる・勉強するなどを羞恥低減の配慮としている。臨床福祉コースの実習生は，勉強するを第一にあげて，高齢者の身体的資質や心理面の理解を深めるための勉強をあげている。知識不足からくる対応のまずさが羞恥を生起させている。さらに，素早くするやあせらず・落ち着いてやるなどのてきぱきとした対処ならびにわからなければ何でも指導者に聞く姿勢が羞恥低減に連動していると述べている。いずれにしろ，件数ごとの数値は少ないが，様々な羞恥低減への対応を自ずからしなければならないと思っている。

(9) 介護実習場面における実習生の羞恥を低減させるための他者からの配慮

介護実習場面で実習生が，羞恥を抱いた際に他者からどのような配慮をされれば羞恥が低減するかを自由記述で書かせて整理したのが，表6-16である。

いずれのコースともに実習生で最も多かったのが「素早く対応してもらう」（介護コース30.0％，臨床福祉コース22.2％）で，以下，「言葉がけ（声をかけてもらう）」「コミュニケーションを取ってもらう」の順であった。介護コースでは，「優しくしてもらう」「教えてもらう」「気軽にしてもらう」が同順位で第4位を占めていて，臨床福祉コースでは，「ニーズに応えるようにしてもらう」「見ないようにしてもらう」が同順位で第4位を占めていた。

いずれのコースともに，他者からの素早い対応や言葉がけなどのコミュニケーションを緊密に取ってもらうことを望んでいる。さらに，介護コースでは，優しく気軽に接して教示してもらうことを求めている。臨床福祉コースでは，

表6-16 介護実習場面における実習生の羞恥を低減するための他者からの配慮

MA(%)

	介護コース	臨床福祉コース	合　計
1. 素早く対応してもらう	9(30.0)	14(22.2)	23(24.7)
2. 言葉がけ(声をかけてもらう)	7(23.3)	12(19.0)	19(20.4)
3. コミュニケーションを取ってもらう	6(20.0)	8(12.7)	14(15.1)
4. ニーズに応えるようにしてもらう	4(13.3)	6(9.5)	10(10.8)
5. 見ないようにしてもらう	4(13.3)	6(9.5)	10(10.8)
6. 気づかないふりをしてもらう	4(13.3)	4(6.3)	8(8.6)
7. 協力してもらう	3(10.0)	5(8.0)	8(8.6)
8. 優しくしてもらう	5(16.7)	2(3.2)	7(7.5)
9. 見守ってもらう	4(13.3)	3(4.8)	7(7.5)
10. 教えてもらう	5(16.7)	2(3.2)	7(7.5)
11. 気軽にしてもらう	5(16.7)	2(3.2)	7(7.5)
12. 笑顔で接してもらう	3(10.0)	4(6.3)	7(7.5)
13. 不安を与えない(安心感)	4(13.3)	1(1.6)	5(5.4)
14. 説明してもらう	3(10.0)	2(3.2)	5(5.4)
15. 何度もしたり言ってもらう	3(10.0)	2(3.2)	5(5.4)
16. 嫌な気持ちにさせない	3(10.0)	2(3.2)	5(5.4)
17. 一緒にしてもらう	2(6.7)	2(3.2)	4(4.3)
18. がまんしてもらう	3(10.0)	1(1.6)	4(4.3)
19. 緊張感を与えない	3(10.0)	1(1.6)	4(4.3)
20. 言わないようにしてもらう	3(10.0)	1(1.6)	4(4.3)
21. 納得してもらう	2(6.7)	1(1.6)	3(3.2)
22. 感じ思った事を言ってもらう	2(6.7)	1(1.6)	3(3.2)
23. 考えて行動してもらう	1(3.3)	1(1.6)	2(2.2)
24. 謝ってもらう	0(0.0)	2(3.2)	2(2.2)
25. 相手より自分の配慮が大切	15(50.0)	17(27.0)	32(34.4)
無　回　答	7(23.3)	6(9.5)	13(14.0)
総反応数（人数）	110(30)	108(63)	218(93)

表6-16（他者による自分の羞恥の配慮）各項目の内容（自由記述の内容）
3. コミュニケーションを取ってもらう―話をする・コミュニケーション，聞く，話しやすいようにする
10. 教えてもらう―教えてもらう，答えてもらう
25. 相手より自己の配慮が大切―ぽーっとしない，ていねいにする，周囲に気を配る，ケガをさせない，努力する，自分で出来る事は自分で，寮母の足をひっぱらない，間違わない，あわてない，慎重，慣れる，自分が恥ずかしいと思わない，注意する

実習生の要求に対応してもらうことや羞恥場面を見て見ぬ振りをしてもらうことを求めている。

　実習生は，実に様々な羞恥への配慮の仕方を指導者や他者に対して具体的に求めている。他者からの羞恥への配慮が実習を豊かな充実した内容にしてくれ

ると言える。それでも，羞恥低減には相手よりも自分の配慮が大切であると介護コースの5割，臨床福祉の3割弱の者が回答していた。介護で恥をかかないためには，自己努力の必要性を強く意識しているとも言えよう。

4）まとめ

　21世紀はIT革命と高齢化福祉であると言われる。直接に手に触れない情報と直接に手に触れ合う福祉とは，一見すると対極にありながら通底しているものがある。それは，人間関係をいかに形成していくかによって，両者の持つ役割と関連性は倍加するのである。同様に，保育と看護と介護もまた，生老病死という人間の人生の営みを支える根幹でもある。幼児から高齢者までの人生の中で，自らの存在及び身体に関する他者との触れ合いの中で，いかに人間の尊厳として取り扱われるかが重要である。

　幼児から高齢者までの発達過程でなんらかの羞恥体験によるものが恥辱や屈辱感としてのものであれば，それがトラウマとして残り，その後の人間関係ならびに社会との関係性に影響をしかねないからである。

　高齢者は，人生の苦悩と裏切りと諦観の中で，ややもすると，生きる知恵としての保身として，わがままを言うことなくひたすら死を迎えようとするし，家族も施設からの介護の手抜きを怯えるがために，ただ，施設の一方的姿勢を従容として受け入れてしまったりするし，そのような時代もあった。勿論，中には，攻撃性を剥き出すことでしか，対処できない高齢者もいる。生きる知恵としてのいびつな表現方法を修得してきた高齢者と言える。

　しかし，時代は，介護保険の導入により，高齢者対策が一変した。介護保険に対して，増子忠道（2000）[40]は，動機が不純，手続きが不明瞭，内容貧弱であると指摘している。理由は，老人病院の費用を介護保険からまわすという動機不純，不純だから手続きも不明瞭となり，利害が対立するから中身が貧弱になると指摘している。まさに，的を射た指摘である。それでも国民が介護保険を必要とするなら反対には及ばないとして，看護の場面からの改革を提起している。すなわち，医療や介護は費用がかかるものであり，そのことを国民が受け入れると共に，その負担に見合うだけのいいケアをすることが医療者側に求められているのであり，その意味で医療福祉と政治は大きく関係しているので

あると指摘している。

　人権と人間の尊厳をいかに達成するかには，徹底した情報公開とそれから派生する様々な矛盾を具体的に解決する方策を求めていく延長線上に21世紀のIT革命と介護福祉のあるべき姿が浮かび上がってくるのである。

　幸福に生きていくためには，一人一人の身体・心理・生活面に配慮したきめ細やかな配慮が求められる。21世紀における人間関係のあり方及び生き方の方向を知る上で，介護の仕事に従事する学生にとって介護実習場面は，きわめて意義のある自己発見の場面である。

　介護実習及び特養実習に参加した学生達は，特別養護老人ホームでの自己のさまざまな羞恥実態について報告をした。将来の福祉関係や介護関係に従事する学生にとって，介護実習体験の意義は大きい。高齢者の身体的機能や心理面や取り巻く家族状況や経済状態など様々な要因の個別事例に遭遇する中で，これまで漠然とした意識の中で捉えていた高齢者の実態が，明確化してくるのである。

　思いやりや優しさという配慮を高齢者に展開していこうと思っても，自己の資質としての目配り手配り気配りの資質の高低をまざまざと見せつけられることによって，ある者は，挫折したり臆病になったり忌避したりする思いに捕らわれることもある。出来ない・知らない・わからない・対応し得ないなどの様々な羞恥体験をする中で，その思いは倍加していくものである。

　しかし，ひとつの技能を修得していく過程は，羞恥の連続でもある。恥ずかしさを糧として，さらなる精進をしていくからこそ，人はプロとして育っていくのである。大いに恥を掻くことを恐れさせず，その恥ずかしさの中から，自己点検の契機となさせるように，周囲の指導者の配慮が求められる。

　老醜をさらけ出す高齢者もいれば，凛として高貴さを醸し出している高齢者もいる。そのような十人十色の生き方を見知るとともに高齢者と接し介護する体験の中で，いつか来る道としての明日の自らの老いをいかに明るく意欲的に前向きに受け止めていくかの資質の向上への準備と形成を作り上げていくのに，介護実習のもうひとつの課題があるのである。

　人の振り見て我が振り直せの譬えにあるように，介護する側の視点だけを習得するのではなく，介護される側のあらゆる実態に触れる中で，自らの日々の

生き方を見直すと共により良い方向へと自らの意志で自分を押し出していく生き方を習得することに，介護実習の意義がある。羞恥体験は，自己を見つめ直す気づきの一歩として捉えて，実習に臨ませていくことが，求められるのである。

謝　　辞

　本調査を実施するに際して，協力を惜しまなかった大阪教育福祉専門学校の介護コース 1 年次（1998 年度卒）と臨床福祉コース 2 年次（1997・1998 年度卒）の学生諸姉に深く謝意を表します。

終 章
再び，羞恥とは

　恥と罪とのヤジロベエの重心をなすのが羞恥であり，恥と罪との触媒効果をなすのも羞恥であると捉えてきた。羞恥ならびにこの羞恥心をあえて，結論づけるならば，以下の三点に集約される。

1. 羞恥の結論

1）羞恥心は，その時代の風俗を照らし出す鏡である

　羞恥ならびに羞恥心は，その時代の社会状況によって形成されていくのである。大東亜・太平洋戦争中の「生きて虜囚の辱めを受けるな」に代表されるように，羞恥心を強く意識させられるばかりか行動も規制される時代もあれば，今日，「ヘソ出しルック」に見られるように身体露出がファッションの一部になったり，無責任行動を取っても全く恥を恥とも思わない時代となっている。すなわち，羞恥心は，身体露出や社会規範にかかわらず，常に，その時代の人間の行動を照らし出す鏡である。極論すれば，男性の身体露出・女性の身体覆いは治安が悪いことを示すバロメーターであり，男性の被服着用化・女性の身体露出化は治安の良さを示すバロメーターとも言える。

　今日の我が国で暴動や革命が起こらないのは，色々な不満はあっても，一応，人々が住みやすく感じているからとも言える。その指標が，女性の身体露出であり電車内での化粧や食事やジベタリアンに見られるように，むしろ，女性が世間体を気にしないばかりか，羞恥心が希薄であるほど，治安の良さと住みやすさの証左とも言える。

2）子育てによって，羞恥心は育てられる

　社会常識としての礼儀作法は，子育てによって形成されるように，羞恥心も子育てよって形成される。親や大人の羞恥心への日常的行動が，模倣や観察学習によって，形成される。特に，社会意識としての羞恥心は，親や大人の生き方によって影響を受けていくものである。「渇すれど盗泉の水は飲まず」とか「李下に冠を正さず」というように，このような恥と罪意識に関連する事柄は，子育てによって形成される。まさに，羞恥心は，親や大人の生き方や関係性によって形成されるのである。

　今日，上流・下流社会という格差社会が出現して，豊かさの高低を示すようになったが，人間としての，知性・品性・教養などの高低も，羞恥心の程度が目安とも言える。富貴にかかわらず，人間としての知性・品性・教養を子育ての中核として推し進めている親は，この羞恥心への対応と配慮が強いからである。文化度の低さは羞恥心の低さを表す一指標とも言える。

3）発達とともに，ある羞恥心は強化され，ある羞恥心は風化していくものである

　子育てによって形成された羞恥心は，自己の行動指針の一翼を担っていくのであるが，全く可塑性がないとは言えない。幼少年期の純粋性が純化する場合もあれば，おおらかさどころか，脱線してしまうこともある。身体露出を恥ずかしいと思う感性が鈍磨して，むしろ，身体露出を快感に感じて，それを喜ぶ人たちもいる。幼少の頃はまじめで純粋であったと思われたのに，汚職や賄賂に手を染めて，恥ずべき行動を取ってしまう人もいる。

　その人自身の中で，年齢とともに強化される羞恥心もあれば，鈍化ないしは風化していく羞恥心もあるのである。一生涯の中で，変貌していくのも羞恥心である。大事なのは，自分自身にとって，その発達的変化を甘受できる心と周囲が許容してくれる羞恥心であれば，良いのである。

2．羞恥へのさらなる想い

　精神科医や臨床心理士は，ガラス細工のような細やかな自我構造を持った

人々に対して，日々，心の相談に応じている。彼らが住むこの社会は，嘘と虚飾と図々しさを兼ね備えないと生き抜けないほど，めまぐるしく変貌する社会である。辱められたり，ぶざまな行動を笑われたり，軽蔑されたり，無視されたために，この世の中に出ていく自信すら喪失した人々も，多くいるのである。精神科医や臨床心理士は，日夜，彼らの心の解放と世の荒波に即応するための相談と対応とに精励しているのである。彼らの努力を讃えたい。

　私は，社会心理的な観点から羞恥を捉え，ガラス細工のような細やかな自我構造を持った人々ではないその他の人々が，生きる上で，極端な恥と罪意識ではなく，適度な恥じらいを持ちながらも，社会一般の規範に照らして自己の行動を律することを求めるものである。誘惑や賄賂に手を染める機会に出会った時に，自らを省みて，苦悩しながらでも自分を律する羞恥心を持てれば良いとしたい。武道の寸止めである。

　勿論，あらゆる社会システムが，個々の羞恥心に配慮したものでなければ，人間的な生き方を阻害されていると言っても過言ではない。人間の行動が，恥と罪によってがんじがらめに抑制されたり規制される社会は，息苦しい社会である。そのような社会は，ただちに改められなければならないが，かといって，恥と罪の意識が放縦な社会は，無軌道な社会でもある。ほとほとの案配である。相手の身になって考えて配慮する究極は，相手の羞恥心への配慮の程度が決定すると言っても過言ではない。社会制度のさらなる進化が必要である。

　一方，人間は，系統発生と個体発生とを繰り返しながらも，生きている時代の息吹を吸いながら，これまで生きてきたように明日も生きていく動物である。悪いことは悪いと思い，してはいけないことはしないように努力しながら，周囲の人とともに誰もが生きやすい世界を確立していくことが望まれる。

　自己の羞恥心をしっかりと見極めて，かつ，その羞恥心に拘泥したり絡め取られるのではなく，適度に，その羞恥心から脱して，自己の解放をなせるだけの自由さをも兼ね備えた自我構造を形成したいものである。さらに，羞恥心も可塑性がある以上，齢を重ねるとともに，変貌する自己の羞恥心と頑固なまでに拘泥する羞恥心も甘受できる素養も大事にしたい。

　要するに，人間は，いかなる社会的・歴史的・文化的変貌のなかに置かれようとも，あるいは，恥辱・屈辱といったいかなる恥ずかしさに打ちのめされよ

うとも，自我崩壊をなすことなく，自力で立ち上がって対処できる心（願わくば「疾風に勁草を知る」勁い心）と困難に立ち向かうことにひるまずに，前向きに人生を踏み出す勇気を持って生きたいものである。

引用・参考文献

1) 阿部次郎　1960　三太郎の日記・合本　角川文庫　角川書店
2) 赤瀬川原平　1999　優柔不断術　朝日新聞社
3) 芥川龍之介　1915　羅生門・鼻　新潮文庫　新潮社
4) 青木雄二　1995　ゼニの人間学　KKロングセラーズ
5) 青木雄二　1997　ナニワ青春道―完結編―　ぶんか社
6) 青木雄二　1998　ゼニの幸福論　角川春樹事務所
7) 青木雄二・宮崎　学　1998　土壇場の経済学　南風社
8) 荒俣　宏・大橋悦子　1993　ゴードン・スミスの「ニッポン仰天日記」　小学館　p.20.
9) Benedict, R.　1946　The chrysanthemum and the sword; Patterns of Japanese culture. （長谷川松治訳　1967　定訳・菊と刀―日本文化の型―　社会思想社）
10) Bologne, J.-C.　1986　L'histoire de la pudeur. Olivier Orban, Paris.（大矢タカヤス訳　1994　羞恥の歴史―人はなぜ性器を隠すのか―　筑摩書房）
11) 文藝春秋編　1989　日本映画ベスト150―大アンケートによる―　文藝春秋　p.195.
12) Erikson, E. H.　1959　Psychological issues; Identity and the life cycle. International Universities Press, Inc.（小此木啓吾訳　1978　自我同一性―アイデンティティとライフ・サイクル―　誠信書房）
13) 福田歓一　2000　丸山眞男とその時代　岩波ブックレットNO.522　岩波書店　p.60.
14) 服部之総　1981　黒船前後・志士と経済　岩波文庫　岩波書店
15) ひめゆり平和記念資料館　2000　ひめゆり平和記念資料館公式ガイドブック
16) 平山正実　1977　うつ病における恥と罪　宮本忠雄編　躁うつ病の精神病理2　弘文堂
17) 広瀬　隆　1997　私物国家―日本の黒幕の系図―　光文社
18) 広瀬　隆　1998　地球の落とし穴　日本放送出版協会
19) 広瀬　隆　1999　パンドラの悪魔の箱　日本放送出版協会　Pp.300-301.
20) 広瀬　隆　1999　今こそ"民衆の敵"となれ　月刊「宝石」8月号―最終感謝号―　第27巻第8号　Pp.115-133.
21) 広瀬　隆　2002　世界石油戦争―燃えあがる歴史のパイプライン―　日本放送出版協会
22) 広瀬　隆　2003　アメリカの保守本流　集英社新書　集英社
23) 広瀬　隆　2004　日本のゆくへアジアのゆくへ　日本実業出版社
24) 猪瀬直樹　1996　日本国の研究＝「寄生の帝国」　公益法人の蜜の味　文芸春秋・新年特別号　第75巻第1号　Pp.292-325.
25) 井上章一　1992　文明と裸体―日本人はだかのつきあい―　月刊Asahi　'92.1-'93.1, '92.8（Pp.204-209.）
26) 井上忠司　1977　「世間体」の構造―社会心理史への試み―　日本放送出版協会　Pp. 133-142.

27) ジョージ秋山・黄　文雄　2005　マンガ中国入門　飛鳥新社
28) 蒲田　正・米山寅太郎　1988　故事成語名言大辞典　大修館書店　p.1004.
29) 雁屋　哲・シュガー佐藤　2001　マンガ日本人と天皇　いそっぷ社
30) 岸田　秀　1996　皆の『偉い人好き』が国を誤る　文芸春秋・新年特別号　第75巻第1号　Pp.100-104.
31) 岸田　秀・小滝　透　2003　日本人はなぜかくも卑屈になったのか　飛鳥新社　Pp.92-93.
32) 小林よしのり　2004　新・ゴーマニズム宣言14・勝者の余裕　小学館
33) Lewies, M.　1992・1995　Shame ― the exposed self ―. UNI Agencey, Inc., Tokyo.（高橋恵子監訳　1997　恥の心理学―傷つく自己―　ミネルヴァ書房　Pp.348-350.）
34) Lynd, H. M.　1958　*On shame and the search for identity*.（鑪　幹八郎・鶴田和美共訳　1983　恥とアイデンティティ　北大路書房）
35) 毎日新聞　1996　福祉を食う―虐待される障害者　1996年12月29日号
36) 毎日新聞　1996　「四字熟語」で切る96年　1996年12月25日号
37) Mario Jacoby　1991　*Scham-angst und selbstwertgefühlkei ―Ihre bedeutung in der psychotherapie ―* walter-verlag AG.（高石浩一訳　2003　恥と自尊心―その起源から心理療法へ―　新曜社）
38) 丸山眞男　1964　現代政治の思想と行動　未来社
39) 正村俊之　1955　秘密と恥―日本社会のコミュニケーションの構造―　勁草書房
40) 増子忠道　2000　医療の情勢と今後の課題　看護実践の科学　看護の科学社　第25巻第10号　Pp.73-80.
41) 三枝義浩　2002　語り継がれる戦争の記憶―全3巻―　講談社漫画文庫　講談社
42) 三浦　展　2005　下流社会　光文社新書　光文社
43) 宮崎　学　1996　突破者　南風社　Pp.427-428.
44) 宮崎　学　1997　バトルトーク突破者　同時代社
45) 宮崎　学　2000　突破者の日本ウラ経済学　アスペクト　Pp.19-20.
46) 森口兼二　1993　自尊心の構造　松籟社　p.7.
47) 向　壽一　1997　金融ビッグバン　講談社現代新書　講談社
48) 中島隆信　2005　お寺の経済学　東洋経済新報社
49) 中野　翠　1997　宮台真司・援助交際をなぜ叱らない　特別企画「この20人を斬る」諸君！　第29巻第2号　Pp.92-96.
50) NGO有志　2001　ここがヘンだよニッポンのODA大討論　月刊現代　講談社　Pp.134-142.
51) 日本国語大辞典第二版編集委員会・小学館国語辞典編集部　2002　日本国語大辞典第2版第6巻（全20巻）　小学館　p.323, 1085-1086, 1192, 1273, 1290, 1344-1345.
52) 日本語臨床研究会　1996　日本語臨床(1)「恥」　星和書房
53) 野田正彰　1998　戦争と罪責　岩波書店　Pp.8-9.
54) 岡野憲一郎　1998　恥と自己愛の精神分析―対人恐怖から差別論まで―　岩崎学術出版社　p.1.
55) 沖縄県平和祈念資料館運営協議会　2001　沖縄県平和祈念資料館総合案内　沖縄県平和祈念資料館

56) 大阪市私立幼稚園連合会社会チーム　1988　研究集録―第18号　大阪市私立幼稚園連合会　Pp.75-100.
57) 大阪市私立幼稚園連合会社会チーム　1989　研究集録―第19号　大阪市私立幼稚園連合会　Pp.77-105.
58) 大嶋　仁　1997　こころの変遷―日本思想をたどる―　Z会ペブル選書
59) Piers, G., & Singer, M. B.　1971　*Shame and guilt.*　Norton, New York
60) 李　友情　2003　李　英和監訳　マンガ・金正日入門　飛鳥新社
61) 坂口哲司　1987　羞恥心の研究―医療場面における青年期女性の羞恥体験―　看護技術, **33**(15), 78-84.
62) 坂口哲司　1989　幼児期における恥ずかしい体験―保育学生が思い出した幼稚園・保育所での羞恥について―　月刊「保育とカリキュラム」　第38巻第9号　Pp.26-29.
63) 坂口哲司・山下美智子　1989　医療場面での羞恥心について　愛仁会医学研究誌, **21**(1), 18-24.
64) 坂口哲司　1990　にらめっこ遊びを復活させよう―人間関係コミュニケーションの始まりとして―　月刊「保育とカリキュラム」　ひかりのくに, **39**(2), 40-43.
65) 坂口哲司・山下美智子・坂口栄子　1991　医療場面における看護職者の羞恥体験と患者への対応　看護展望, **16**(4), 88-94.
66) 坂口哲司　1991　看護と保育のためのコミュニケーション―対人関係の心理学―　ナカニシヤ出版　Pp.59-66.
67) 坂口哲司　1992　医療場面における保育学生とその母親との羞恥体験　聖徳保育論叢5　大阪教育福祉専門学校　Pp.5-34.
68) 坂口哲司　1993　参加観察における幼児の羞恥実態　聖徳保育論叢6　大阪教育福祉専門学校　Pp.1-14.
69) 坂口哲司　1994　参加観察による乳幼児の性と年齢における羞恥実態　聖徳保育論叢7　大阪教育福祉専門学校　Pp.1-18.
70) 坂口哲司　1995　幼稚園・保育所実習場面での実習生の羞恥実態　聖徳保育論叢8　大阪教育福祉専門学校　Pp.1-20.
71) 坂口哲司　1996　施設実習場面での実習生と対象児（者）の羞恥実態　聖徳保育論叢9　大阪教育福祉専門学校　Pp.1-25.
72) 坂口哲司　1997　教育・保育実習場面における乳幼児の性と年齢の羞恥実態　聖徳保育論叢10　大阪教育福祉専門学校　Pp.1-21.
73) 坂口哲司　1998　教育・保育実習場面における実習生の羞恥実態　聖徳保育論叢11　大阪教育福祉専門学校　Pp.1-17.
74) 坂口哲司　1999　介護実習場面における特別養護老人ホーム入所者の羞恥実態　聖徳保育論叢12　大阪教育福祉専門学校　Pp.1-18.
75) 坂口哲司　2000　介護実習場面における実習生の羞恥実態　聖徳保育論叢13　大阪教育福祉専門学校　Pp.1-17.
76) 坂口哲司　2000　恥　久世敏雄・斉藤耕二（監修）・福留　護（他篇）　青年心理学事典　福村出版　p.218.
77) 坂口哲司　2001　介護実習場面における実習生の羞恥実態2　聖徳保育論叢14　大阪教育福祉専門学校　Pp.1-16.

78）坂口哲司　2002　介護実習場面における特別養護老人ホーム入所者の羞恥実態2　聖徳保育論叢15　大阪教育福祉専門学校　Pp.1-16.
79）坂口哲司　2003　Ⅰ部「保育のいまを理解する」1章「私たちはいま」1節「大人たちの過去と現在」　小林芳郎(監修)・寺見陽子(編著)　子どもと保育の心理学　保育出版社　Pp.15-18.
80）坂口哲司　2003　教育・保育実習場面における実習生の羞恥実態2　聖徳保育論叢16　大阪教育福祉専門学校　Pp.1-20.
81）坂口哲司　2004　教育・保育実習場面における乳幼児の性と年齢の羞恥実態2　聖徳保育論叢17　大阪教育福祉専門学校　Pp.1-24.
82）坂口哲司　2005　施設実習場面での実習生と対象児(者)の羞恥実態2　聖徳保育論叢18　大阪教育福祉専門学校　Pp.1-30.
83）作田啓一　1967　恥の文化再考　筑摩書房　p.10.
84）作田啓一　1972　価値の社会学　岩波書店　p.295, 302, 304.
85）佐高　信　1995　ライバル日本史「大岡忠相と両替商」9月　NHK放送
86）関　敬吾(編)　1968　日本昔ばなし　岩波文庫　岩波書店
87）関岡英之　2004　拒否できない日本―アメリカの日本改造が進んでいる―　文春新書　文藝春秋　Pp.128-130.
88）Scheler, M.　1957　*Uber scham und schamgefuhl*. Schriften auf dem Nachlass, Bd. 1（浜田義文訳　1978　羞恥と羞恥心　シェーラー著作集15　白水社）
89）Shakespeare　1596-97　*The merchant of Venice*（中野好夫訳　1939　ヴェニスの商人　岩波文庫）
90）白川　静　1996　字通　初版第一刷　平凡社　p.735, 843, 1074.
91）菅原健介　1998　人はなぜ恥ずかしがるのか―羞恥と自己イメージの社会心理学―　サイエンス社　p.220.
92）小学館ランダムハウス英和大辞典編集委員会　1974　小学館ランダムハウス英和大辞典　小学館　p.33, 100, 124, 154.
93）武田祐吉訳注・中村啓信補注　1977　新訂・古事記　角川文庫　角川書店
94）高橋　鐵　1991　浮世絵―その秘められた一面―　河出書房文庫　河出書房新社　p.217.
95）高橋哲哉　2005　靖国問題　ちくま新書　筑摩書房
96）鑪　幹八郎　1998　恥と意地―日本人の心理構造―　講談社現代新書　講談社
97）テリー伊藤　1996　お笑い大蔵省極秘情報　飛鳥新社
98）テリー伊藤　1997　お笑い外務省機密情報　飛鳥新社　p.58.
99）内橋克人(編)　1997　経済学は誰のためにあるのか―市場原理至上主義批判―　岩波書店
100）内沼幸雄　1983　羞恥の構造―対人恐怖の精神病理―　紀伊國屋書店　Pp.45-84.
101）和辻哲郎　1967　風土―人間学的考察―　岩波書店
102）山田済斎(編)　1964　西郷南州遺訓　岩波書店
103）山野車輪　2005　マンガ嫌韓流　晋遊舎
104）山崎朋子　2001　山の郵便配達―EQUIPE DE CINEMA―NO.135　岩波ホール　2001.4.17
105）吉田兼好　1965　全訳・徒然草　福音館文庫　福音館書店

事項索引

あ

IT革命　35, 234
明日への思索　6
穴あき椅子　81
生きて虜囚の辱めを受けず　30, 33, 80, 162, 179, 237
違式詿違条例　80
医師との羞恥　140
医師との羞恥体験　120
医師による羞恥の低減　143
いじめ　26
医者　95, 98
医者との場面における羞恥心の軽減　100
異性の医療者(医者)　97
一億総懺悔　53
一家の恥　85
一宿一飯の恩義　43
医療従事者　104
医療福祉　234
インターネット　13
インフォームド・コンセント　104
宇宙船地球号　32
エリクソンの幼児前期の疑惑対恥　163
embarrassment　72
オウム真理教　9
ODA　43
沖縄戦　46
陰陽師ブーム　41

か

介護実習　207
介護場面での羞恥低減　207
各科での羞恥体験　118
貸本屋　2
ガダルカナル島の戦い　45

下流社会　60
看護婦　98
　——との羞恥　140
　——との羞恥体験　124
　——との場面における羞恥心の軽減　101
　——による羞恥の低減　144
観察対象児に見られた羞恥　149
患者　95
官僚制　18
菊と刀　4, 91
君が代　31
共同体　18
銀行　55
屈辱　3
　——感　65
グローバルマインド　33
軍隊　47
警察　47
閨閥支配　22
権威主義的パーソナリティ　32
検査での羞恥　141
検査による羞恥体験　129
コインの表裏関係　77
公益法人　14
公恥　75, 85, 92
高度経済成長　10
肛門愛期性格　160
高齢化福祉　234
個人情報保護法　57
国旗国歌法　32
個別的罪　75, 92

さ

3Kに使った罰　44

shame　72
自我構造　239
自我同一性理論　147
自虐史観　49
自己開示　142
自己責任　52
自己破産　29
市場原理至上主義　23
施設現場の職員　205
施設実習場面　183
　　――での実習生の羞恥　184
自尊感情　89
自尊心　76
　　――の低さ　162
自他合体的志向の意識　142
自他分離的志向の意識　142
私恥　75, 85, 92
実習生　149
　　――の羞恥の感情程度　225
　　――の羞恥の行動　227
　　――の羞恥の身体への影響　226
　　――の羞恥の場所(場面)　223
　　――の羞恥の場面での人の有無　224
　　――の羞恥の理由　229
　　――の羞恥を低減させるための自分の
　　　　配慮　232
　　――の羞恥を低減させるための他者か
　　　　らの配慮　232
shy　73
社会意識としての羞恥心　238
社会システム　24
社会福祉　24
差　69
宗教法人　10
従軍慰安婦問題　82
終身雇用制　26
集団検診時の羞恥　139
　　――体験　113
　　　　――の感情程度　115
　　　　――の内容　114
　　　　――をしないための配慮　115

羞恥　66, 71, 75, 86, 92
　　――感情　78, 80
　　――実態　90
　　――心　71, 80, 91
　　　　――研究　91
　　――全般　139
　　――体験　106
　　　　――による身体への影響　112
　　　　――の時期　106
　　　　――の内容　107
　　　　――をしないための配慮　116
　　――における人の有無　175
　　――の行動　153, 160, 168, 176, 189
　　――の身体への影響　152, 159, 168, 176
　　――の身体への感情程度　151, 159
　　――のズレ　82
　　――の程度　175
　　――の年齢と性別　149, 158
　　――の場面　175
　　――の理由　155, 160, 170, 176, 190
　　――の歴史　82
　　――場面での人の有無　159
　　――場面における性と年齢　150, 158
　　――への配慮　156, 161
　　――を低減するための自分の配慮　171, 177, 192
　　――を低減するための対象児(者)への
　　　　配慮　202
　　――を低減するための他者からの配慮　173, 177, 194
自由の概念　52
準拠集団　75, 92
情報公開　29
辱　69
女性の身体覆い　237
女性の身体露出化　237
所属集団　75, 92
心的外傷(心のしこり)の羞恥体験　136
心的外傷としての羞恥　136
心的外傷の羞恥体験　136

神話　*74*
精神科医　*238*
世間　*19*
戦争放棄　*47*
創氏改名　*82*

た

大韓民国　*48*
対象児(者)　*184*
　　──の羞恥体験　*196*
　　──の羞恥の行動　*199*
　　──の羞恥の身体への影響　*198*
　　──の羞恥の程度　*198*
　　──の羞恥の理由　*201*
多神教　*42*
単一民族　*62*
男性の身体露出　*237*
男性の被服着用化　*237*
恥辱　*65, 66*
　　──感　*71*
茶髪　*220*
ちゃぶ台　*1*
朝鮮人軍属　*82*
朝鮮民主主義人民共和国　*48*
罪の意識　*78*
ディスコ・ジュリアナ東京　*162*
適度な恥じらい　*239*
天安門事件　*41*
同性愛　*161*
特別養護老人ホーム　*207*
　　──入所者の羞恥の感情程度　*211*
　　──入所者の羞恥の行動　*214*
　　──入所者の羞恥の身体への影響　*212*
　　──入所者の羞恥の場所(場面)　*209*
　　──入所者の羞恥の場面での人の有無　*210*
　　──入所者の羞恥の理由　*216*
　　──入所者の羞恥への配慮　*217*

な

日本国憲法　*47*
日本人のアイデンティティー　*31*
日本人の深層心理　*20*
日本のリーダー　*25*
ニューハーフ　*161*
人間科学研究会　*6*
人間関係の根元　*40*
年功序列制　*26*

は

拝金主義　*39*
恥　*65, 66, 87*
　　──―羞恥―罪　*180*
　　──と意地　*88*
　　──と罪　*63*
　　──―意識　*34*
　　──―意識の根幹　*57*
　　──とのヤジロベエ関係　*77*
　　──とのヤジロベエの重心　*76*
　　──の意識　*78*
　　──の喪失　*49*
　　──の文化　*103*
　　──を知る人　*49*
　　──を恥とする心　*12, 77, 78*
日の丸　*31*
被爆者援護法　*82*
病院での羞恥　*139*
病院での羞恥心　*100*
病院での羞恥体験　*117*
普遍的罪　*75, 92*
プライバシー　*219*
　　──の保護　*30*
保育所　*147, 164*
豊福豊知　*62*
保健師助産師看護師法　*91*
ホモセクシャル　*161*

ま

「間」意識　*142*
無法者　*37*

や

薬剤・事務関係での羞恥　*141*
　　——羞恥体験　*133*
薬剤・事務関係による羞恥の低減　*145*
ヤジロベエとしての羞恥感情　*20*
闇の方程式　*20*
ヤンママ　*162*
融合民族　*62*
郵政民営化　*55, 61*
養護施設　*183*
幼稚園　*148, 164*
　　——・保育所実習場面での実習生の羞恥　*165*

ら

拉致問題　*50*
利益供与　*21*
リストラ　*24*
臨床心理士　*238*
礼儀作法　*238*
歴史の恥部　*49*

わ

和の精神　*42*

人名索引

あ
青木雄二　12, 22, 27, 180
赤瀬川原平　31
秋重義治　5
秋田宗平　7
芥川龍之介　28
阿部次郎　4
安倍晴明　41
荒俣　宏　79
アントワネット　81, 82
伊邪那岐命　74
伊邪那美命　74
井上章一　79
井上忠司　75, 92, 102, 103
猪瀬直樹　14-16, 20
伊吹山太郎　6, 7, 93, 105, 148, 165, 184, 208, 222
イプセン　34
岩國哲人　22
内沼幸雄　75, 142
内橋克人　23
エリクソン　78, 147, 158
王倫　71
大嶋　仁　77
大宅壮一　39
岡田武世　5
岡野憲一郎　88
尾崎咢堂　36
小滝　透　51
小野章夫　6
小渕恵三　31

か
梶谷一夫　6
鹿島　茂　82

雁谷　哲　44
ガンジー　52
岸田　秀　16, 19, 20, 51
徽宗　71
北山　修　88
小泉純一郎　55, 62
胡銓　71
小林よしのり　55
小山博史　15

さ
西郷隆盛　60
三枝義浩　46
堺屋太一　62
坂口栄子　93, 105, 148, 165, 184, 208, 222
坂口哲司　34, 40, 45, 49, 50, 53, 57, 62, 63, 65, 75-77, 103, 147, 162, 164, 165, 179, 204, 207
作田啓一　75, 91, 92, 102
佐高　信　11
シェークスピア　28
シェーラー　75
荀子　71
秦檜　71
末川　博　6
菅原健介　87, 88
スミス　79

た
高石浩一　88
高木　修　5, 6
高橋恵子　87
高橋　鐵　163
鑪幹八郎　87

田中敏隆　6
テリー伊藤　22
東条英機　30
鄧　小平　41

な
中野　翠　19, 20
ニーチェ　10
野田正彰　33

は
萩原朔太郎　82
橋本　忍　56
蓮尾千萬人　5, 6
服部之総　4
ハルドゥーン　51
ピアース　75
平山正実　85
広瀬　隆　22, 23, 27, 34, 47, 52-55
廣田君美　5, 6
霍　建起　41
福沢諭吉　32
福田歓一　37
福田恆存　19
フランキー堺　56
ベネディクト　4, 75, 84, 91, 102

ボローニュ　81, 83, 84, 162

ま
正村俊之　84, 86
増子忠道　234
マルクス　10
丸山眞男　35-39
宮崎　学　20, 27, 38, 39
向　壽一　23
森口兼二　76, 161, 179

や
ヤコービ　89
山崎朋子　41
吉田嘉七　46
吉田兼好　40

ら
李斯　71
李友情　51
リンド　92
ルイス　87

わ
和辻哲郎　4

著者紹介

坂口哲司（さかぐち てつじ）

1949年，熊本県生まれ。1972年，熊本学園大学（旧：熊本商科大学）商学部商学科卒。1979年，関西大学大学院社会学研究科社会学専攻社会心理学専修博士後期課程修了。その間，大阪教育大学教育学科研究生，関西大学経済・政治研究所大学院委託研究生となる。1983年，大阪保育学院専任講師。1992年，大阪教育福祉専門学校（旧：大阪保育学院）教授。2006年，大阪総合保育大学児童保育学部児童保育学科教授となり現在に至る。

著書

「看護と保育のためのコミュニケーション―対人関係の心理学―」（著／ナカニシヤ出版），「保育・家族・心理臨床・福祉・看護の人間関係―人間の生涯・出会い体験―」（編著／ナカニシヤ出版），「生涯発達心理学」（編著／ナカニシヤ出版），「保育人間関係」（編著／田研出版），「心理学へのいざない―わたしとあなたの世界を理解するために―」（共著／ナカニシヤ出版），「学習指導の心理学」（共著／ぎょうせい），「現代の心理学」（共著／有斐閣），「栄養指導論」（共著／八千代出版），「心理学者が語る心の教育」（分担執筆／実務教育出版），「心の発達と教育の心理学」（分担執筆／保育出版），「交通安全学」（分担執筆／企業開発センター交通問題研究室），「青年心理学事典」（分担執筆／福村出版），「こころを育てる心理学」（分担執筆／保育出版），「子どもと保育の心理学」（分担執筆／保育出版）など。

羞恥
女子専門学生が体験した看護・教育・保育・介護場面

2007年 9月20日　初版第1刷発行
2007年12月20日　初版第2刷発行

定価はカヴァーに表示してあります

著　者　坂口哲司
発行者　中西健夫
発行所　株式会社ナカニシヤ出版
　　　　〒606-8316　京都市左京区一乗寺木ノ本町15番地
　　　　　　　　　　Telephone　075-723-0111
　　　　　　　　　　Facsimile　075-723-0095
　　　　　　Website　http://www.nakanishiya.co.jp/
　　　　　　Email　　iihon-ippai@nakanishiya.co.jp
　　　　　　　　　　郵便振替　01030-0-13128

装丁＝白沢　正／印刷＝ファインワークス／製本＝兼文堂
Copyright © 2007 by T. Sakaguchi
Printed in Japan.
ISBN978-4-7795-0156-2